魔女論

◆なぜ空を飛び、人を喰うか◆

大和岩雄

大和書房

『魔女論——なぜ空を飛び、人を喰うか』＊目次

魔女はなぜ空を飛ぶか

III　空を飛ぶ魔女の箒と太母象徴

魔女はなぜ人を喰うか

IV 魔女と「歯のある膣《ヴァギナ・デンタータ》」

V 喰う女と喰われる男

＊　本書は『魔女はなぜ空を飛ぶか』（一九九五年）『魔女はなぜ人を喰うか』（一九九六年）＝いずれも小社刊　を合本し、新装改訂したものです。

魔女はなぜ空を飛ぶか

Ⅰ 空を飛ぶ魔女と愛の女神

魔女と箒の柄と白鳥

魔女は箒《ほうき》にのって空を飛ぶといわれているが、1はゴヤ、2はシェールが描く空を飛ぶ魔女の絵である。ゴヤの絵にはフクロウが描かれているが、バーバラ・ウォーカーは、「ローマ人はフクロウをストリクスと呼んだ。この語は魔女を意味した。……キリスト教の伝説によれば、フクロウは『不服従の三姉妹』の一人で、神を拒んだため、決して太陽を見ることのない鳥に姿を変えられたという。……フクロウに対する中世の名の一つは『夜の魔女』であった。フクロウは鳥の姿となった魔女と言われていた」と書いているように(『神話・伝説事典』)、魔女と深くかかわるから、空飛ぶ魔女にフクロウが描かれているのである。

1　ゴヤの描いた「空を飛ぶ魔女」

フクロウは、夜の闇を見通す眼を持っているから、隠されたものや、不可知のものを知る知恵の象徴とみられ、予言の力、英知をもつ鳥、または人の寝静まってからの研究・学問の鳥ともいわれた。錬金術師はフクロウを魔法の知恵をあらわす鳥とみていた。このようにフクロウは夜の鳥だから、シェールはゴヤのフクロウのかわりに、夜をあらわす月を描いている。魔女が活躍するのは夜である。特に満月の夜に魔女の集会（「サバト」という）が開かれるから、魔女たちは満月の夜にサバトへ、空を飛んで行くのである。

2　シェールが描いた「空を飛ぶ魔女」

3　箒の柄に跨る魔女のもっとも古い絵（1451年）

4　煙突を通ってサバトへ飛び立つ魔女

3はマルタン・ル・フラン著『奥方たちの戦士』(一四五一年)に載る、箒の柄に跨《またが》る魔女の最も古い絵である。4はトマス・エラストウスの『魔女の力に関する対話』(一五七九年)に載るサバトにむかう魔女の絵だが、一人はすでに煙突を抜け出しており、一人はまだ煙突の中にいる。ゲーテは『ファースト』で、サバトに出発する魔女について、

饗宴に行きました
家を出たのです
煙突から飛び出して！

と書いており、空を飛ぶ魔女は、煙突を出入口にしているのである。そのことは26(二九頁)・36(四七頁)の煙突から飛び立つため暖炉の前に立つ魔女の絵からもいえる。

上山安敏は「魔女から思い浮かぶイメージは、多くの動物を従えて箒に乗って空飛ぶ女性、子供を大鍋で煮て、その脂肪をとり出す魔法使い、人里離れた森や丘に棲む怪しい老婆、情欲にまかせて淫乱のかぎりをつくし、幻想的な性の倒錯を繰り広げる宴などである。しかし説話の中の魔女を

描いた絵画でも、完全に悪のイメージで塗りつぶされていたかというと、そうではない」と書き、4の絵にふれて、「森の中の小屋で秘かに宴の準備をととのえ、箒に乗って煙突から空中に飛び出そうとする女性を、男が壁のふし穴から覗いている風景が描かれているが、この構図には、男性の抑圧から脱け出し、快楽を享受しようとする、解放を求める女性の欲望が漂っている」と書く(『魔女とキリスト教』)。

4の絵に「男性の抑圧から」脱け出そうとする「女性の欲望」をみるのは深読みだが、上山が書くように、この魔女の絵には、「悪のイメージ」は薄い。

ところで、なぜ魔女は空を飛ぶとき、箒にまたがっているのだろうか。

ウォーカーは、「昔の結婚式では、ほうきの柄を飛び越える習慣があった。おそらく、受胎を表わす行為であったのであろう。ジプシーの結婚式でも同じ祭式がおこなわれた。一九世紀のアメリカの黒人奴隷たちが、教会に属さないで結婚式を挙げるときも、同じようにほうきを飛び越えて式をおこなった。……英国の田舎の人々は、今でも『もし女の子がほうきの柄をまたぐと、妻になる前に母親になってしまう』と言っている。私生児を生んだ娘は『ほうきを飛び越えた』と言われる」と書き、「男根神はほうきで表わされる」と書く(前掲書)。

上山安敏は、「魔女がまたがった箒の柄をさしてフロイトは『あれはペニスだよ』と説いた。魔女とは、ペニス願望をいだく女性の深層の投影だというのである」と書いており(前掲書)、田中雅志は、「フロイトの述べたように、箒の柄をペニスと解すれば、空中浮遊するその姿は性的オルガスムの表現とみることもできる。さらにサバトでの悪魔との情交、性的オルギアも暗示されていよう。すなわちこの種の図像のうちに、キリスト教の禁欲的・抑圧的教義によって屈折した、女性の性衝動に対する夢想的表現を読み取ることができよう」と書いている（「魔女のイコノグラフィー」「ユリイカ」一九九四年二月号）。

上山・田中はフロイトの心理分析的視点から、箒の柄＝男根に乗って空を飛ぶ魔女を、女性の深層心理の面で解釈しているが、ウォーカーと同じ視点に立つアト・ド・フリースは、民間伝承では、「少女がほうきの柄をふと跨いでしまうと、妻となるよりも先に母親になってしまうことがある。これはほうきの柄は男根を意味しており、魔女との関連もあるからである」と書き、魔女の乗物としての箒の柄で飛ぶのは、「おそらく飛ぶことを暗示する飛び棒、竹馬として用いられた」（『イメージ・シンボル事典』）からと推測する。

ウォーカーも、「子どもたちはウマの頭をほうきの柄につけて乗馬遊びをした。これは、中世の初期にスペインに入ったスーフィ教徒たちがやっていたことをまねたものであった。スーフィ教というのは、一三人の魔女からなる集会と同じく、そのグループは一三あり、その神（ラッパ）は、のちには魔女の神ロビンになっている」と書き、飛ぶ理由として、「棒ウマは、天馬ペガソスのように、自分を天界へ連れて行って戻ってくる幻想上のウマを表わすものであった。このようなウマにまたがる習慣はバスク人の間ではよく見られたことで、そのためにバスク人は魔術を使うと告発されることが多かった」と書く（前掲書）。

5

6

5,6　ローマ時代の鳥型男根ブロンズ

フリースもウォーカーも、箒の柄は男根とダブルイメージでみられていたと書きながら、魔女が箒にのって飛ぶ理由では、飛び棒、竹馬、棒馬などを箒の柄と関連づけており、箒の柄＝男根とみられていたことを無視しているが、男根も飛ぶ。

前頁の5・6は一世紀のローマの男根造形である。男根に羽根がついており、男根が空を飛んでいる。男根は鳥にみられているから、鳥としての箒の柄（男根）に乗って、魔女は空を飛ぶのである。しかし、男根＝箒の柄と重なる鳥は、首の長い鳥に限られていた。なぜなら、長い首は勃起した男根・箒の柄のイメージだからである。

ギリシア神話で、代表的男性神であるゼウス（ユピテル）は、スパルタ王の妃レダに白鳥に姿を変えて近づき、レダと交合している。7はその神話を表現している（ローマ時代・一世紀）。嘴《くちばし》はレダの口にふれているが、この表現は性交体位であり、白鳥を男性に見立てている。

8はミケランジェロが一五三〇年代初頭に描いた「レダと白鳥」である。フランスの宮廷にあった原画は「不道徳な絵」といわれて一七世紀に処分されたが、原画の模写がのこっていたので、ミケランジェロの構図がわかる。この構図は一八頁の9と似ている。

9の絵は、ミケランジェロと同じルネサンス期の画家コルレッジオの「レダと白鳥」だが、この絵を所蔵していたフランスのオルレアン公フィリップの息子は、厳格な信仰者だったので、父の所蔵品の露骨な猥褻さに激昂して、レダの顔を切り裂いてしまった。現存する絵のレダの顔は修復された顔で、オリジナルの蠱惑《こわく》的な表情は失われているが、この絵の白鳥も、ミケランジェロが描い

7 白鳥に姿を変えたゼウスとレダ（一世紀）

8 ミケランジェロの「レダと白鳥」

9　コルレッジオの「レダと白鳥」

10　魔女に変装し、白鳥に乗って空を飛ぶマザー・グース

た白鳥とおなじ意図によって描かれているから、謹厳なフィリップ公の息子に傷つけられてしまったのである。

この白鳥が、魔女が乗る箒の柄とダブルイメージであることは、10の魔女に変装して空を飛ぶ老マザー・グースの絵（『マザー・グース』一九一三年刊、アーサー・ラッカムの挿絵）が証している。

牡山羊と魔女とアプロディテ

二〇頁の11はハンス・バルドゥング・グリーンが、一五一四年に描いた「若い魔女と龍《ドラゴン》」である。この絵について高橋義人は『魔女とヨーロッパ』で、「彼女の足元にいる龍の口から放たれた火は、乙女の股間を貫いている。……龍の口から放たれた火は男根もしくは射精を象徴している」と書き、蛇や龍は男根象徴だが、キリスト教のヨーロッパでは「悪魔の化身」とみられていたから、「この絵は悪魔と魔女の性的オルギアを表わしている」と書く。

龍《ドラゴン》は蛇とちがって翼をもち鳥のように空を飛ぶから、空を飛ぶ箒の柄＝男根とダブルイメージである。オーストラリアのウナンバル族の女の呪師は、蛇にまたがって空を飛び、その蛇と飛行中に性交するというが、女の呪師がまたがる蛇は、11の龍《ドラゴン》、7〜10の白鳥、5・6の男根、1〜4の箒の柄である。

二一頁の12はプレトーリウスが描く「ブロッケン山のサバト」（一六八八年）である。ブロッケン山

11　グリーンの銅版画「若い魔女とドラゴン」(1514年)

12　プレトーリウスの「ブロッケン山のサバト」(1688年)

は前述したように魔女や悪魔が夜宴（サバト）をする山である。悪魔は牡山羊として描かれており、中央の悪魔の尻の穴に魔女が接吻しているが、下部に描かれている牡山羊の悪魔には翼がある。フレッド・ゲティングスは、この銅版画の右上の悪魔（牡山羊）と魔女について、「あおむけになった女が足をかかげて服をたくしあげているうえに、ヤギに化けた悪魔はすっかりご満悦の様子で飛び去っていくではないか」と書き、性交直後を描いているとみる（『悪魔の事典』）。左上にはこの牡山羊に魔女が乗って空を飛んでいるが、牡山羊に乗るとは性交を意味するから、左上の場面と右上の場面はつながっている。その下を裸の魔女が棒に乗って飛行しているが、牡山羊の悪魔は棒であり箒の柄であり男根である。ウォーカーも、牡山羊は「牡牛・牡鹿とともに、男根神を具象化した『角のある』動物たちの仲間」と書く（前掲書）。

牡山羊が魔女の乗物なのは、古代の太母神の乗物が牡山羊だったからである。クレベールは『動物シンボル事典』の「おすやぎ」の項で「古代オリエントで牡山羊は、人類存続に必要な生殖能力を表す象徴として尊重されていた」と書くが、牡の「生殖能力を表す象徴」は男根だから、男根象徴として箒の柄と牡山羊は同じにみられたのである。

ジェフリー・グリグスンは、「牡山羊は好色さの代名詞で、人々は昔から、牡山羊はセックスのにおいがすると考えてきた」と書いている（『愛の女神』）。G・ハインツ・モアも、『西洋シンボル事典』で牡山羊について、ギリシア神話では「すべての箇所で牡山羊は旺盛な繁殖力を具現している」と書き、キリスト教では、牡山羊の「否定的な面が強調されて、ただ性本能の満足だけを求める不純な鼻もちならぬ動物とされた。そのため最後の審判における犯罪者、呪われた者たちのシンボルになった（マタイ25・31以下）。中世には悪魔は牡山羊の姿で現わされ、オセールの大聖堂の有名なコンソールは、官能の悦楽を一匹の牡山羊で示している」とも書き、「愛の女神アプロディテの乗物」と書く。

アプロディテはローマではウェヌス（英語では「ヴィーナス」）と同一視されているが、グリグスンは、「あちこちのアプロディテを祀る神殿では、アプロディテ・エピトラギアすなわち『牡山羊に乗ったアプロディテ』という呼び名で崇拝されていた」と書き、牡山羊に「性愛の女神アプロディテ」が乗ることに、性行為を連想しているが、牡山羊に乗るアプロディテは、牡山羊に乗る魔女と重なる。

長い間アプロディテ崇拝の中心地はキプロス島だったが、ウォーカーが「キリスト教徒たちは、キプロス島の住民はすべて悪魔の子孫であると信じた」と書いているのは（前掲書）、キリスト教徒たちはアプロディテを魔女たちの女神とみたからである。したがって牡山羊に乗るアプロディテは、魔女の原像である。

両性具有の太母像と鳥女神と白鳥

グリグスンは「愛の女神」であるアプロディテの祖型を、紀元前二万年前後の旧石器時代の太母像にみて、これらの女性裸像を「神的豊饒や妊娠と繁殖への願望を思わせる形状」と書く(前掲書)。デュルは旧石器時代の太母像は「明らかに乳房が睾丸、頭部がペニス」に見えるから、「両性具有像」であると書く(前掲書)。

13の紀元前二万年頃のチェコのモラビア出土の「ドルニ・ヴィエストニッツのヴィーナス」は、デュルのいうように乳房が睾丸、頭部がペニスにみえるが、同じ氷河期の14のオーストラリアの「ヴィレンドルフのヴィーナス」は、乳房がペニス(といっても亀頭)、頭部が睾丸にみえる。ドルニ・ヴィエストニッツからは、15のようなマンモスの牙でつくられた紀元前二万五千年頃の両性具有の太母像も出土している(男根に刻み込まれている線についてアデル・ゲティは「月経か妊娠の記録だろう」と書いている〈『女神』〉)。こうした両性具有性はアプロディテにもある。キプロス島のアプロディテ像には口髭があった。男根としての箒の柄や牡山羊に乗って空を飛ぶ魔女も両性具有であり、旧石器時代の両性具有の太母は、アプロディテ(ウエヌス)を仲介にして魔女と結びついている。

両性具有の太母表現は新石器時代にもみられる。16は紀元前六千二百年頃のギリシア、ネア・ネコメディア出土の男根状頭部をもつ太母像であり、17の紀元前六千年前後のギリシアのキュクラデス群島の出土の太母像も頭部は男根状である。この写真や図はマリア・ギンブタスの『古ヨーロッパの神々』によるが、ギンブタスも頭部は「男根」と書いている。

ギンブタスは18の紀元前五千年頃のルーマニア・ドブルヤ出土の小像について、「柱状頭部をもつ妊婦像」と書いているが、柱状表現も男根イメージによっている。旧石器時代の両性具有の太母像

13・14・15　旧石器時代の両性具有の太母像

15

14

13

16・17・18　新石器時代の両性具有の太母像

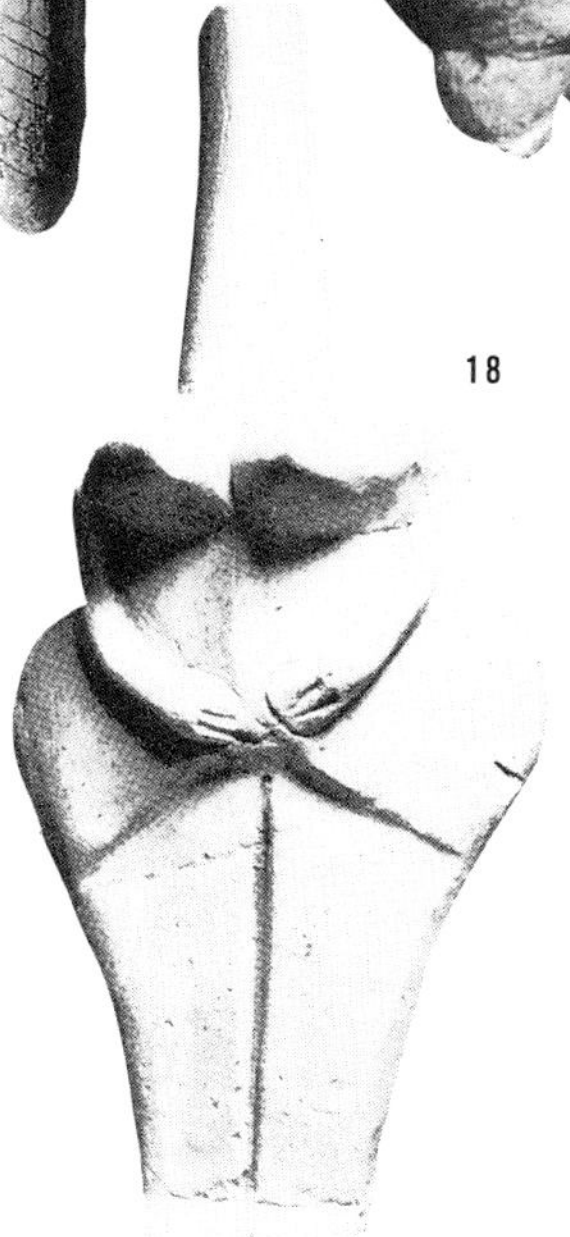
18

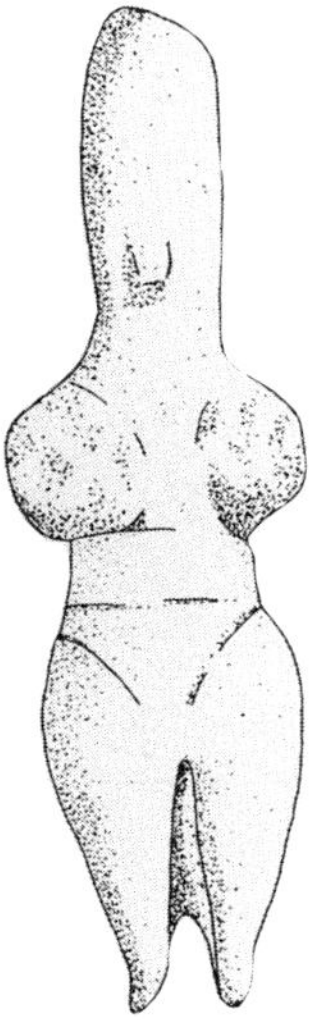
17

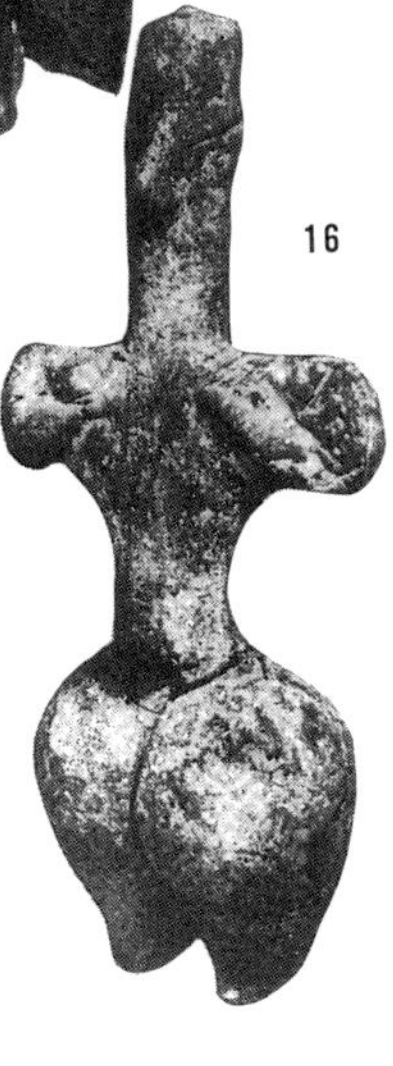
16

21　乳房と女陰のある土偶、縄文後期

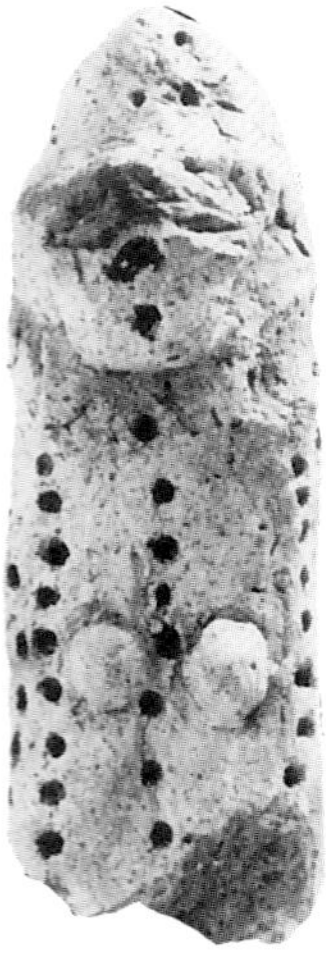

20　乳房をもつ男根形土偶、縄文前期

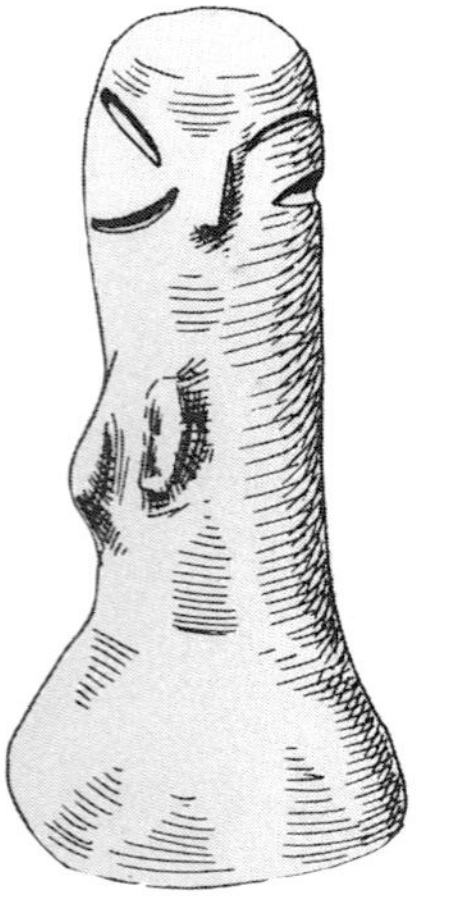

19　乳房のついた男根形人物像、七〇〇〇年前

22-1

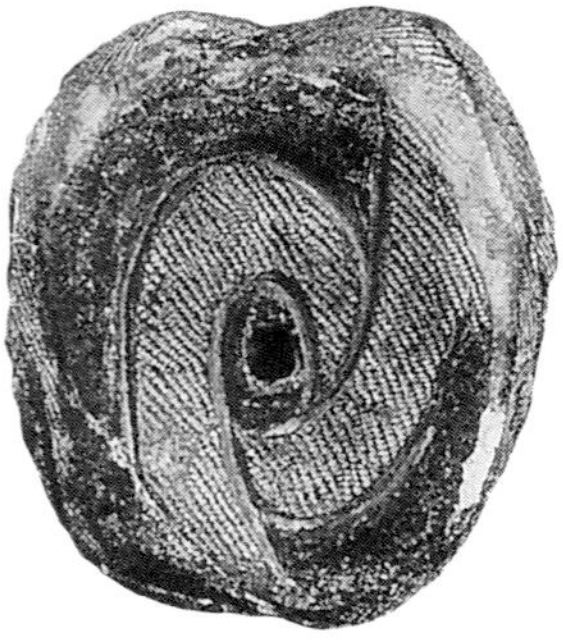

22-2

22　男根状遮光器土偶と底部にある女陰表現、縄文晩期

にも、妊婦イメージがあるから、18も太母像だが、旧石器・新石器の両性具有の太母像は、豊饒表現である。

このような両性具有表現は太母像以外にもある。19は紀元前六千年頃の乳房のついた男根形人物像だが（ユーゴスラヴィア、ツルノカルチカ・バラ出土）、こうした造形はわが国の縄文時代にもある。縄文後期（紀元前二千年代）初頭の20の男根状土偶には乳房があり（群馬県前橋市上川久保遺跡出土）、21の男根状土偶も乳房と女陰表現がある（埼玉県飯能市中橋場遺跡出土）。また22の1は縄文晩期（紀元前一千年代）の初頭の中空の男根状遮光器土偶だが（出土地不明）、底部には22の2のような孔をあけた表現がある。島亭は、「女陰表現」とみているが（「土偶の生命」「緑青」六号、一九九二年）、私も縄文中期・後期の両性具有表現からみて、22の遮光器土偶は19～21の表現意図を継承していると思っている。このように両性具有表現はわが国にもみられ、古代世界共通の認識である。そのことは拙著『十字架と渦巻――象徴としての生と死――』（一九九五年、白水社）で詳述した。

旧石器の太母像には空を飛ぶ造形はないが、新石器になると両性具有の太母像には鳥表現がある。ギンブタスは「紀元前七千～六千年紀のエーゲ海地方やバルカン各地では、男根を想わせる鳥女神像が盛んにつくられた。なかにはまるで勃起した本物の男根をもち、小さな羽と女性の臀部をつけ、横から眺めると鳥の胴体と尾をそっくり写し取ったような像もある。明らかに男根を表現したものとわかる長く太い首をもつ裸婦小像もある。こうした性の融合概念は、男根に乳房のついたヴィンチャ文化（セルビア・ボスニアなど中央バルカン地域の紀元前五五〇〇～三五〇〇年ころの文化―引用者注）の両《ヘル》

23　鳥の姿勢の男根状の首をもつ新石器時代の大理石像

24　鳥の頭と乳房をもつ新石器時代の女神像

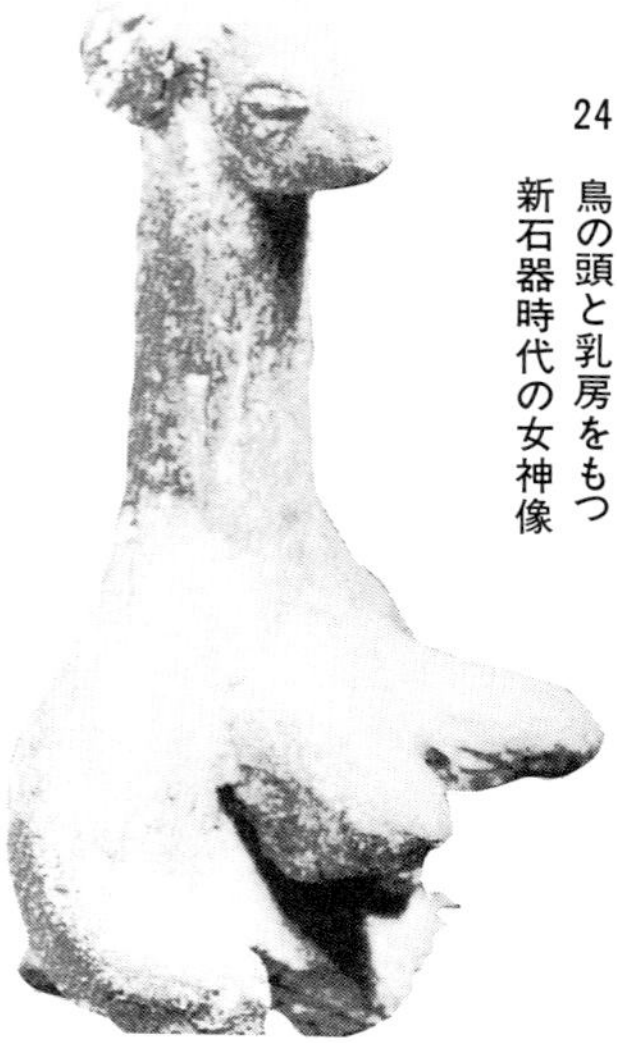

性具有《マフロディテ》像によく現われている。この種の像は嘴のある頭部と鋭く突き出た臀部をもっている」と書いている。

23は紀元前六千年頃のギリシア、アッティカ出土の大理石小像だが、ギンブタスは「長い男根状の首部と突き出た女性の臀部が特徴、鳥を思わせる姿勢」と書き、24のギリシア、テッサリア出土の紀元前六千年頃の造形については「鳥頭の女神の胸像」と書いている。23の両性具有の鳥表現の女性造形をなくして、男根に翼をつけたのが、一五頁の5・6の表現だが、本来は両性具有であったから、魔女が空を飛ぶイメージは、23・24といえる。

ギンブタスは16〜18の太母像について、「女神の頭部は新石器時代を通じて男根状にかたどられているが、まさにこれは女神が両性具有の性格をもつということ、もしくは——こちらの解釈の方が

25
古代ローマの翼のある男根造形（一世紀）

26
サバトに飛び立とうとする魔女が
股の間にはさんでいる箒（一六世紀の絵）

より妥当であろうが——男根の活力によって女神の力が高められるということ、そしてこの表現が旧石器時代から受け継がれたものであることを暗示している」と書いており、5・6の翼のある男根は、「男根の活力」表現といってよいだろう。5・6はローマ人の表現だが、古代ギリシア人も25のような翼のある男根造形（一世紀）をしている。勃起した男根を飛びたとうとしている鳥に見たてているのは、26の一六世紀の画家ケヴェルドが描いた、サバトに飛びたとうとして、股の間にはさんでいる箒の柄と重なる。

フリースは、「両性具有になろうとして、魔女は男根シンボル（箒の柄）にうちまたがる」と書いているが、白鳥についてもフリースは「男性（男根状）をあらわす首と女性をあらわす丸い体をもつ」両性具有の象徴と書く（前掲書）。「レダと白鳥」の白鳥はゼウスの化身だが、白鳥は女性イメージでみられることが多い。「白鳥の湖」の白鳥も女である。

ジャン・ポール・クレベールも、

白鳥は両性具有の存在なのだ。水に関するシンボルを適切に論じた著作（『水と夢』五〇頁以下）のなかで、バシュラールは、「水に浮かぶこの鳥の姿は裸身の女の代替物である。それは許された裸身、純粋無垢の裸身だが、露わに誇示された裸身である」と書き、『ファウスト』のなかで白鳥が出て来る有名な場面を引用しながら、彼は、白鳥が羽を膨らませ、今まさに「聖なる避難所」に向かって飛び立とうとする時の白鳥の姿勢に注目して、「白鳥の姿は両性具有的である。輝く水を静かに観想している姿は女性的だが、その行動は男性的である」（『動物シンボル事典』）

28

27

27,28　白鳥に乗るアプロディテ（紀元前5,6世紀）

と書いている。

白鳥そのものが両性具有だから、愛の女神のアプロディテは白鳥であり、白鳥は両性具有の愛の鳥である。したがって、白鳥とのかかわりは紀元前六世紀の27のような造形や、紀元前五世紀の28の壺絵のような、白鳥に乗るアプロディテとして表現されている。このアプロディテの白鳥は、10（一八頁）の魔女に変装してマザー・グースが乗る白鳥と重なる。

アプロディテは新石器時代の両性具有の鳥女神としての太母の性格を継承しているから、白鳥＝アプロディテであった。そうした反映が白鳥に乗るアプロディテとなったのであろう。

貝殻から生まれた愛《エロス》の女神

アプロディテは海の泡から生まれたとギリシア神話はいうが、紀元前五世紀以降のギリシア美術・工芸では、海の貝から生まれている。29は、ルネサンス時代のイタリアの画家ボッティチェルリ（一四四四〜一五一〇）の、有名な「ヴィーナスの誕生」だが、帆立貝からヴィーナス（アプロディテ）

29　ボッティチェルリの
「ヴィーナス（アプロディテ）の誕生」の一部

30　アプロディテの誕生とエロス

31　翼表現の貝からのアプロディテの誕生

は生まれている。しかしアプロディテの貝からの誕生は、30（紀元前五世紀末のギリシア・アッティカ出土の油壺の絵画）のように、翼をもったエロスと共に描かれている。31（紀元前二世紀に南イタリアで出土したテラコッタ小像）も貝から誕生したアプロディテだが、貝殻は翼のように表現されている。このような表現からも、アプロディテには、新石器時代の両性具有の太母像と同じ、鳥女神のイメージがある。

アプロディテの表徴《アトリビュート》としての鳥は、白鳥以外に鵞鳥がいる。鵞鳥は人が飼う雁だが、鵞鳥も雁も英語ではGooseである。ジーン・クーパが、GooseとSwan（白鳥）は「しばしば互換性をもつ」と書くように（『世界シンボル辞典』）、ギリシアでは鵞鳥に乗ったアプロディテのテラコッタ像や、アプロディテを乗せて空を飛ぶ鵞鳥の姿を描いた壺絵が残っている。白鳥も鵞鳥も水鳥として水・海にかかわるアプロディテの表徴としてふさわしい。

アプロディテの鳥には鳩がいる。グリグスンは、鳩のなかでもアプロディテの鳩はコキジバトだと書いて、「紀元前二三五〜一七〇年頃のギリシアの作家アイリアノスは、白いコキジバトはアプロディテとデメテルの鳥である」と書く。そして「この鳥は春に――愛の季節に――ヒマラヤ山脈北部の山岳地帯へ、またギリシア、イタリア、キプロスへ飛来する。アプロディテの島キプロスにコキジバトがやってくるのは、三月末から四月初めにかけてである。その多くは平原、オリーヴの生えた谷、山間部に舞い降りて子を産む」と書く（前掲書）。

29のボッティチェルリの絵も春を表現しており、コキジバトとしての鳥の飛来とアプロディテ（ヴィーナス）の誕生は、春をあらわしている。春はグリグスンが書くように、「愛の季節」である。グリグスンは、「鳩とアプロディテの本質的類似は、人目をはばからず愛の交わりをなす、というところにあった」とも書く（前掲書）。

鳩がデメテルの鳥にもなっているが、デメテルも豊饒神であり、「穀物の母」「大地と海の神」といわれている。ギリシア詩人アイスキュロス（紀元前五二五〜四五六年）の詩にも、アプロディテの言葉として、「デメテルは穀物と家畜どもを養いはぐくむ」とあり、アプロディテはデメテルと同性格だから、鳩が表徴になっているのである。

ジョルジュ・ドゥヴルーは『女性と神話――ギリシア神話にみる両性具有――』で、ギリシアにおける「アプロディテ崇拝の基本的要素が性交であった」のは、アプロディテ崇拝の発祥地のオリエントでは、「繁殖を司る女神というアプロディテの機能が、ギリシアにあっては、この女神の官能的な機能よりもずっと従属的な位置に置かれていた」からだと書く。このようにアプロディテは、愛《エロス》の女神の性格がギリシアでは強いのだから、ギリシア神話のアプロディテが貝から産まれたという「貝」は、女陰であり子宮である。そのことはアプロディテの貝を論じる人々のほとんどが述べているが、貝殻を女陰・子宮とみるのは世界共通である。そのことをミルチア・エリアーデは「貝殻のシンボリズムについての考察」(『イメージとシンボル』所収)で、世界各地の神話・伝説・民俗例をあげて詳述している。グリグスンも、「帆立貝をあらわすクテイスというギリシア語は、女性の陰部をも意味していた」と書いている(前掲書)。

また、グリグスンは「テラコッタの貝殻の中では、アプロディテは時として手に男根を握っており、それによって、女の貝殻《クテイス》(女陰)とそれに対応する男の器官とを支配する女神としてのイメージを完成している。つまりこれは、ヘシオドスの言うピロンメンデスすなわち女陰《クテイス》をめでる者、遠回しの言い方を好む人々が、しばしば『性的行為において人を満足させる絶頂』と呼ぶところのものの女王としてのアプロディテの姿をあらわしている」とも書いている(前掲書)。このようなアプロディテの性格が、白鳥に乗って空を飛ぶという神話になったのだが、この飛行神話は魔女の飛行伝承と無関係ではない。

ギリシア神話では、ガイア（大地）は子であり夫であるウラノス（天空）との間に息子クロノスをもうけたが、クロノスは母ガイアの命令でウラノスとガイアが性交しようとした時、父ウラノスの男根を鎌で切りとって、海に捨てた。その男根のまわりの白い泡からアプロディテが生まれている。白い泡は男根が出した精液といわれているが（ゼウスの漏らした精液からアプロディテが生まれたという伝承もある）、男根によって生まれたアプロディテは、石器時代の両性具有の太母のイメージを反映している。このようなアプロディテ神話をもつギリシア人は、「穴のあいた」「脚を開いた」「美しい臀の」アプロディテ、さらに単純明快に「性交のアプロディテ」といって崇拝した。

古代ギリシアの悲劇詩人のアイスキュロスは、悲劇「ダナオスの娘たち」の中で、毎年一度おこなわれる天と大地の結婚について、アプロディテに次のようにいわせている。

聖なる天は大地を傷つけようと恋い焦がれ、憧れは大地を結婚へと動かす。
恋している天より雨が降りそそぐ。
すると孕んだ大地は、人間たちのために、デメテルの穀物と家畜どもを養うものをはぐくむ。
またこの湿った結婚は、樹々が完《まった》きにまで成長する季節《とき》をもたらす。
これらのことを手助けするのが私です。

グリグスンは、この詩は、アプロディテが「愛の結実としての動物ならびに植物の生命を司る女神」であることを示している、と書くが（『愛の女神』）、アプロディテの愛は性愛《エロス》であり、それは万物を生むために必要な欲望である。したがってアプロディテは、天と地の結婚を手助けし、豊穣をもたらす神であった。

ローマの哲学者であり詩人のルクレティウス（紀元前九〇年代に生まれ、紀元前五〇年代に亡くなっている）は、アプロディテ（ローマではウェヌスという）について、

ものはぐくむウェヌスよ、天空の滑らかに動く星座の下で
船の航行する海にも、もの実らせる大地にも、生命をみなぎらせたもう。
なべての生き物が孕《はら》まされ、生れ出て陽《ひ》の光を仰ぐのは、
あなたのお力によってである。
技巧に長《た》けた大地は、あなたが踏むとうるわしい花々を咲かせ、
海の波はあなたにほほえみかけ、
天空はやわらいで光をあふれさせて輝く。
春の日が姿をあらわし、ものを生む春風が枷《とぎ》を解かれて活力を得るやいなや、
まず最初に空飛ぶ鳥たちが、女神よ、あなたのお力に心から動かされて、
あなたが入来したもうたことを告げる。
ついで野の獣や家畜たちが喜ばしい牧草の上で跳ねまわり、
流れの速い川を泳ぎ渡る。

かようにあなたの魅力に捕えられて、
あなたが先頭に立って導きたもうところには、どこなりとも付き随う。
さらにあなたは、海や山を越え、激しく流れる川を渡って、
木の葉繁る鳥の栖処《すみか》でも、緑なす草原でも、
なべてのものの胸に甘美な愛を吹き込んで、
欲望によって、それぞれの種族に応じて子孫を増《ふ》えさせたもう。

32　デューラーの「四人の魔女」（1497年）

とうたっている。さらに続けて、ウェヌス（アプロディテ・ヴィーナス）だけが、万物の本性を支配し、万物はウェヌスによって、光に満ちた世界に生まれてくるとうたっている。

このような愛と豊饒の女神を、キリスト教神学は悪とみなしたから、アプロディテ的女性は魔女といわれたのである。

全裸の魔女表現をめぐって

32は11の絵を画いたグリーンの師アルビレヒト・デューラーが一四九七年に描いた「四人の魔女」である。田中雅志はこの絵について、「図像学的にみて、美の女神達である」と書き、33のグリーンが一五二三年に描いた「二人の魔女」について、「この作品は伝統的な魔女のイコノグラフィに従っているものの、明らかにハンス・バルド・グリーンの創意表現がそこに加えられている。魔女は決して悪魔の誘惑に愚

33　グリーンの「二人の魔女」（1523年）

かにものって悪行を働く罪深い存在ではない。聡明で自意識に目覚め、誇りと自信に満ちあふれている。すなわちこの作品では、魔女は美の女神《ヴィーナス》と同様、理想の女性像を体現した裸体を描くための、いわばひとつの口実にすぎなかったのである」と書いているが（「魔女のイコノグラフィー」「ユリイカ」一九五四年八月号）、デューラー、グリーンの師弟が一五・六世紀に描いた魔女を、田中のように解釈してよいだろうか。

ハンス・ペーター・デュルは、33の「二人の魔女のまなざしについて、「大方の裸体画、とりわけ後代の裸体画でなじんでいるように、『私、あなたのものになりたいわ』などと言っているのではない。むしろ自分自身のための、攻撃的な官能性がそのまなざしにあらわれている」と書き、この魔女の目に関連して、一六〇九年にバスク地方の魔女裁判官がいったという、「彼女らの目を通して魔法の力が働くのだ。彼女らの目は、人を恋の虜にし、また魔術にかける剣呑な代物である」という言葉を引用しているように（『夢の時』所収）、田中が「聡明で自意識に目覚め、誇りと自信に満ちあふれている」と書く魔女のまなざしは、魔女裁判官がいった「人を恋の虜にし、魔術にかける」魔法のまなざしである。

このようなまなざしをもつ二人の魔女のなびく髪も魔女をあらわしている。34もグリーンの「サバトに行く準備をする魔女」（一五一四年）だが、髪をなびかせている。中世のヨーロッパの女性は髪の毛は布か、ヴェールか、頭巾かですっかり隠していた。中世盛期の「ゲベンデ」（きつく紐を顎でとめてぴったりかぶる一種の頭布）は、話すのもほとんど囁き声でしなければならず、また紐をゆるめなく

34　グリーンの「サバトに行く準備をする魔女」（1514年）

ては食事もできなかった。八世紀のバイエルンの部族法では、みだらに髪をふり乱していることは、女が夫以外の男と同衾することや、若い女性を強姦することと同じ罪であった。

デュルも、「古代には一般に魔法使いの女は、あの世と交流を求めるときには髪をといた。ドイツでも髪をといた女には悪霊がつくといわれていた」と書き、「ふり乱した髪によって魔女たちはさまざまな蠱惑《ツァウバー》＝魔法を行使したといわれる。たとえば魔女ベッシー・スケピスターに対する一六二三年の訴えの中で、『おまえはヘッドカーチフをとって髪をふりほどいた。それ以来ずっと彼女（マーガレット・マディという原告のこと）は、ひどい痛みに苦しめられ、やつれて具合は悪化する一方である。おまえが彼女に呪いをかけたのだ。髪をふりほどいたとき以来、彼女の具合が悪いのだから』といわれている」と書いている（『夢の時』）。

このようにふりみだした髪は魔女の髪とみられていた時代だから、この時代に描かれた魔女の絵では、魔女は髪をふりみだし、長髪を風になびかせているのである。こうした魔女は全裸である。一五・六世紀のフランス人の法律によれば、女性の頭髪を束ねたリボンを解いた者は三〇ソリヅス、女性の裸の上半身（特に乳房）に触れた者は四五ソリヅスの罰金を払わなければならなかったし、一七世紀になっても、妻が夜、髪を乱して服をボタンをかけず素肌をみせていれば、愛人と性交したとみなされ、離婚の理由になったし、夫に殺されても殺した夫は重い罪にはならなかった。このように裸をみせるのは、悪であったから、魔女は全裸で描かれているのである。

デュルは「裸を恥じるのは、なによりもまずユダヤ・キリスト教の遺産であった。イヴが裸の女だったとすれば、処女マリアは女性たちに再び服を着せた女であった。乳房をあらわにすることは一般に、辱しめを、罪の償いを意味した。たとえば一四一七年のこと、ある魔女はフライジングの司教座聖堂参事会員によって、二年間にわたり、定められた日に、かなり大勢の群衆の面前で、頭髪を刈り上半身をはだけて墓地に立つようにとの判決を下された」と書き、「一六世紀に入ると、女性の乳房は、きつく締めつけられるか、ひだの多い小さなブラウスの中に慎み深く隠され、うなじは巨大なひだ飾りのなかにうずもれ、臀部は張り骨入りスカートにおおわれた。しかし、いちばん官能を目の敵にしたのは、ムーア人から解放されたばかりのスペインであった。女性の肉体は、小さな覗き穴を除いて、全身すっぽりとマントにおおいつくされ、乳房はその存在をにおわせることすら避けようとした。それどころか、鉛板を用いて、すでに発達した乳房を偏平にしたり、未発達の乳房はその発育を妨げたりもしたのである」と書く（前掲書）。

このような女性の裸体観の時代であったから、魔女は全裸で描かれたのである。したがってデューラーやグリーンの描く魔女の裸体は、田中雅志が書くように「美の女神と同様、理想の女性像を体現した裸体」として描いたのではない。デュルが書くように、魔女を全裸で描いたのは、「悪魔の烙印を押された官能」を表現するためであり、「悪行をはたらく罪深い存在」として、デューラーやグリーンは、髪をふりみだした全裸の魔女を描いたのである。一五九五年にトーピアス・オーンマハトという男の前に、豊満な肉体と乳房をさらした魔女があらわれたが、彼女の体は冷たかったという記述が、当時の文献にあるから、そうした裸女観によって、デューラーやグリーンは描いているのである。

しかしデューラーやグリーンの魔女の絵について、田中のような解釈があるのは、デューラーやグリーンは画家として、挑発的に裸をさらし、髪を風になびかせている魔女に、美の女神ヴィーナス（アプロディテ・ウェヌス）の姿を見ていたからである。グリーンは魔女狩りに反対していたから33の「二人の魔女」のようなまなざしの魔女や、11のような魔女も描いており、しょせん時代の子であった。

35はザルツブルク大司教のミサ典書（一四八一年）に、ベルトルト・フルトマイヤーが描いた「生と死の樹」である。イヴは全裸で蛇から受取った死のリンゴを与えており、マリアは生命のリンゴを与えている。「生と死の樹」のイヴの側には骸骨、マリアの側には十字架上のキリストが描かれ、イヴのリンゴを受取る側にも骸骨、マリアの側には天使が描かれている。このように生と死、善と悪を二分した絵の、死・悪の側に描かれている全裸のイヴは、デューラーやグリーンの描く魔女と同じで、ヴィーナスであり、エロスを悪とみなしたユダヤ・キリスト教の視点によっている。

魔女狩りを煽動した書『魔女の鉄槌』は一四八六年の刊行から二百年余にわたってベストセラーになったが、この本によって魔女妄想はキリスト教会だけでなく、民衆の間の共同幻想となった。この書に描かれているのは、激しい女性憎悪、エロス排撃であり、その憎悪の代表がイヴであった。『悪魔の鉄槌』は、「女性は死よりも、悪魔よりも不気味である。というのも悪魔がイヴを罪に誘ったのは確かだとしても、アダムを誘惑したのはイヴだからである。……すべては飽くことを知らぬ

35　生と死の樹（ザルツブルグ大司教のミサ典書・1481年）

女性の肉欲に発する。だから女性はその肉欲を満たすためにデーモンたちとかかわりをもつ」とあり、男の悪魔より魔女のほうが悪いという考え方が、悪魔としての牡山羊に乗る魔女の絵となっているのである。したがって魔女表現は、飽くことを知らぬ女性の肉欲・エロス表現としてデューラーやグリーンの全裸の官能的な魔女描写になっているのだが、図11・32・33・34の銅版画は、見方によっては「愛の女神《エロス》」表現である。

魔女の「飛び軟膏」

11のグリーンの描いたヴィーナス(アプロディテ)、イヴとしての魔女と龍《ドラゴン》の絵について、高橋義人は「悪魔(龍)と魔女の性的オルギアを表わしている」と書いているが(『悪魔とヨーロッパ』)、この魔女は35のイヴと同じ意味で描かれている。高橋は34の絵について、「前景左手の女性は陰部に軟膏を塗っている。ナス科の植物の抽出液は、皮膚から吸収され、体の組織に入ると、ただちに活性化するという特性を有している。しかも股間の陰部は人体のなかでも最も敏感な部分であるから、ここに軟膏を塗った女性はすぐに幻覚状態に陥って、『空を飛ぶ』ことができるようになる。後景では裸の老婆が熊手にまたがって飛んでいるが、魔女の乗り物として使われた箒の柄や熊手にも魔女は軟膏を塗った。しかもこの魔女は裸であるため、箒の柄や熊手に塗られたナス科の植物の抽出液はやはり股間の陰部に作用して、彼女に『空中浮遊』を体験させるのだ」と書いている(前掲書)。

前景の陰部に「飛び軟膏」を塗る若い魔女と、浮遊している後景の老いた魔女の間に描かれている二人の魔女は、陰部に「飛び軟膏」を塗った魔女が、次第に浮遊・飛翔するようになる経過を表現しているのである。一人の魔女は、「飛び軟膏」の入った容器を片手でかかげ、軟膏を塗ったため陶酔状態におちいっており、次の魔女は尻を老魔女にふれられて、これから飛びあがろうとしている。

36　テニールスの「サバトへの出発」（17世紀）

26の一七世紀の「サバトへの出発」の銅版画（二九頁）では、若い魔女の股に、老魔女が軟膏を塗っているが、36も一七世紀の「サバトへの出発」を描いた銅版画である（ダヴィッド・テニールス画）。テーブルでは農婦の顔をした老魔女が、「飛び軟膏」を作っており、暖炉の前でも魔法の本を読みながら老魔女が、全裸で股の間に箒の柄をはさんだ若い魔女の陰部へ、「飛び軟膏」を塗ろうとしている。この若い魔女は4の絵のように、暖炉の煙突から飛び出してサバトへ行くのである。

グリヨ・ド・ジヴリは、26や36の箒の柄を股の間にはさんだ全裸の若い魔女に、「飛び軟膏」を塗る表現について、「一四六〇年にアラスで魔女として訴えられた五人は次のように打ち明けている。《魔法に加わりたいと思うと、彼らは悪魔がくれた香油を、ちっぽけな棒と手のひらと手に塗ってから、その棒を脚にはさみます。すると彼らはすぐに舞い上がり、町や森や湖を越えて目的地へ飛んで行きます。集会を開く所へ悪魔が連れて行くのです》」と書いている（『妖術師・秘術師・錬金術の博物館』）。

「香油」は飛び軟膏のことである。一六・一七世紀の絵では、魔女は陰部に塗っているが、一五世紀の魔女の発言では、「棒と手のひらと手」に塗っている。ウォーカーも前掲書で、『魔女が乗ったほうきの柄は、ときに、張形以外の何物でもなかったようにも思われる。その張形に有名な『飛び軟膏』を塗って性器を刺激したのである。フランスの魔女たちは、このようにして飛んだ。魔王がくれた軟膏を、木の棒と自分の掌と手全体に塗り、その棒を両足の間にはさんで、行きたいところへまっすぐに、魔王に引率されて、飛んで行ったのである」と書く。このウォーカーの記述も、一五世紀の魔女の発言によっている。たぶん最初は、木の棒（箒の柄）と魔女の掌と手全体に塗ったといわれていたのが、陰部に塗るとなったのだろう。

37はグリーンが一五二三年に描いた「飛び軟膏を塗る三人の魔女」だが、燭台の役割をする魔女

37　グリーンの「飛び軟膏を塗る三人の魔女」（1523年）

は陰部に塗っており、中央の魔女は左右の魔女の背中に飛び軟膏を塗っている。

38は一六七〇〜八〇年頃に描かれたフランドル派のブラッツイの絵だが、フランシス・キングは、この絵について「若い魔女は――恋の準備のために、また夜宴《サバト》の快楽を得るために――ヒヨス・ベラナンド、あるいは毒人参などといった植物で製した軟膏を全身に塗っているところである」と説明している（『魔術』）。しかし、「全身に塗っている」絵とはいえない。この絵は「愛の魔術」「恋の魅惑」と題されているのだから、媚薬としての飛び軟膏を調合している絵であり、この若い魔女は愛《エロス》の女神ヴィーナス（アプロディテ・ウェヌス）とダブルイメージである。

38　ブラッツイの「愛の魔術」（17世紀）

「飛び軟膏」を塗っての飛行と性的エクスタシー

魔女が空を飛ぶのに「飛び軟膏」を用いるといわれているのは、古代の神話・伝承に根がある。ルキアノス（二四〇年ごろ生まれ、三一二年に亡くなった聖書学者）は、『ルキウスと驢馬』の物語のなかで、戸の小さな裂け目からのぞくと、女が服をぬいで裸になり、足の爪からはじめて全身に何かを塗りこんでいた。のぞいていた私にはオリーブ油らしく見えたが、突然、羽がはえ、鼻がくちばしに変わると、彼女はフクロウになって、窓から出ていった。それを見た私は、夢を見ていると思ったので、まぶたを指で触ってみて、目覚めていることを確かめた。そこで私は、「どうか私にも翼をください。飛んでいけるあの軟膏を塗ってください」と祈った、と書いている。

飛び軟膏を塗った女性に翼がはえて、フクロウに変身して飛んで行くのを、戸の裂け目から見ていたという話は、箒の柄に乗って魔女が煙突から飛んでいくのを、戸のすき間からのぞいている男を描いた4の絵と似ているが、ルチアノスの記述からも、ローマ時代にも飛び軟膏を塗れば鳥に変身するとみられていたことがわかる。その鳥はフクロウだが、ウォーカーが「ローマ人はフクロウをストリクスと呼んだ。この語は魔女を意味した」と書いているように（前掲書）、フクロウに変身した女はローマ時代の魔女である。デュルは、「すでにホメロスの頃に体に塗りつけるアムプロシア軟膏の話がでてくる。それは特定の植物から取られたものに違いない。というのも神々の馬はアムプロシアを牧草とし、それによって翔ぶ能力を得たものらしい。一般にアムプロシアは油脂のようなものといわれている」と書いているが（「魔女の膏薬」『夢の時』所収）、ホメロスは『イリアス』や『オデュッセイア』の作者である紀元前八世紀の叙事詩人である。この「ホメロスの頃」すでに飛び軟膏は使われていたのだが、全裸の体に飛び軟膏を塗って空を飛ぶのは、「ヘラやアプロディテのような女神」であったと、デュルは書いている（前掲書）。

ヘラはギリシア神話の最高神ゼウスの正妻であり、ゼウスの姉または妹といわれているが、先ギリシア期の古い神である。ウォーカーが「ヘラはエーゲ文明初期の太母神であり、男神たちが登場する以前から存在していた」と書くように、アプロディテがオリエントの古くからの太母であったように、ヘラも古くからのギリシアの太母であった。ヘラ（Hera）という語はラテン語根で「主人」または「大地」を意味する古代ギリシア語だといわれていたが、最近ではサンスクリットの「天空（svar）」に関係があるといわれている。フェリックス・ギランは、ヘラは「もともと天の女王、天界の処女であって、最初はゼウスとは何の関係もなかった」と書くのも（『ギリシア神話』）、ゼウスの登場以前からの太母だからである。

ギランは、「ヘラは『女性』の神格化したものと思われていた。彼女は女性の暮らしのすべての面を司った。……しかし、もともとは結婚と母性の女神であった」と書いているが（前掲書）、アプロディテがローマのウェヌス（ヴィーナス）と同一視されたように、ヘラはローマの太母神ユノ（Juno）と同一視されている。ユノは女性の守護神であり、特に結婚・出産を司った。六月（Juno）はユノの月といわれていたから、今でも六月は結婚にもっとも適した月だといわれ、ユノの月（六月）に婚礼をする人たちが多い。このようなヘラ（ユノ）だから、愛の女神アプロディテ（ウェヌス）と同じに、飛び軟膏を塗って空を飛ぶのである。ヘラやアプロディテの飛行は、性的エクスタシーを意味しているから、これらの女神は愛《エロス》・結婚・出産とかかわっているのである。アプロディテは「マンダラゲのアプロディテ」といわれている。マンダラゲはアプロディテ崇拝のもっとさかんであったキプロス島やギリシア本土でよくみられる春の花だが、グリグスンは「マンダラゲのアプロディテ」とは「マンダラゲの根から作った媚薬のアプロディテ」の意だと書く（前掲書）。アプロディテやヘラが塗った飛び軟膏とは、この媚薬であったのだろう。デュルはマンダラゲは魔女の飛び軟膏として使われ、今でもイタリアでは媚薬として用いられていると書いている（前掲書）。

39　箒に乗って空を飛ぶフレイア

ゲルマンの愛の女神であるフレイアも、39のように、箒に乗って空を飛ぶ魔女として描かれているが（一三世紀の教会の壁画）、フレイアの日（金曜日Friday）は、ユノの月（六月）と同じに、ゲルマンの末裔のドイツ人は「今も結婚に一番いい日と、かたく信じ続けている」（ウォーカー『神話・伝承事典』）という。このように、ヘラ（ユノ）、アプロディテ（ウェヌス・ヴィーナス）、フレイアにある飛行伝承が、魔女の飛行に受けつがれている。

エリオットは、フレイアは「元来は愛の女神で、また収穫をもたらす者（この場合は豊饒の角をもっている姿で描かれている）」と書き（前掲書）、ウォーカーは「フレイアは性愛を表わし、そのため女神の別名フリッグは『性交』の口語的表現となった」と書き、「フレイアはヴィーナスと同一視されていた」と書いている（前掲書）。したがってアプロディテ（ヴィーナス）が空を飛ぶように、フレイアも箒に乗って空を飛び、魔女と同じにみられたのである。

40　ダキニとマハシッダのタントラ性交図

フレイアの末裔のドイツの魔女たちも、飛び軟膏を塗ってサバトへ行くが、フレイアもアプロディテと同じ愛の女神であったように、魔女の飛翔感覚は性的エクスタシーであった。

40はチベット絵画に描かれたダキニ（空行母）とマハシッダ（大成就者）の性交図だが、タントラの性的エクスタシーの絶頂を空中浮遊であらわしている。41は40のような空中浮遊図ではないが、タント

41　タントラの天人群像図の一部（10世紀）

ラ造形による「天人群像」の一部である（カジュラホ・マドーヤ・ブラデシュ、一〇〇〇年頃）。フィリップ・ローソンは41について、「天上の性的悦楽」と書いており（『タントラ』）、エクスタシーの絶頂は天上にいるのと同じだということを示している。

42は「極楽の大歓喜」と題されている木彫である（南インド、一八世紀）。タントラにもとづく木彫だが、この性の「大歓喜」が「極楽」であり、「極楽」は天上への飛翔・上昇感覚である。このようにインドでは飛翔は「天国」へ行くことであったが、キリスト教では「地獄」に落ちることであり、42の男根や手や足の指、頭上の突起した冠などで、同時に何人もの女性に「極楽の大歓喜」を与えているタントラの神は、キリスト教では大悪魔の魔王であり、性的エクスタシーを得ている女たちは、空飛ぶ魔女といってよいだろう。

タントラは対立する者の結合による法悦を、シャクティ（カーリー）とシヴァの合一で示す。そのヴァリエーションが40〜42の表現だが、タントラ教の崇拝物はリンガ（男根）とヨーニ（女陰）である。ウォーカーは、「タントラ崇拝を表わす最も聖なるマントラ（真言）は、『ハス（女陰）の中の宝石（男根）』であった。リンガ・ヨーニの結合を象徴的に示すものは、女陰に男根が立っている形をした祭壇のことが多かった。タントラの儀式の遺風により、中世ヨーロッパでは、魔女は女体を祭壇に見立てて礼拝すると考えられるようになった」と書く（前掲書）ことからも、41の天上にいる女たちは、空飛ぶ魔女たちである。

42　タントラの「極楽の大歓喜」といわれる木彫（18世紀）

両性具有者と空飛ぶ魔女

43は大気の神シュウ（向って右）と生命授与の露と湿気の女神（向って左）テフヌト像である。エジプト神話は両性具有の創造主アトゥムが双生児のシュウとテフヌトを生んだことになっている。両性具有の一体のアトゥムが二体（シュウ、テフヌト）に分離したのだから、そのことを示すために下半身は一体になっているのである。この表現も石器時代の両性具有像と同じ発想によっているから、神話ではシュウとテフヌトは双生児で夫婦になっている。ウォーカーは「両性具有神は、しばしば神話の中では、同時に生まれた男女の双生児であった」と書くが、シュウとテフヌトの子の大地神

43　双生児で夫婦の
シュウとテフヌト像

44　天空神ヌートと一体になろう
としている大地神ゲブ

ゲブと天空神ヌートも、双生児で夫婦である。

ゲブとヌートについては、エジプトのパピルス（紀元前一〇八五～前九四五年）に44のような絵がある。エリオットは44について、「エジプト神話では、生殖の起源は最初の男女神たちの結合にある。最初の結合は原初の神アトゥムから生まれたシュウとテフヌトの間で行われた。この結合からゲブとヌートが生まれ、この二神が引き離されることによって天と地とが形成された」と書くが（前掲書）、結合（「結合」は「性交」）して一体になった姿は両性具有であり、一体であった天（ヌート）と地（ゲブ）を引き離したのは、天と地の間に空気を入れた大気神シュウである。

ウォーカーは、両性具有者について『神話・伝説事典』で次のように書く。

多くの神話に登場する最初の人間は、両性具有の形に造られている。ペルシアの神話ではヘデン（エデン）の園に住む最初の男女は身体は一つであったが、アフラマズダが二つに分けた。ユダヤ人はこのペルシア神話を模倣して、アダムとイヴも身体は一つで両性具有であるとした。ラビのある資料によると、イヴはアダムから取り出されたものではなく、嫉妬深い神が二人が性的至福にあるのを不愉快に思い、二つに分けたのだという。性的至福とは人間にとってまさに神になったような気持ちになるものであった。それは神々だけのものでなければならないものであった。男性を「園」から追放するということは、女性の身体から引き離すことを意味した。したがって女性の身体はヘブライ語のPardes（園）によって象徴されることが多い。

人類はプロメテウスによって両性具有者として造られ、その身体は土で造られた。そしてアテナが人類に生命を与えたので、父なるゼウスは怒って両性具有の人類を男女に分けた。そのとき、女性の部分から一片の土が裂けて、男性の部分に突き刺さった。

このために女性には今でも血を流す孔がある。そして男性はぶら下がっているものがあって、それは己れのものとも思われず、つねに、己れが現われ出た女性の身体へ帰りたいと熱く望んでいるのである。残酷なゼウスは、それでもときに、男根を女陰という人間の生まれたところへ帰すことを許した。そのため人間は、ごく瞬間であるが、昔両性具有者としてあったときの至福を経験することができるのである、

と書いている。

この「至福」が「極楽の大歓喜」だが、44の絵についてヴェロニカ・イオンズは、「天空の女神ヌートのアーチ形の身体をよじ登って彼女と結合しようとしている大地の神ゲブ」と書いている（『エジプト神話』）。このゲブは25の勃起した男根に翼をつけ飛び立たせようとしているギリシアの造形（二九頁）と同じであり、5・6のローマの翼のついた男根表現（一五頁）とも通じ合う。男根の勃起は性的エクスタシーだが（性的エクスタシー・オルガスムを「天に昇る」と表現している例は世界各地にある）、こうした勃起力は44のように女陰に向うことでより高められる。40の空中浮遊の性交図や、41の天上の法悦としての性交図は、「天に昇る」イメージによっている。したがって二八頁の新石器時代の両性具有像には、鳥女神像がある（23・24）。

45はユーゴスラヴィア、ヴィチャン出土の紀元前五千年紀初頭の造形であり、46はヴィチャン出

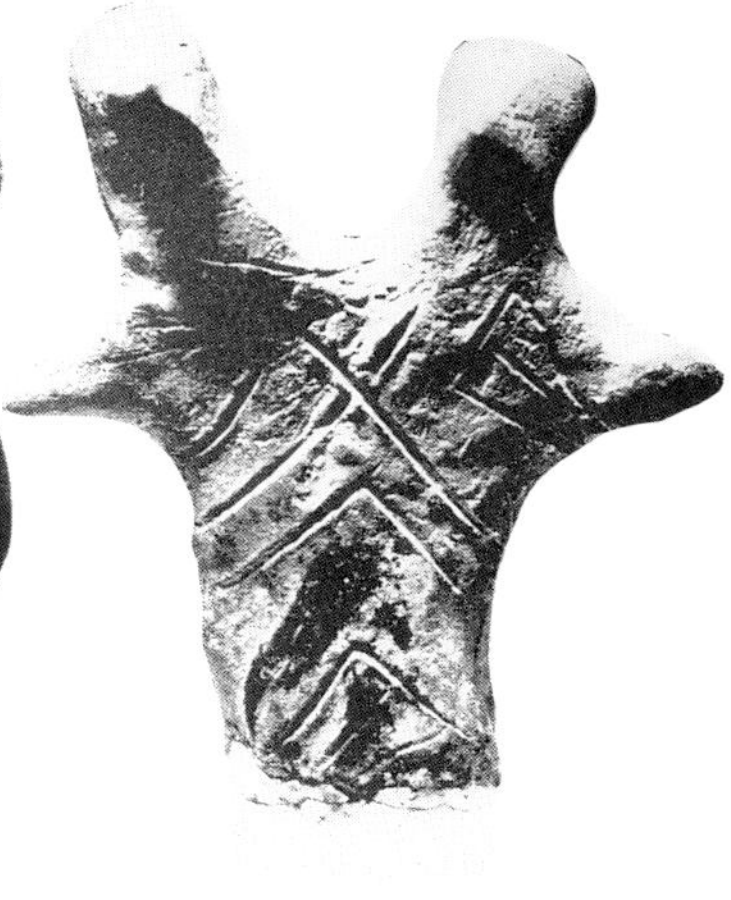

45　新石器時代の双頭の鳥女神

46　鳥の仮面をつけた新石器時代の双頭の女神

土の紀元前五千年紀中葉の小像だが、ギンブタスは45を鳥女神、46を鳥女神の仮面をかぶった造形とみているが（『古ヨーロッパの神々』）、いずれも双頭一体の鳥女神像である。こうした表現も23・24の両性具有の鳥女神表現と発想は同じである。

両性具有表現は始源の「至福」であり、豊饒表現である。

ヴァルター・シューバルトは『宗教とエロス』で、「キプロス島における髭をはやしたアプロディテの祭りは、男の衣裳をつけた女たちと女の衣裳をつけた男たちによって奉祝されていた。プルタール（紀元前四六年頃〜一二七年頃のギリシアの伝記作家で思想家――引用者注）は、ヒュプリティカの奔放な祭りについて述べているが、この祭りでも女たちは男の服とトーガを、男たちは女の服とヴェールをまとっていた。またギリシアのキュベレの祭司たちは、女の衣裳を着て儀式を執り行なっていた。こうした習慣はすべて両性具有神と同様の存在になりたいという信徒たちの熱烈な願望から出たものである」と書いて、「男女逆装」による両性具有表現は、男と女の一体化であり、エロスの発露とみている。

こうした「男女逆装」の両性具有の象徴が白鳥だが、性的エクスタシー・オルガスムには昇天感覚があるのだから、両性具有は鳥に象徴されており、男根とみられている箒の柄や牡山羊にまたがることは、「昔両性具有者としてあったときの至福の経験をすること」であった。この「至福の経験」には浮遊・飛翔感覚があるから、古代の両性具有の太母や、愛《エロス》の女神の残像としての魔女は、男根としての箒の柄や牡山羊に乗って、空を飛ぶといわれたのであろう。

II

空を飛ぶ魔女と翼をもつ太母

空を飛ぶエロスとアプロディテ

魔女は跳び軟膏を塗り、箒の柄や牡山羊に乗って空を飛ぶが、魔女の祖型の一つとみられているアプロディテも飛び軟膏を塗って空を飛ぶ。アプロディテの乗物は箒の柄や牡山羊でなく白鳥だが、30（三三頁）のアプロディテ誕生の造形では、翼をもったエロスがアプロディテを昇天させようとしている。

アプロディテの息子といわれているエロスは、47（紀元前三世紀のギリシアの小像）のように造形されている（上がエロス、下がアプロディテ）。エロスは矢をもつが、矢には黄金と鉛があり、黄金の矢に射られると恋心は高まり、鉛の矢で射られると恋心は冷えるといわれていた。47のエロスは少年だがローマ時代になると幼児になっている（ローマ人はアモル〈愛〉またはクピド〈欲望〉といった）。エロスは複数化してエロテラといわれていたが、エロテラのラテン語訓みのクピディネスは、英語訓みではキューピッドである。

エロスがアプロディテの息子だとすれば、30のようにアプロディテの誕生にエロスがあらわれる造形はおかしい。エロスがアプロディテの息子といわれる神話はヘレニズムの時代（紀元前三三〇年頃〜前三〇年頃）からいわれているが、30の造形はそれ以前の紀元前五世紀の製作である。

ヘシオドス（紀元前八世紀のギリシアの詩人）の詩によれば、エロスはアプロディテより前に原初のカオスから生まれている（アプロディテはエロスとともにカオスから生まれた大地《ガイア》の息子ウラノスの男根の化身で、エロスより後である）。ヘシオドスは大地母神ガイアと天空神ウラノスを結びつけたのはエロスだといい、天と地の結婚によって生まれた神々や人々を結びつけたのもエロスだといっているから、グリグスンはヘシオドスの詩にうたわれているエロスは、「ある時は神であり、ある時は擬人化されない愛」であると書いている（『愛の女神』）。プラトンはエロスは神々の中で最古の神で、天界に昇る力を与える一種の救世主とみているが、「愛《エロス》」に昇天感覚があることは第一章で述べた。30も誕生したアプロディテをエロスが天空にあげようとしている表現である。

　このようなエロスも、アプロディテの息子といわれるようになると、愛の女神のアプロディテの命令に従う子供にすぎず、矮小化している。グリグスンは、「最初のうちは、エロスとアプロディテ

47　アプロディテとエロス（紀元前3世紀）

はほぼ同じ周波数で、同じ愛のプログラムを人間に発信していた」と書くが（前掲書）、正しくは「最初のうちは」エロスだけが「愛のプログラム」を発信していたのである。

アプロディテはオリエンタルで崇拝されており、キプロス島からギリシア本土へ入った。そしてギリシアのエロスをしのいで愛の神の主役になったので、エロスはアプロディテの息子になってしまったのである。しかしエロスはアプロディテ崇拝がギリシアに入る以前の愛の神であったから、ウォーカーは「ヒンズー教のカーマ（愛の神）と同じ両性具有の恋愛の神」（前掲書）と書いている。つまりギリシアの両性具有のエロスの女性面がアプロディテ、男性面がエロスになったのである（ギリシア本土に入る前のキプロスのアプロディテは両性具有であった）。

エロスはいくつかの土地に信仰の拠点をもっていたが、とりわけアテナイ西方のヘリコン山の麓のテスピアイでの崇拝が有名である。この地の神殿のエロスは、巨大な男根柱であった。25（二九頁）の勃起して立つ男根には翼があり、5・6（一五頁）の飛行する翼のある男根からみて、これらの男根表現は翼のあるエロスの具象化である。アプロディテが飛び軟膏を塗って空を飛ぶといわれているギリシアの伝承や、白鳥に乗って飛翔するアプロディテを描くギリシアの壺絵は、翼のあるエロスや男根とダブルイメージである。

アプロディテはヘシオドスの詩では、海に投げ捨てられたウラノスの男根のまわりの白い泡の中から、「ひとりの乙女が生い立った」と書かれているが、白い泡の中に男根があったのだから、男根の起立を「乙女が生い立った」と表現しているのである。後に泡の中でなく貝殻から生まれたという伝承が作られ、ボッティチェルリは29（三二頁）のように貝殻の中に「ひとりの乙女が生い立った」絵を描いているが、ギリシア神話からすれば、この絵は天空神ウラノスの切られた男根の再生した姿でもある。このようなアプロディテの神話や造形表現は、アプロディテが両性具有であったからだが、エロスが両性具有であったのも同じ発想による。なぜなら性愛《エロス》は両性の合体によるからである。

48　エロスが飛ぶ下での性交図（紀元前4世紀）

　48は紀元前四世紀のコリント出土のブロンズのメタルだが、性交している男女の上にエロスが飛んでいるのは、40の空中浮遊の性交図のギリシア的表現といっていいだろう。

アプロディテと牡山羊とパレドロス

　49のエロスはアプロディテと森の神パーンの間におり、二神を結びつけようとしている。パーンは牡山羊の角と脚とあごひげをもっているから、牡山羊の神である。マイケル・グラントは『ギリシア・ローマ神話事典』で、「中世の悪魔のイメージはパーンの姿に由来している」と書く。牡山羊が牡鹿や牡牛など角のある動物と共に男根象徴とみられていることは前述したが、特に牡山羊が悪魔とみられたのは、牡山羊が動物の中でもっとも好色とみられていたからである。

49　アプロディテとパーンをとりもつエロス

アプロディテは「アプロディテ・エピトラギア（牡山羊に乗ったアプロディテ）」といわれているが、49の造形はアプロディテ・エピトラギアの発想によっているから、エロスはアプロディテと牡山羊を結びつけようとしているのである。男根として牡山羊や箒の柄にまたがって空を飛ぶアプロディテや魔女は、性交つまり分離させられた者たちが結合・合体し、両性具有になることを意味している。

森の神パーンは森と山の霊を象徴するサテュロスと混同されているが、50のようにサテュロスは巨大な男根をもっている。51は50と同じ紀元前六世紀の壺絵だが、サテュロスがマスターベーションをしている絵といわれている。サテュロスは空を飛ぶ男根（5・6）と同じに浮遊している。

フェリックス・ギランは『ギリシア神話』で、「小アジアのミューシアのパーンは、プリアポスであった」と書き、プリアポスとパーンを同一視しているが、プリアポスは、田畠や羊群の豊饒と蜜蜂の飼育、葡萄の栽培、漁業の神であり、ローマの果樹園や農園には次頁の52（一世紀頃の作品）のようなプリアポス像が置かれた。

このようにパーンと同一視されるサテュロス、プリアポスは男根神だから、パーンも男根神とみられており、パーンはサテュロスや

50　巨大な男根をもつサテュロス（紀元前6世紀）

51　浮遊感覚で自慰をしているサテュロス
（紀元前6世紀）

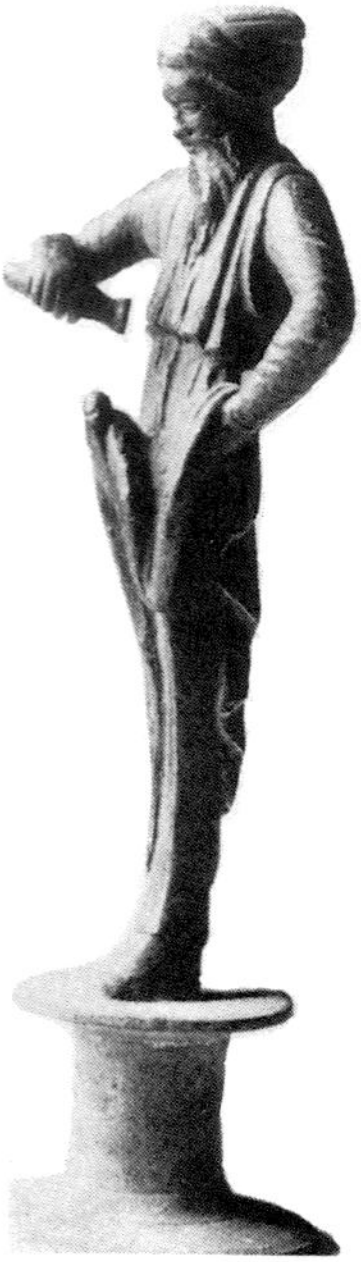

52　古代のローマのプリアポス像（一世紀）

プリアポスのように巨大な男根の持主として表現されていない代りに、牡山羊としてあらわされているのである。

小アジアのパーンはアプロディテの息子ともいわれているが、エリッヒ・ノイマンは『意識の起源史』で、太母《マグナ・マーテル》のパレドロス（息子＝愛人）は、「母に授精する豊饒神の性格をもつが、実際には彼らは太母に連れ添う男根」だと書き、バッハオーフェンの次の文章を引用している。

女性は既にあるものであり、男性は生成するものである。初めから存在しているのは大地、すなわち母性的な土壌である。……要する女性と男性は同時に現われたのでもなく、同列でもない。女性は既にあるものであり、男性は初めから生まれてくるのである。……男性的な力が初めて地上に現われるのは息子の姿においてである。息子から父親が推論され、息子において男性的な力の存在と性質が初めて明らかになる。男性原理の母性原理への従属はこの点に基づいている。男性は授精者ではなく被造者として、原因でなく結果として現われる。その逆が母親である。彼女は被造者以前に存在し、結果ではなく原因として、最初の生命の授け手として登場する。彼女は被造者によってではなく、まず自分自身によって知られる。一言でいえば、女性はまず母として存在し、男性はまず息子として存在するのである（『原宗教と古代のシンボル』第二巻）。
バッハオーフェンがいう「既にあるもの」としての女性は母親であり、その母親から生まれた息子が男性だから、「男性はまず息子として存在するのである」。この息子は男根に象徴されていると
ノイマンは書き、「男根の所有者にすぎない男性的なもの」を太母は求めているにすぎないと書く。つまり「既にあるもの」とは両性具有の太母であり、この両性の分離で男と女が生じるが、この男性は男根の所有者にすぎないのである。しかし本来は太母の所有物であったから、ノイマンは「男根の授精力の祭りや、男根に関係した性的な無礼講の祭りは、どこでも太母につきものである」と書いている（前掲書）。49のアプロディテとパーンは、サテュロスやプリアポスと同一視されるパレドロスとしてのパーンと、太母アプロディテを、エロスが一体にさせようとしている造形である。
私は拙著『十字架と渦巻』で、古代人や未開人が性交を、両性具有の太母から切り離された男根の子宮回帰とみている例をあげたが、その男根がパレドロス（息子＝愛人）である。ギリシアの創世神話では、カオスから生まれた大地《ガイア》は両性具有だから、性交せずに天空神ウラノスを生み、ウラノスと性交して多くの神や人を作ったといわれている。始源の性交つまり聖《ヒエロス》・婚《ガモス》は天と地の交わりであるが、母が息子を愛人にして交合したのであり、この男・女は母とパレドロスの関係であり、切られた男根（パレドロス）の子宮回帰である。したがってウラノスには切られた男根神話があり、その男根からアプロディテ誕生神話がつくられているのは、アプロディテがガイアと同じ両性具有の太母だったからである。アプロディテが海の女神になっているのは、大地《ガイア》と共に海が始源の母胎だった

からである。

アプロディテが乗物にする牡山羊はパレドロスだから、牡山羊＝男根である。53は紀元前五百年頃のテラコッタの浮彫りだが、アプロディテが牡山羊を抱いている。この造形からも牡山羊がパレドロスであることがわかる。そのパレドロスとしてのパーン＝牡山羊とアプロディテを、49はエロスが結びつけているのだから、牡山羊もアプロディテの息子であり愛人である。

53　牡山羊を抱くアプロディテ（紀元前500年）

翼をもつエオスと魔女

翼をもつエロスもアプロディテの息子となり、アプロディテのパレドロスになっているが、両性具有のエロスの女性表現が、翼をもつエオスである。アプロディテはエオスに多くの人や神を愛する心（エロス）を吹きこんだといわれており、エオスはアプロディテの分身である。

アプロディテからエロス(欲情、ローマ人のいうクピト)を吹き込まれたエオスは、独身・既婚者に関係なく恋情をもった。54はエトルリアの紀元前六世紀のブロンズの鏡の裏面だが、結婚したばかりのケパロスをエオスが強引にさらっていくところを表現している。エオスは巨人の狩人オリオンもデロス島にさらっている。また軍神アレスと恋をし、その他何人もの若く美しい若者に恋情をもち、誘惑している。

54　エオスがケパロスをさらっていくところを表現したエトルリアの鏡の裏面（紀元前6世紀）

54のエオスのケパロス誘拐は、七四頁の55の紀元前五世紀の巨大な男根をかかえているギリシアの壺絵と同じ発想である。56も紀元前五世紀の壺絵だが、女性が鳥形の男根を左手にもち、右手で容器の布をとっており、その中から54や55の鳥形男根と同じ亀頭に目をもつ男根が勃起している。七五頁の57も紀元五世紀の壺絵だが、男根に木の実をふりかけている。この行為を「カタキュマス(下にふりかける)」というが、古代ギリシアは奴隷制社会だったから、奴隷を新しく買った時にも頭から木の実をふりかけている。また花嫁が婚家に着いた時にも「カタキュマス」がおこなわれたのは、古代ギリシアの法では女性は男性の所有財産であったからである。

このような強い父権制社会で57のような男根を所有物とするカタキュマスの絵が描かれているのはどういうことか。

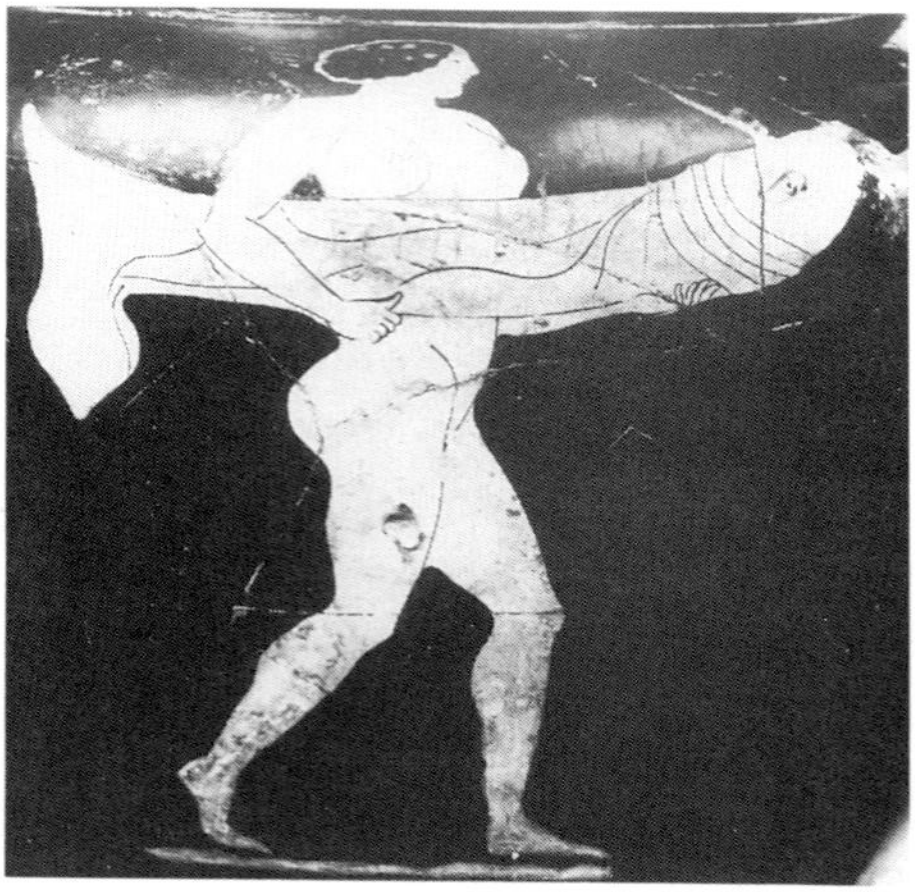

55 巨大な男根をかかえる女性(紀元前五世紀)

56 鳥形の男根をもち、男根を入れた容器の上の布をとる女性(紀元前5世紀)

55・56の絵も57と同じ発想で描かれており、56の容器の中の男根は女性の所有物であることを示している。また腕の鳥形男根はエロスであり、この発想は55も同じである。55の男根をかかえた絵は、54のエオスがケパロスをかかえている絵とダブルイメージである。

七六頁の58はウクライナのモルダヴィア、サバティノフカ出土の祭壇に置かれた、紀元前五千年紀中葉の小像だが、男根をかかえており、55の絵と似ている。この絵は魔女が箒の柄を股にはさんで空を飛ぶ形の原像ともいえる。魔女の乗物の箒の柄や牡山羊は、54〜58の男根と同じであり、男根は魔女のパレドロスである。

12のブロッケン山のサバトを描いた絵（二

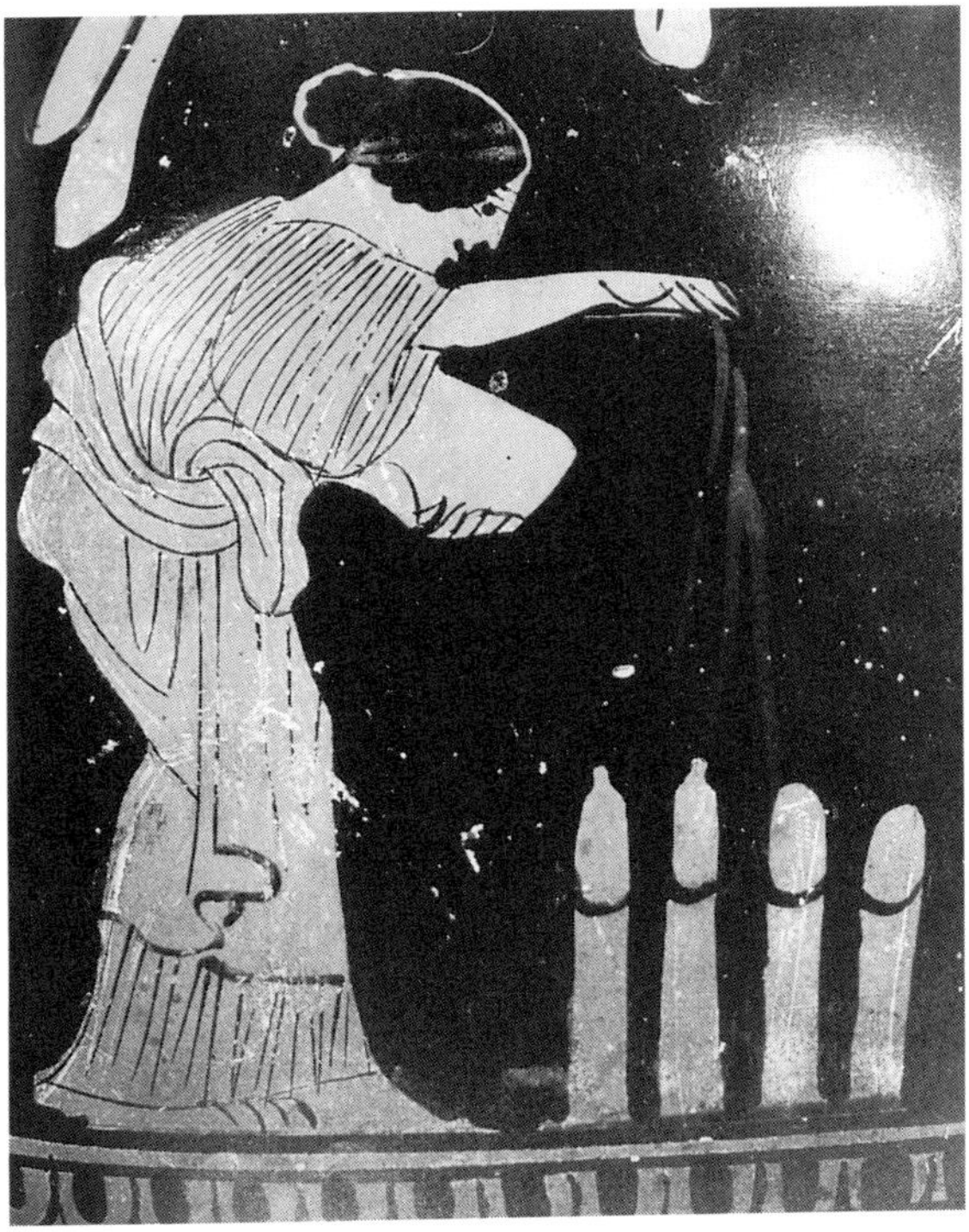

57　男根に木の実をふりかけている女性（紀元前5世紀）

一頁）の上部左右の魔女と牡山羊（悪魔）は、性交中と性交直後を描いていると、第一章で書いたが（一二頁）、性交や性交直後を空中に描いているのは、飛翔・浮遊が性のエクスタシーと同じ感覚だからである（40～42の性交表現参照）。ブロッケン山の頂上で魔女と悪魔が抱擁しているのも、山の頂上は上昇感覚としては飛翔・浮遊と同じだからである。

12の絵では中央の広場で悪魔である牡山羊の肛門に接吻する魔女のまわりを、悪魔と全裸または着衣の魔女が抱き合いつつ廻っている。この絵はプレトーリウスが一六八八年に描いた絵だが、一六三五年～一六四〇年頃にルーベンスが描いた59の「ヴィーナスの祝祭」と似ている。向って右のヴィーナス（アプロディテ）のまわりを翼をもったエロスたちが踊り廻っており、右では若い男女が抱擁しあっている。「ヴィーナスの祝祭」が魔女たちの祝祭のサバトの宴と重なるのは、本来は同じ豊饒を祝うエロスの祭りだったからである。

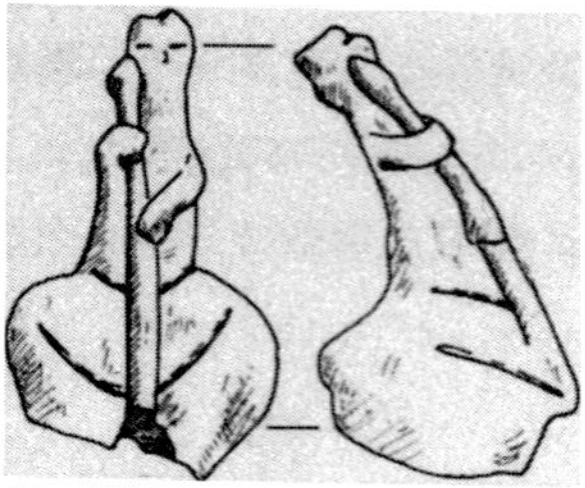

58　祭壇に置かれた新石器時代の男根をかかえた小像

60は、デューラーや、ハンス・バルド・グリーンなどの魔女の絵（一五世紀末から一六世紀前半）や、一五世紀末のボッティチェルリの「ヴィーナスの誕生」や、一七世紀前半のルーベンスの「ヴィーナスの祝祭」より古い、一四世紀初頭のヴェローナ派の「ヴィーナスの勝利」である。なぜ「勝利」かというと時代の異なる騎士《ナイト》たちが、ヴィーナスの女陰から放つ光に魅せられて戦うことをやめ、ヴィーナスに惹きつけられているからである。

59　ルーベンスが描いた「ヴィーナスの祝宴」（一七世紀）

60　ヴェローナ派の「ヴィーナスの勝利」（一四世紀）

エリッヒ・ノイマンも、ヴィーナスをかこむ60の楕円形を「女陰を象徴するマンダラ」、騎士たちを「各時代を代表するヴィーナスの求婚者たち」と書き、ヴィーナス（アプロディテ）の両側の精霊はキューピッド（エロス）だが、悪魔として描かれているとみて、「本来の鳥であれば、この足はその体の自然の一部なのだが、みにくい鳥の爪をもっていることから、ここでは邪悪さの名残りといった印象を与えている」と書く。そしてこのキューピッド（エロス）は私見と同じにヴィーナス（アプロディテ）の分身で、この絵はヴィーナスが「地上的な楽園におちた男たちを魅了し滅ぼす者」であることを示していると述べている（『グレート・マザー』）。

つまり愛《エロス》の女神は、男たちを魅了する性的歓喜を与えるが、それは身を滅ぼす歓喜である。したがって60の絵ではキューピッド（エロス）がアプロディテの否定面として、悪魔表現がなされたとノイマンは解するのである。キューピッドは悪魔の牡山羊でもある。

最初の魔女リリトと女上位

両性具有のエロスは、男性化してアプロディテのパレドロスとしてキューピッドになっており、女性化して翼をもつエオスになっているが、『旧約聖書』（「イザヤ書」三四章一四節）ではっきり「夜の魔女」と書かれているリリト（リリス）も、61のように翼をつけて二頭の牡山羊に乗っている（紀元前二三〇〇年〜二〇〇〇年頃のシュメールのパネル）。この牡山羊は魔女が乗る牡山羊と同じで、シュメールの太母リリトのパレドロスである。

聖書で名ざしで魔女といわれているリリトは、イヴと結婚する前のアダムの妻であったと初期の「創世記」に書かれていた。そのリリトと、アダムは土から一緒に創造され、アダムはリリトと性交しようとして、男上位をとろうとしたところ、リリトは「なぜ女が下になるのか」といい、アダムが強引にのしかかると、リリトは怒って空中へ飛び上って、アダムの許を去ったと、「創世記」は書いていている。空を飛んで去ったというのは、リリトは翼をもっていたからである。

61　シュメールのパネルにみられる
牡山羊の上に乗る翼をもつリリト

この「創世記」第一章に載るリリトとアダムが共に土で作られた最初の人間と記す記述を、神はまずアダムを作り、眠っているアダムの脇腹のあばら骨を取って、イヴを作ったと改めて、この話が通説になった。

アダムの前妻をリリトとする話では、アダムのところから逃げ出したリリトは、紅海の近くに住み、デーモン（悪魔）と交わり、毎日百人もの子を生んだ。神はリリトをアダムのいるエデンの園に戻そうとしたが、リリトがことわったので、アダムのために男性に従順なイヴを作ったとあるから、リリトはキリスト教徒たちによって、最初の魔女にされていた。

アダムとイヴがエデンの園から追放されたとき、リリトはそこにいなかったので、キリスト教社会では、リリトは不死でいまだに生きており、夢をみている男たちの前に魔女の姿であらわれ、女上位で交わるといわれている。修道僧は睡眠中にしばしばリリトに襲われ夢精した。すると夢精した修道僧を嘲笑するリリトの笑い声が、修道院にひびきわたったという。リリトは夜あらわれて、女上位で男と交合しようとするので、修道僧は男根の上に十字架を置いて寝たといわれている。

リリト神話に体位の話がでてくるように、本来は太母とパレドロスの聖婚であったから、女上位なのであり（アプロディテも「上にまたがるアプロディテ」といわれている）、リリトとアダムが共につくられたというのは、両性具有の太母が母と息子に分かれて語られているからである。したがって母と息子の関係は女上位であったから、リリトは男上位を要求されて怒ったという話が生まれたのである。リリトはギリシア神話のガイアであり、アダムはガイアの息子でガイアの夫のウラノスである。リリトが毎日百人もの子を生んだというのは、リリトが旧石器時代の太母神にみられるように豊饒神であったことを示している。ギンブタスは「多産女神」といっている（前掲書）。なお、リリト（Lilith）についてウォーカーは、「ユリ lily（すなわち lilu〈ハス〉）は、太母の『女陰を表わす花』であり、リルというその花の呼称からリリトの名が生まれた」と書いている（前掲書）。

キリスト教社会では、男上位である「宣教師の体位」「伝道の体位」をとるべきであると説き、女上位は「魔女の体位」と呼ばれ、贖罪の対象であったが、父権制社会で男性優位の古代ギリシアでも、八二頁の62のヘレニズム時代の造形では、女上位で性交しようとしている。この翼をもつ女性は、エオスとみてもよいが一般にセイレンといわれている（セイレンについては後述する）。この表現は、翼をもったリリトが、夢魔となって修道僧と女上位で交わるのと同じである。ノイマンは62の絵について、「これは翼と鳥の爪をもったセイレンを描いている。この裸体の女は、明らかに夢みている裸の男に夢魔《インキブス》として馬乗りになっている」と書く（『グレート・マザー』）。

62の壺絵が描かれたのと同時代の紀元前五世紀の壺絵には、八二頁の63のような女上位（騎乗位）で性交しようとする直前の絵がある。またヘレニズムの時代の紀元前三〜一世紀には、八三頁の64のような表現がある。64は女性が男根を勃起させるための行為をおこなっている。こうした表現は54〜60の表現と同じである。八三頁の65は一世紀の大理石パネルだが、はっきり女上位であり、62の壺絵と同じである。このような女上位の性交表現は、女性がリリト、アプロディテ、エオス的太母であり、男性がその太母のパレドロスであることを示している。

飛翔・上昇と「カームテフ」

ギリシアの創世神話では始源の太母ガイアは地母神になっているが、エジプトでは天空神になっ

62　翼をもつセイレンが女上位で交わる図（紀元前五世紀）

63　女上位で交わろうとする直前を描いた壺絵（紀元前五世紀）

64 女性主導で交わろうとしている絵(紀元前三〜一世紀)

65 女上位の大理石パネル(一世紀)

ている。分離した天と地が、再び合体して万物を生む聖婚神話としては、基本は同じだが、天と地を男と女のどちらに擬するかでは、エジプトとギリシアでは逆になっているのは、万物の始源は両性具有であったから、男と女を天と地のどちらに擬してもよかったからである。

エジプトのイシス・オシリス神話では、死んだオシリスの上にイシスがすわり、オシリスの男根をイシスの膣に導き入れてホルスを受胎している。紀元前二千年紀のピラミッドテキストのオシリス賛歌には、「イシスはあなたのためにあなたの男根を膣へ導き入れ、あなたの精液は彼女の中に流れ込む」とあるが、66は紀元前千四百年紀のエジプトのデンデラ神殿の屋根の浮彫である。死んだオシリスと鳶《とび》またはハゲワシに化身したイシスが交わろうとしている（オシリスの勃起した男根は後代の人によって削られている）。

イシスとオシリスは双生児の兄妹で、天空神ヌートの胎内で双生児のイシスとオシリスは結婚したといわれている。この神話は43のテフヌトとシュウ、44のヌートとゲブの絵と同じで、両性具有の一体の神がイシスとオシリスであったことを示している。エジプト神話の双生児の兄妹で夫婦になっている神は、本来は一体の両性具有神であることは第一章で述べたが、テフヌトとシュウ、ヌートとゲブ、イシスとオシリスも双生児の兄妹で夫婦である。したがってイシスはテフヌトやヌートと同一視されているが、イシスも67のようにハゲワシの翼をもつ（ラムセス三世墓の壁画、紀元前一一九四年～前一一六三年頃）。

イシスが生んだホルスはオシリスの再生した姿だといわれているが、ホルスはイシスと交わって

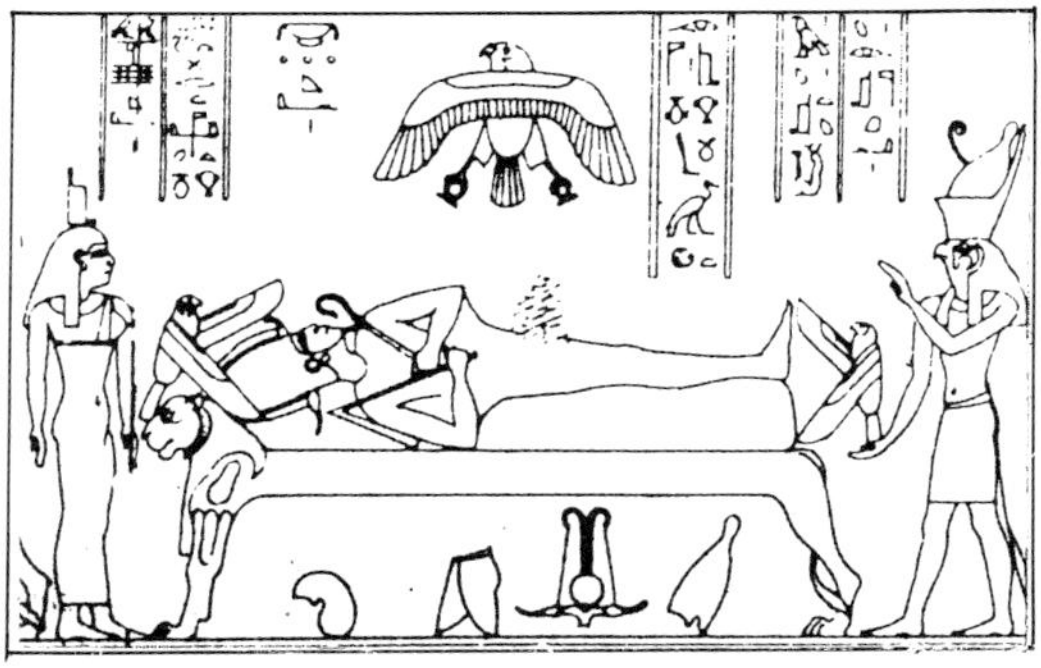

66 ハゲワシに化身したイシスがオシリスと交わろうとしている絵

67 ハゲワシの翼をもつイシス女神

おり、ホルスはイシスのパレドロス(息子であり愛人)である。ヌートの息子といわれるラーは母ヌートを妻にしており、ヌートの夫ゲブは母テフヌトと交わっており、いずれも太母とパレドロスの関係である。

ラーは「カームテフ」と呼ばれたが、「母の夫」「母の牡牛」の意味である。アメン・ラーと呼ばれたアメンも「カームテフ」と呼ばれているが、アメンは男根像として崇拝されている。「ムテフ(母)」と交わる「カー」は、生命力・活力の源としての霊魂とみられているが、そのカーの象徴が男根だから、アメンは男根像として崇拝されており、「カームテフ」は太母の「パレドロス」である。

68のミンはホルスと同一視されているが、「カームテフ」であるミンは、「彼の美しきもの――硬直した男根」「母に種付けする者」「幸いなれ、ミン、母とまじわう者よ！」と讃えられており、ミンと同一視されているホルスも、「ホルス・ラー」と呼ばれるカームテフであり、したがって男根がシンボルになっている。そのホルスの母イシスは翼をもった太母である。

69はエジプトのカーの象徴だが、この原型は70の紀元前四千年紀前半のエジプト先王朝時代の太母像にみられる。頭・顔は鳥形である。カーの両手が翼表現であることは、71の紀元前二千年紀後半のミケーネの太母像からもわかる。71も頭・顔は70と同じ鳥形であり、カー的表現は70よりも上昇する翼表現になっている。両手をあげた70・71のカー表現は、新石器時代の鳥女神像と通じるが、翼のついた男根造形があるのだから、70・71は男根状頭部をもった太母像とも通じる。ギンブタスは『古ヨーロッパの神々』で男根状頭部をもった両性具有の太母像は、「男根の活力によって女神の力が高められる」表現と書いているが、「カームテフ」の「カー」は男根とみられていることからも、両手をあげて飛翔しようとしているポーズは、「カー」の活力を示している。

72はアプロディテの誕生のパネルである（紀元前四七〇年～前四六〇年）。両手を高くあげてカー的ポーズをしているが、左右の二人は30（三三頁）の貝殻から誕生したアプロディテを引き上げるエロスにあたるし、カー的ポーズはアプロディテの誕生の貝殻が翼のように表現されている31（三三頁）と重なる。アプロディテは海に投げ込まれたウラノスの男根の化身だから、古代ギリシアの「ヴィーナスの誕生」にはカー的表現があるのであり、アプロディテ崇拝の中心地のキプロス島のアプロデ

71　ミケーネの太母像の「カー」表現

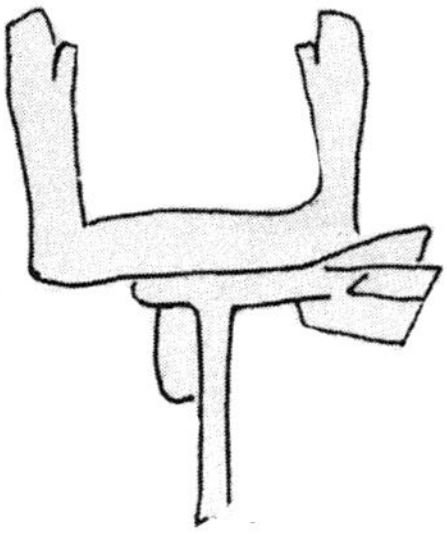

69　「カームテフ」の「カー」の象徴

68　「カームテフ」であるミン

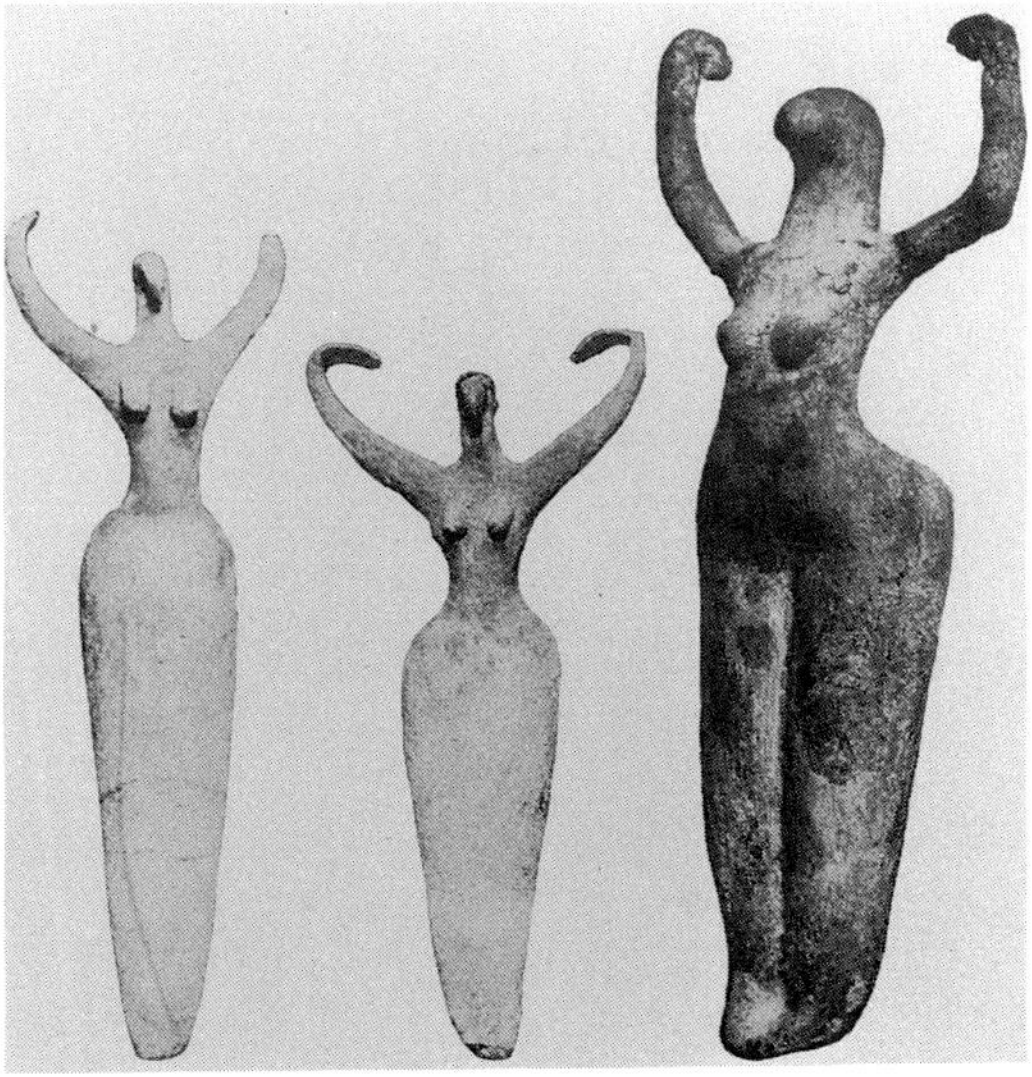

70　エジプト先王朝時代の鳥女神の「カー」表現

72 「カー」表現―アプロディテの誕生パネル（紀元前5世紀）

ィテ像が両性具有なのも、男根状太母像のイメージを受けついているからである。69のエジプトの「カー」のポーズをとっている70・71の鳥女神も同じである。

73は70と同じナカダ期の紀元前四千年紀後半のエジプトの壺絵だが、両手を高くあげている女性は70の女性と同じである。デュルはこの絵の台の上の「小柄の男二人は、男根を勃起させている」から、この表現は聖婚《ヒエロス・ガモス》をあらわしているとみて、二人の太母のうち向って右の太母のそばにある「王族の印《しるし》」をミンの「性的シンボル」と書く（『再生の女神セドナ』）。ミンは68のように勃起した男根で示されており、「母に種付する者」「母とまぐわう者よ」といわれる「カームテフ」である。73の「小柄の男」はパレドロスとしての少年・若者だから、パレドロスの象徴たる男根を勃起させているが、男根はカーの象徴でもある。パレドロスやカームテフは母（ムテフ）と交わるための存在だから、その合体は石器時代の太母像のような表現であるが、エジ

73　エジプトの先王朝時代の壺絵の一部

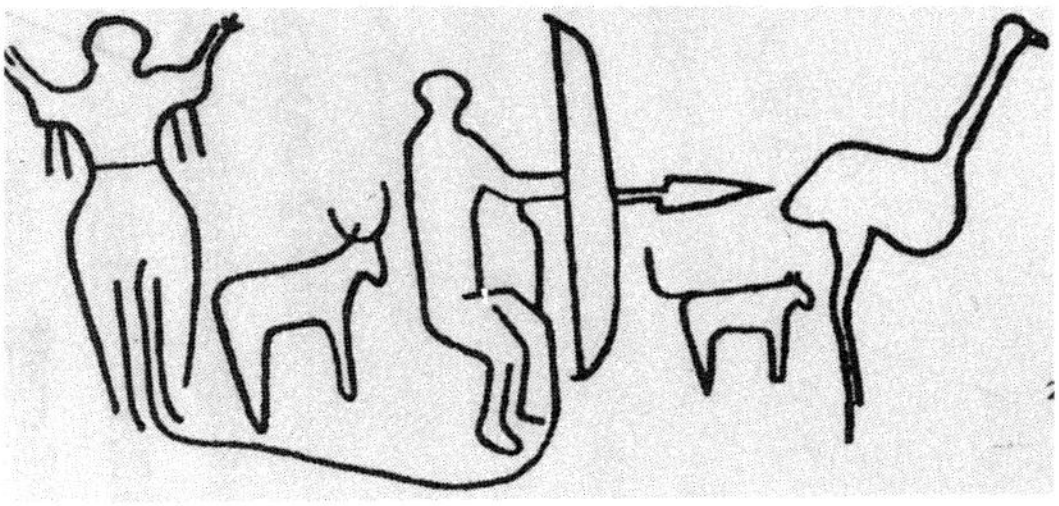

74　アルジェリアのサハラの旧石器時代の岩絵

プトでは69・70・73のような表現になっている。このカー表現は誕生の生命力も示しているから、ギリシアでは71のような表現にもなっているのであろう。

　74についてエリッヒ・ノイマンは『グレート・マザー』で、この「岩に描かれた旧石器時代の絵(アルジェリア、サハラ・ティオウト)では、狩りをしている男性が、腕を挙げた女性と、性器と性器をつなぐような線で結ばれている。これは大いなる女性の呪術的機能の明快な表現である」と書いて、この絵は「たぶん狩猟の呪術を現しているのだろう。ここでも女性像は臀部が幅広くなっていて、そこが強調されており、彼女たちは男性よりずっと大きく描かれている」から、73・74の絵の女性は「太母《グレート・マザー》であることをみごとに証明している」と書いている。

74の狩人も太母のパレドロスだから、太母の性器と彼の性器をつなぐこと、つまりカームテフになることで活力を得て、矢は飛んでいくのである。74の太母も両手をあげているが、73の絵のまわりにも動物が描かれているから、狩猟時代の豊饒祈願を73・74は表現している。

このように旧石器時代や金石併用期時代の表現からみても、今から四千年ほど前に描かれた五八頁の44の天（ヌート）と地（ゲブ）の性交図が女上位なのは、73・74の太母とパレドロス（カームテフ）の関係を、示しているのであり、ギリシアの壺絵の62〜65の女上位や女上位を推測させる絵も、そうした関係を受けついだ表現である。

エジプト神話でも44のように女上位だが、デュルは今から六千年ほど前のナカダ期の絵に、「仰向けに男が横たわり、彼に背を向けながら女がまたがり、左手に彼の男根を持ってヴァギナに導いている」と書き、「古代エジプトの女性はセックスのイニシアティヴをとっていた。男根を女の中に押し込むのは男でなく、女が男根をつかみ、ヴァギナに導き入れた」と書いている（『再生の女神セドナ』）。このような行為は64のギリシアの壺絵にもみられる。女上位の体位は前述したように翼をもつイシスの体位であり、翼をもつリリト・エオスの体位でもある。翼をもつイシス・リリト・エオスは、両手を高くあげている70〜74の太母や、アプロディテと同じであり、魔女の体位である。キリスト教社会では、魔女がおこなう性交体位が女上位といわれていたが、男根としての箒の絵や牡山羊にまたがって空を飛ぶ魔女は、女上位のイシス・リリト・エオスである。

スペインのアンダルシアの魔女は頭に巻上げ器をのせていて、スカートをその上にまくり上げてとめ、魔法をかけた男の上にまたがって夜空を飛びめぐったという話があるのも、女上位伝承を魔女が継承していたからである。

ディアナ（アルテミス）と魔女

翼をもつリリトは、聖書で「夜の魔女」と呼ばれていたから、中世では前述したように夢魔としてあらわれ、修道僧の上に乗りかかって夢精させるといわれているが、リリトと共に中世の人々に魔女といわれていたのは、ディアナである。この太母神はギリシア語でアルテミスといわれた女神と同一視されていた。なお小アジアではアルテミスはアプロディテとも同一視されていた。

九三頁の75の紀元前六世紀のギリシアのパネルのアルテミスには翼がある。両手に動物をもっているのは、アルテミスが狩猟時代の豊饒神だからである。76は今から七千年ほど前のエジプトのクディ・ハンママートの岩絵だが、この絵についてデュルは「巨大な乳房の女性像が描かれ、小さく描かれた男が明らかに性交している。この場面を、多産促進のために狩人と獣界の女王が性交しているところと、解釈したい気持にかられる」（『再生の女神セドナ』）と書いているが、アルテミスは「獣界の女王」といわれている。

76の絵でもアルテミスと同じに両手で動物をもとうとしており、翼をもつアルテミスと同じであり、デュルが「狩人と獣界の女王」の性交とみるように、狩猟時代の豊饒神としての太母は、74〜76

の絵の女性と同じである。74の狩人を太母のパレドロスでカームテフだと書いたが、デュルが狩人という76の太母より小さく書かれている人物も、パレドロスでありカームテフであり、73の男根を勃起した人物や、68のミンに重なる。

九四頁の77はローマ時代の二世紀のディアナ(アルテミス)像である。このディアナ像は、ギリシアで野獣たちとともにいる処女神のアルテミス像とはちがう。この像は今はトルコに属するエフェソス(エペソス)のディアナ神殿から出土したものだが、エフェソス博物館には77と似たディアナ像が二体ある。エフェソスでは、多産と出産と新生児を庇護する太母としてディアナは崇拝され、「すべての神々の母親」といわれていた。

77のディアナ像はたくさんの乳房をつけた豊饒神とみられていたが、ドアン・ギュムッシュは著書の『エフェソス』で、「胸に連なる卵状のものは最初は乳房と考えられていたが、最近の研究では牡牛の睾丸、神への生贄のシンボルとされている」と書いている。

デュルも多数の乳房でなく睾丸とみて、大母キュベレに仕える司祭が、春祭りに自分の睾丸を切り落してキュベレにささげたように、「春祭りのとき、人々はエーゲ海の太母神アルテミスに睾丸をくっつけて、太母を孕ませた」と書き、その祭りの儀礼が、ディアナ(アルテミス)像の多数の睾丸とみている(『再生の女神セドナ』)。

エフェソスのディアナ神殿は自治組織をもっていた。その多数の神官・巫女などによる自治組織のトップが、ディアナに仕える大司祭メガビソスだが、メガビソスは必ず去勢されなければならなかった。切り取られた男根と睾丸は、ディアナに捧げられたが、切り取られたウラノスの男性性器が化身してアプロディテになったように、77のディアナ像は、パレドロス・カームテフとして捧げられた男性性器によって、ディアナが成ったことを示している。ディアナのウラノスがメガビソス

75　翼をもつアルテミス（紀元前6世紀）

76　新石器時代のエジプトの岩絵

である。

77の表現は、乳房が亀頭表現になっている14の旧石器時代の氷河期の太母像と似ており、二五頁の男根状頭部をもつ両性具有の太母像（13〜18）と同じ発想によっている。

新石器時代の両性具有の太母像には鳥女神表現があるから（二八頁）、ディアナ（アルテミス）像に75のような翼をもった鳥女神像や、また77のような多数の睾丸をもつ太母像があるのは、古くからの両性具有の太母イメージを継承していたからである。魔女がサバトでエロスの夜宴をおこなうため空を飛んで行くのは、二つのディアナ像の表現意図と同じであり、魔女が両性具有の太母の末裔であることを示している。したがってディアナ（アルテミス）は、中世の魔女狩りの盛期に魔女たちの女

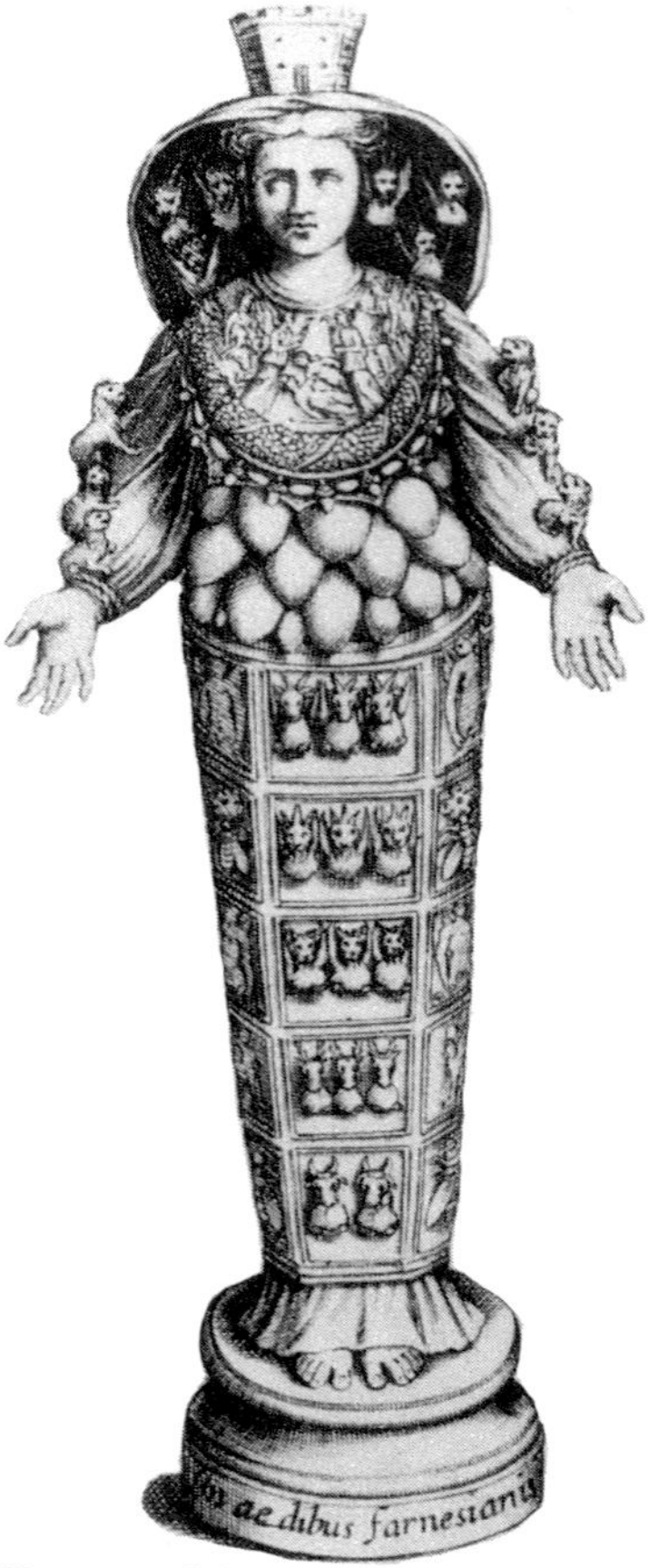

77　ローマ時代のエフェソス出土のディアナ（アルテミス）像

主人にされたのである。

ウォーカーは魔女としてのディアナについて、次のように書く。

異端審問官たちはディアナを異教徒の女神とみなし、魔女はディアナと一緒に、夜空を飛ぶ、あるいは飛ぼうと思っていると考えた。ディアナ崇拝は、見つかればたちどころに、たとえ崇拝者が聖職者であっても、告発された。一四世紀、フリセルストック修道院の修道士たちが、森の中に祭壇をしつらえて、「みだらなるディアナ」の像を礼拝しているところを、ある司教が見つけて、彼らにそれを壊させた。悪名高い異端審問官トルケマーダは、ディアナは魔女である、とずばり言った。

魔女であろうとなかろうと、ディアナはヨーロッパの原生林を、中世の間、支配していたのであった。アルデンヌの森の守護女神として、ディアナはデア・アルデンナであり、シュワルツワルトの守護女神としてはデア・アブノバであった。セルビア人、チェコ人そしてポーランド人は、ディアナ・ジーウォナとして知っていた。イングランドでは、一八世紀までずっと、ディアナは原生林地帯と狩猟の女神であった（『神話・伝説事典』）。

デュルも、「ディアナ」という言葉は魔女という意味で使われていたことにふれて、

「ディアナ」を「魔女」の意味で使っている例は、古トスカナ語およびサルデニア語、ナポリ方言にも、古フランス語、アストゥリアス語、古プロヴァンス語にも、またルーマニア語にもある。ピュイ・ド・ドームでは、農民はまだごく最近まで「ディアナにかけて」という言葉で誓いをた

てていたし、アルバニアの山に棲む妖精で、裸になって泉で水浴して踊り、かもめに乗って飛びまわるZânaも、おそらく名前はディアナに由来する。

中世後期の、とくにラテン語の文典にでてくる「ディアナ」は、きわめて多種多様なデーモンを表わす言葉として選ばれたらしい。一四世紀のウィーンのある手稿などには、「ディアナの矢に当たった者は、庶民の言葉でいえばピルヴィスに射たれた者のことである」と記されているが、ピルヴィスはもともと穀物の霊で、中世盛期には夜行する者の一員だったし、一四世紀ごろになると「魔女」の同義語となった。

と書いている（『夢の時』）。

ディアナ崇拝と魔女と『魔女の鉄鎚』

ジェームズ・ジョージ・フレイザーは『金枝篇』の冒頭で、イタリア北部のネミの森のディアナについて、「ネミのディアナ神殿から発見された祈願の供物から見て、この神は特に女猟師と考えられたようであり、更に子宝をもって男女を祝福し、身重の母に安産を得させるもとと考えられたようである。またその典礼にあたっては、火が最も大きな役割をつとめたらしい。それは一年のうちで最も暑い時期にあたる八月十三日に執り行なわれる年祭の間、この聖なる森は無数の炬火でもって照らされ、赤い焰は湖面に反射するからである。そして、その日にはイタリア全土を通じて、おのおの家庭の炉辺で神聖な儀礼が執り行なわれるからである」と書いているように、ディアナ崇拝はイタリア全土に普及していた。

ネミの森のディアナ崇拝では、司祭がディアナの生贄として殺されている。これは司祭の男性性器をディアナに奉献するエフェソスの儀礼を更に徹底して、パレドロスとしての男根奉献がパレドロスとしての男性司祭の奉献になったのである。この司祭はネミの森の伝説上の王ヌマとディアナの聖婚を意味しているといわれているが、このディアナは、子を生み、養育し、治癒する守護女神「ディアナ・エゲリア」といわれていた。

九八頁の78は古代ローマの宝石飾りのディアナである。78では75のアルテミスの鹿が、ディアナの傍らにもいる。ディアナは小枝と果実の皿を手にしているが、79は一九世紀までイタリアで用いられていた「シムラタ」といわれる銀製のヘンルーダの小枝である。「シムラタ」は古代ローマ人がディアナの持物としていた小枝を護符にしたもので、幸運と繁栄をもたらすといわれていた。魔女の女王といわれたディアナも、イタリアでは魔女狩りが盛行していなかったから、一九世紀まで、ディアナの護符が用いられていたのである。

イタリア半島のディアナ崇拝は、ローマ帝国を通じてアルプスを越え、ガリア、ライン地方、北ドイツ、イギリスに伝播した。民族大移動がおこった五、六世紀には、さらに広汎に普及し、現在でもヨーロッパ各地のいたるところに、その遺跡は残っている。森の太母のディアナはヨーロッパ各地の森の太母と習合し、土着の女神もディアナといわれるようになっていった。

『司教法典《カノン・エピスコピ》』(九世紀)には、「サタンに帰依し、サタンの作りなす妄想や幻影に魅惑されて、動物にまたがり、異教の女神ディアナとともに、おびただしい群れをなして、夜の死のしじまのなか、広大な国々を横切り、ディアナを女主人としてその命令に従い、幾夜も召し出されて彼女に奉仕する、そういう邪悪な女たちが存在する」と書かれている。この『司教法典』が最初の魔女教書というべきもので、一四八九年にドミニコ会の修道士、ヤコブ・シュプレンゲルとハインリッヒ・クラメールが著わした『魔女の鉄槌』が出るまで、権威を持ち続けた。

『司教法典』が権威をもっていた時代には魔女狩りはなかった。『司教法典』に代って権威をもった

78　古代ローマの宝石飾りのディアナ

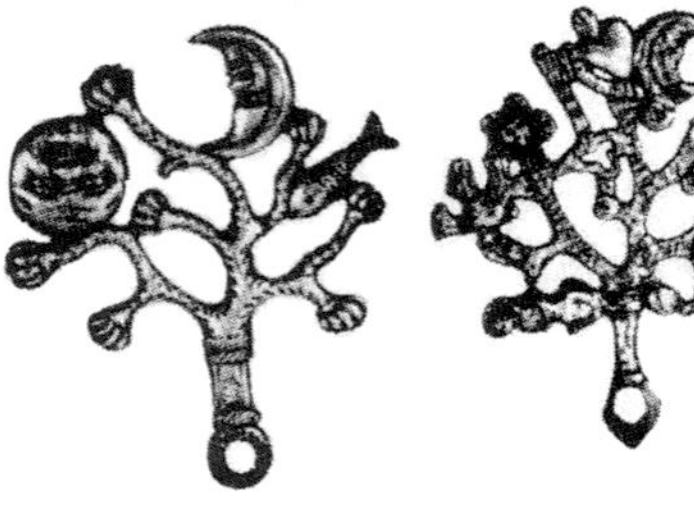

79　イタリア人が護符にするディアナの持ち物の「シムラタ」

『魔女の鉄槌』が魔女狩りを煽動したのである。その魔女狩り煽動書の『魔女の鉄槌』は、女性について次のように書く。

女性は死よりも何倍も恐ろしい。なぜなら、肉体の死は恐るべき公然の敵であるが、しかし女性は隠れた、阿る《おもね》敵だからだ。——それゆえに、女性はもはや、猟師のというよりはむしろ、デーモンの、いっそう恐ろしい、いっそう危険な罠といえる。なぜなら、ベルナルドゥスによれば、女性の顔は熱風で、声はシュシュという蛇のような音を立てるので、人間が女性を見たり聞いたりすると、ただ単に肉欲によつて捕われるだけではなく、女性は人間と動物に魔法をかけてしまうからである。女性の心は網である。すなわち、女性の心を支配するのは底知れぬ邪悪さである。そして両手は捕えて離さぬための鎖である。もし女性があるものに魔法をかけようと手をその上に乗せるなら、彼女は悪魔の助力により望みの状態を引き起こすことができるのだ。われわれの推測するところでは、すべては、女性の飽くことを知らぬ肉欲から生ずる。最後から二番目の箴言にはこうある。『三つの飽くことを知らぬものがある。……そして、けっして十分だとは言わぬ四番目のものがある。すなわち子宮の割れ目である』それゆえに、女性はその情欲を鎮めるために、またデーモンと関係しなければならない。(中略)

今日まで男性をこのような恥ずべき行為から、つつがなく守り給うたイエス・キリストこそ褒め讃えられよ。イエス・キリストはわれわれのために男性のすがたをして生まれ、苦しまわれんことを欲したのであり、それほどまでに、男性を寵愛なさったのだ。

このように『魔女の鉄鎚』の記述について、ヒルデ・シュメルツアは、女性の立場から、「このような考え方に共感をもってついて行くことは、現代の観点からはなかなかできない。しかしながら、一九二〇年に『魔女の鉄槌』をドイツ語に訳したJ・W・R・シュミットが、その序文において、同時代人はこのような長談義を一笑に付すしかなかったと言う時、それは少し軽率のように思われる。なぜなら、何と言っても、数百万の女性の生命を犠牲にしたのはこれらの見解であり、一八世紀末でもなお、おそらく一九世紀においてすら、魔女はヨーロッパの大地で公然と火刑に処されたからである。そしてまさしくわれわれの文化と文明の性格を一体となって決定的に規定してきたもの、そして現代の末裔にまで影響を及ぼし続けているものこそこれらの見解であったのである」と書いている（『魔女現象』）。つまり『魔女の鉄鎚』に典型的にあらわれているキリスト教の女性蔑視観が、「数百万の女性の生命を犠牲にし」、その「末裔」である自分たち女性に「影響を及ぼし続けている」というのである。

『魔女の鉄鎚』で「女性は死よりも何倍も恐ろしい」と書くのは、死＝悪魔がアダムを罪へ誘惑したのではなく、最初の女性のイヴがアダムを誘惑しているからである。死＝悪魔も男だから、その男（悪魔）がもたらす死より、女が男を誘惑しておこす罪のほうが、「何倍も恐ろしい」というのである。したがって、男の悪魔を狩るのでなく、魔女を狩ることを『魔女の鉄鎚』では煽動している。

『司教法典』では、悪魔《サタン》たちの首領はディアナだが、この女主人公が「作りなす妄想や幻影に誘惑され」、夜間飛行をするとあり、魔女の飛行は空想の世界に属していたから、『司教法典』が権威をもっていたときには、魔女狩りはなかった。だが、『魔女の鉄鎚』が権威をもった一五世紀には、魔女たちが箒にまたがって空を飛ぶのを見たという報告、魔女裁判で空中飛行を魔女が自白したという報告がなされているように、空中飛行は空想でなく事実になったから、魔女狩りがおこなわれたのである。このような変化は、「魔女の飛行を事実と信じないものは異端」と書く『魔女の鉄鎚』に、強く影響されたからである。

次頁の80の『フランス年代記』(一四九二年)の「魔女を生きながら火あぶりにするヒルデリヒ王」の絵や、81の一六世紀末から一七世紀前半のイングランドの魔女処刑の絵は、『魔女の鉄鎚』などに煽動されておこなわれた魔女狩りの絵である。

「夜行する女《ストリガ》」と魔女

一一世紀初頭に出版された『レギノ法典集』も、『司教法典』と同じに悪魔《サタン》たちの女主人をディアナと書き、ディアナに従う女たちは、「威力ある女として女神の命令に服従している。この女神は、特定の期間の夜に、彼女たちを呼び寄せて仕えさせている」と書いており、九世紀の『司教法典』も一一世紀の『レギノ法典集』も、「女たち」とあって魔女とは書かれていない。『レギノ法典集』が書く「特定の期間の夜」とはサバトの夜だが、一五世紀以降のサバトの夜宴の絵(二一頁のサバトの絵参照)のように、男の悪魔が主役ではなく、ディアナが主役であり、ディアナが魔女たちを「呼び

80 魔女を火あぶりにするヒルデソヒ王（一四九二年）

81 イングランドの魔女処刑の絵（一六世紀末）

よせ」、女主人の「ディアナに仕えさせ」ている。

このディアナに従う「女たち」を「夜行する女《ストリガ》」というが、六世紀のマルティンの著作には、「ありとあらゆる悪魔と霊がいる森のなかにディアナたちがいる」と書かれている。「夜行する女たち」が「ディアナたち」といわれるのは、彼女たちが森の太母ディアナの崇拝集団であったからである(ストリガは、夜に徘徊する女の亡霊ともみられており、コウモリ・フクロウに似た吸血鳥とみられていた)。六世紀のアルルのカエサリウスの伝記には、「農民にディアナと呼ばれていた」デーモンにとり憑かれた女の記述があるが、彼女も「ディアナたち」の一人である。

「夜行する女」についてデュルは、

ドミニコ会士、ジャコボ・バッサヴァンティの話によると、一四世紀になっても夜魔の一団《トレゲンダ》が、ディアナに率いられてイタリアの森を騒しく駈けめぐっていたという。また、一四世紀の末葉にミラノで二人の女性が有罪判決を受けたが、これは二人とも多年にわたって週二回そのような夜行に参加したからだった。これよりおよそ百年前にティプリのゲルヴァシウスも、人間たちが実際、荒野を駈けめぐる夜行に参加することがあるという意見に傾いていた。

ドイツでも、中世盛期には多数の人間が「ホレ巡り」に参加していると信じられていたらしい。少なくとも『薔薇物語』には、こう書かれている。

愚かしくもあまたの人々が
アポンド奥方といっしょになって

夜をさまよっているとと思っているが、
だれもかれもがいうことに
どこでも民の三分の一ほどは
そんな状態にあるものだ。

アイランドとウェールズでは、こういった信仰が他のどこよりも長くつづいたようだ。たとえば前世紀にもまだこんな話がある。「ある女性は……女中だった七年のあいだ妖精たちといっしょだったと皆に信じられていた。戻ってきてから結婚して子供ができたが、いつでも妖精たちと会って話ができた。なにしろ彼女は千里眼だったのだ。それに彼女は、夜になると妖精たちと出かけるならわしだったという」

と書いている（『夢の時』）。

一五八二年オーストリアのザルツブルグで、博識の数学者・天文学者の大司教顧問官マルティン・ペガーと妻が逮捕された。理由は彼の妻がウンターベルクの山で、魔女の女王と女王に仕えている山女・山男たちと過ごし、魔女の女王はザルツブルグの妻を訪問したと、夫のマルティンはいくつかの書籍で書き、妻は魔法を行使したからである。

このように一六世紀になっても、ディアナとは書かれていないが、男の魔王でなく魔女の女王（ヘロディアヌ）が、サバトの首領であったという報告があるように、『魔女の鉄鎚』などで徹底的に女性を攻撃しても、根強く太母信仰は残っており、魔女の女王のいる山は「ディアナの山」といわれていた。

フランスのプロヴァンスのアントワーヌ・ド・ラ・サールは、一四二〇年に次のように報告している。ドン・アントン・フマートという司祭が、「月の運行のために錯乱をきたし」、ドイツの騎士と共にシビュラ山中の巫女《シビュラ》の洞窟に入りこんだ。そこで彼らは蠱惑的な美女たちに会ったが、彼女たちは、今しがたまで幾人かの男たちとあらゆる逸楽に耽ったばかりという風情であったという。

こうした報告の信疑はともかくとして、フランスの報告例も、山や森に住みついている女たちであり、『司教法典』や『レギノ法典』が書くディアナのいる森または山へ、「特定の期間の夜」に女たちが集まる例であり、ドイツの大司教顧問官の妻の例もそれである。こうした女たちは、常時森や山に居るか、特定の日に町や村から森や山へ入るかであるが、いずれにせよ、森や山は古代からの太母の聖地であった。

デュルも、「夜行する女たちはどんな方法をとるにせよ、夜のしじまに結集し、多かれ少なかれ激しい恍惚状態に陥りながら、いくつもの地域や国々を巡っていた。それを統率する者は、少なくとも中世の人々の報告によるとディアナと呼ばれた。このディアナを辿っていくと、『オデュッセイア』では〈征服されざる処女〉といわれるアルテミスを経て、インド・ゲルマン以前の女神にまで行き着く。乳房を突き出し、陶酔や、時に狂気をも呼び出す女神である。……アルテミスの原型、自由奔放な豊饒の女神を遡ると、たぶん、最後の氷河期の例のたいていはぽってり太った女像にまで辿っていけるだろう」と書き、二五頁のような両性具有の太母像を原型とみている（『夢の時』）。

アプロディテの原型もこうした太母像であるが（三二頁〜三八頁参照）、アルテミス（ディアナ）もアプロディテ（ヴィーナス）も、本来は同じ性格であり、原型は旧石器時代の太母像にまでさかのぼる。夜行する女・魔女の祖型は、こうした太古の狩猟時代の野生の女である。

牡山羊・五月柱《メイポール》・男根《ファロス》

野性の女としての太母にとって、男は前述したようにパレドロス・カームテフとしての存在であった。アルテミスの水浴している姿を見て牡鹿に変身させられたアクタイオーンも、アルテミスのパレドロスであることは、九三頁のアルテミス像にセットで表現されている牡鹿が証している。牡鹿と共にアルテミスは牡山羊をパレドロスにしており、リリトも牡山羊をパレドロスにしている。牡山羊・牡鹿・牡牛など角のある動物は、男根とみられていることは前述したが、一七世紀のオーストリアやスイスの「山羊祭り」でも、主役の仮装した女たちは、鈴をつけ飾りつけられた牡山羊をひっぱって練り歩いた。また牡山羊のまわりを踊りまわったが、この祭りのときには男たちは家の中にいて、外へ出てきてはならなかった。これは一種のサバトである。

12（二一頁）の絵のサバトはブロッケン山といわれているが、一五七〇年にマグダレーナ・ヘルメスという女性の話によれば、彼女は五月一日の夜、つまりヴァルプルギスの夜、数名の女たちとかたらって箒の柄に乗って空を飛んでブロッケン山へ行ったという（ブロッケン山は固有名詞ではない。聖なる山はどこでもブロッケン山であり、聖なる森は魔女の集まるミネの森である)。五月一日は五月祭《メイデイ》の日である。五月祭は豊饒祭だから、この日にはヨーロッパの各地で「五月柱《メイポール》」を建てる。I・C・クーパーは五月祭は「生命の再生、性的結合を象徴する」と書き、五月柱は「柱は男根象徴、柱の頂点に置かれる円盤は女陰象徴で、この二つで豊饒をあらわす」と書く(『世界シンボル辞典』)。フリースも、メイポールの「支柱の部分は男根、自然の再生力を表し、輪の部分は陰門、柱と輪は両性具有の形をなす」と書く(『イメージ・シンボル事典』)。ウォーカーは五月祭には「神の男根が五月柱《メイポール》の形になって、大地の子宮に差し込まれた」と書くように(『神話・伝承事典』)、五月柱は、男根としての箒の柄、牡山羊と重なる。

魔女たちがメーデーの前夜に、空を飛んでサバトに集まるのは、太母をかこんで女たちが豊饒の祭りをするためだから、そのために太母のパレドロス、カームテフである男根、男根としてのメイポール(木の棒)や生贄としての男根である牡山羊が必要だったのである。したがって五月祭の男根柱《メイポール》は、五月祭に魔女が乗る男根棒《メイポール》(箒や熊手の柄)とダブルイメージである。

フレイザーの『金枝篇(一)』には、エリザベス朝時代のイギリスの農村の五月祭について、清教徒のフィリップ・スタッブスが書いた報告を引用しているが、スタッブスはメイポールを「鼻もちならぬ偶像」と書き、このメイポールを「とり巻いて騒々しく踊る様は、偶像奉献の祭の異教徒たちの振舞いとよく似ているどころか、むしろそのままといっていいぐらいだ。きわめて真面目で信頼できる人びとの確かな報告によると(また直接聞いたことでもあるが)、森で夜を明かす四〇人、六〇人、あるいは一〇〇人にものぼる乙女たちのうち、もとのままの純潔な身体で戻ってくるのは、せいぜい三分の一ぐらいのものだという」と書いている。夜の森はサバトなのである。

このような夜の森の行為が、山羊祭りのような女だけの祭りになると、スイスのチロルでおこなわれたような習俗となる。女たちは牧童たちを襲い、ズボンを引き剝がし、男根を出して勃起させ、去勢の真似ごとをして若者をからかい、自分たちの下半身に張形をつけて、お互いに交わっている。またオーストリアのザルツブルク近くのグロースアール谷では、糸紡ぎ部屋の女たちは、住民たちが「魔の集団」といっている組織を作っていて、男を捕まえることが許される特定の期間は、男のズボンを脱がせ、去勢するといって脅かしたという。なお、女だけの祝祭の山羊祭りでは、張形による性交がおこなわれたが、これは五月祭の夜の乱交と同じで、豊饒祭儀である。

デュルはドイツの「オーバーケルンテンの風が吹きすさぶガイルタールのプレチラノの女たちは、男たちの恐怖の的であった。彼女らは下働きの男や百姓の息子を捕まえると、しっかり押さえつけ、麻くずをまぶして、倒木の幹の上で『鉋をかける（犯す＝hobeln）』のである。フェルトキルヒ辺りでは男は地面に横たえられ、プレチラーの女たちはそれに馬乗った」と書いている（前掲書）。

馬乗りになって「鉋をかける」のは、箒の柄や牡山羊に乗る魔女とダブルイメージであり、前述した古代エジプトや古代ギリシアの女上位と無関係ではない。したがって八二―八三頁の女上位で交わっている翼をもったエオスや女たちは、「魔の集団」や「鉋をかける女」たちだといってもよい。七三頁の54のようにエオスがケパロスを強引にさらっていく絵が、そのことを示している。54

のケパロスが七四頁の55では男根になっているが、56の勃起した男根が容器に入れられている壺絵や、七五頁の57のカタキュマスをふりかけられている男根の絵は、前述したように男根が女性の所有物であることを示している。

ローマ帝国の時代にローマのテヴェレ河畔のスティムラの聖林でも、女たちだけの祭がおこなわれた。カール・ケレーニイはこの祭りを「バッカス祭」といい、「バッカスに憑かれた女たち」が、祭りに選ばれた二十歳未満の若者を「凌辱」したと書いている（『ディオニューソス』）。ところがバッカス祭に選ばれた若者の恋人が、紀元前一八六年にこの秘儀を元老院に訴えたので、秘儀は禁止されたと元老院の記録にある。こうした秘儀は聖林で行なわれているように、太母とパレドロスが合体する豊饒儀礼がバッカス祭の秘儀である（「バッカス」はローマ人のいう呼称で、ギリシアでは「ディオニューソス」というが、ディオニューソス〈バッカス〉はパレドロスだから、「直立する者《オルトス》」と呼ばれ男根であらわされている）。

このバッカス（ディオニューソス）祭の女たちや、チロルやグロースアースの女たちの行為は、55〜58の女たちの男根に対する行為と、根ではつながっており、「去勢する」といっているのは、男根を55〜58のように女たちの所有物にすることであり、魔女が乗る男根としての木の棒が、主に箒なのも、箒は男より女が、特に必要とする木の棒だったからである。

空を飛ぶ猫・フクロウ・魔女

女たちの集団は主に夜、活動する。したがって「夜行する女」たちの女王であるアルテミス（ディアナ）は月の女神であり、翼をもつエジプトの太母イシスの神殿には、イシスの像が石造の「月の小舟」の中に安置されていた。キリスト教徒は、この像を魔女またはデーモンと呼んでいたが、月が女性と深くかかわっているのは、どちらも夜の主役だからである。

39の壁画（五三頁）をゲルマンの太母フレイアとするのは、この一三世紀の壁画のあるシュレスヴィヒ大聖堂には、39と対で82の壁画があるからである。フレイアは、前述（五四頁）したように愛の女神だが、「また収穫をもたらす者（この場合は豊饒の角をもっている姿で描かれている）」といわれている（アレグザンダー・エリオット『神話』）。82では豊饒の角をもっているが、デュルは「山猫に乗って夜行する女」と書く（『夢の時』）。牡猫はアプロディテの牡山羊、アルテミスの牡鹿と同じに、フレイアの持物である。ギリシア・ローマ神話ではアルテミス（ディアナ）は猫に変身している。夜行する女たちの女王で月の女神のアルテミス（ディアナ）も猫に変身しているが、猫も夜行するからである。だから、イシスが持っていた聖なるシストラム（打楽器の一種）にも猫が彫られており、月をあらわしているといわれていた。夜＝月＝猫であるから、猫に乗って空を飛ぶフレイアは、デュルが書くように「夜行する女」である。

魔女も猫に変身するといわれ、魔女のサバトには猫が集まるとみられていた。フランスのピカルディ地方では、サバトの開かれる場所は「猫穴」と呼ばれていた。異端審問官ニコラス・レミイは、「猫はすべてデーモンである」といったが、一三八七年、ロンバルディア人の魔女たちは、猫を崇拝しているといわれた。そのためキリスト教徒たちは、魔女と一緒に猫も焼き殺した。例えば、洗礼

82　山猫に乗って空を飛ぶフレイア

83　猫と蛇と人間の顔をもつ悪魔ハボリュム

者ヨハネの祝日、復活祭、聖灰水曜日の前日といった祝日に、籠に入れて猫を焼き殺した。特に魔女=猫とみたから、牝猫を主に殺した。

一六世紀のグノーシス派は、猫は女で男は犬であり、猫は女の本性・官能・優美・狡猾のすべてを持っており、猫の毛は性の欲望をかりたてるといっていた。現代フランス語でも、女性性器は牝猫(Chatte)というが、その猫も飛ぶ。私は屋根と屋根の間を飛ぶ猫をみた。

83はコラン・ド・ブランシーが、古い黒魔術本から得た資料をもとに一八六三年に描いた、悪魔ハボリュムである。ハボリュムは猫と蛇と人間の顔をもつといわれている。蛇に乗っているが、ドラゴンは翼のついた蛇であり、蛇は男根象徴ともみられている。しかしとぐろを巻き、しめつけるから、その姿態・行為から女陰象徴ともみられ、両性具有である。82の絵は、三一頁の27・28の両性具有の白鳥に乗るアプロディテと同じイメージだが、猫は蛇と共にデーモンとみられていたから、83のような絵も描かれたのである。

七九頁の61のリリトは牡山羊の上に立っているが、84のシュメールの紀元前三千年紀後半のリリトの浮彫りでは、ジャッカルまたは山猫の上に立ち、両側にフクロウがいるのは、これらの動物も夜行するからである。翼をもつ夜行する女のリリトは、夜の鳥フクロウやジャッカル・山猫とダブルイメージである。1のゴヤの絵にはフクロウが描かれているが、第一章で述べたように、フクロウも「夜の魔女」である(第一章で魔女は身体に飛び軟膏を塗って、フクロウに変身して空を飛ぶ話を紹介したように、フクロウ=魔女である)。

84 シュメールのリリト像

85 オデュッセウスの船とセイレン

愛と死と天使と魔女

翼をもつリリト(61・84)もセイレン(62)も、足の指は鳥と同じ三本だが、ギリシア神話には、顔は人間の女性で体は鳥形の「鳥女」がいる。ハルピュイア(複数はハルピュイアイ)は、アエロ(疾風)、オキュペテ(速く飛ぶ女)、ポダルゲ(足の速い女)といわれ、人をさらっている。嵐を呼ぶ女神ともいわれているが、魔女も嵐を呼ぶ女である。

三九頁の33のハンス・バルドゥンク・グリーンの「二人の魔女」の絵の魔女が、片手にもつ飛び軟膏を入れた壺の秘薬を、うしろの子供がもつ高杯にそそぐと、たちまち嵐がやってくるといわれており、四九頁の37のグリーンの「飛び軟膏を塗る三人の魔女」の絵も、燭台を高くかかげているのは、嵐を呼んでいるといわれている。したがって33・37のグリーンの絵は、「嵐を呼ぶ魔女」の絵ともいう。

このように鳥女のハルピュイアも、飛行する魔女とかかわるが、セイレン(複数はセイレンス)も鳥女である。八二頁の62の女上位の翼をもつ女性は三本足だからノイマンはセイレンとみるが、85は紀元前四八〇年頃のギリシアのアッティカの壺絵である。オデュッセウスがセイレンスの歌の誘惑から自分を守るために耳栓をし、わが身をマストに縛りつけている絵である。誘惑に負けなかったので、セイレンが空から落ちているが、オデュッセウスが自らを縛りつけているのは、セイレンスの歌に聞きほれて鳥女たちの住むエッサ島に誘惑されると、生きて帰ることができなかったからである。セイレンスの誘惑を受けた船乗りたちの骨で、エッサ島は白かったといわれているが、一説によると、美声に聞きほれて、エッサ島の岩に船をぶっつけ難破し、船乗りたちはみんな死んだともいわれている。

このような死にかかわる鳥女と同じに、リリトも、「子供殺しの魔女」といわれており、アルテミスも、殺人や子殺しをしている。グラントは「アルテミスは女たちに死をもたらすと考えられた。そのため、魔女ヘカテと同一視された」（『ギリシア・ローマ神話事典』）と書いている。

このように翼をもつ神はエロス（アプロディテ）のような愛の神と死の神の二面性をもつ。ノイマンは七七頁の60の「ヴィーナスの勝利」は、ヴィーナスの愛と死の両面性を示していると書くが（『グレート・マザー』）、セイレンは死の面をあらわしているから、62のセイレンの女上位の性交図も、愛と死の両面性を示している。次頁の86は紀元前五世紀のギリシアの壺絵だが、この絵についてP・L・ウィルソンは、「ギリシア人にとって、〈死〉と〈眠り〉は天使の姿をしていた。天使たちがトロイアの戦場から戦士の死骸を地下にある死者の宮殿へ運ぶ様子が描かれている」と書いているが、死者はゼウスの子サルペドンで、遺体を運ぶのはヒュプノス（眠り）とタナトス（死）の神である。ヒュプノスとタナトスは、ニュクス（夜）から生まれた兄弟だが、このような夜の神から生まれた眠りと死の神が「天使」であることと、リリト、アルテミス、セイレンスなど、死にかかわる女神が、翼をもち鳥女であることは、魔女が死にかかわることと無縁ではない。

86　遺体を運ぶ「眠り」と死の神

翼をもった天使は、エロス（キューピット）であり、また死者の霊魂を運びもし、愛と死にかかわっている。魔女が空を飛ぶのは、性的エクスタシーだけでなく、死んで霊魂が肉体から離れて飛んでいくイメージでもある。だから、死と眠りの神も翼をもつのである。

　エロスは弓矢をもっている。黄金の矢は愛の成就の矢だが、鉛の矢は愛を冷却させる死の矢であり、天使も愛と死の二面性をもっている。ノイマンも60の「ヴィーナスの勝利」の天使キューピッド（エロス）を悪魔と書き、ヴィーナス・キューピッドに二面性があることを述べている（七八頁参照）。

　魔女の原型は翼をもつ太母や鳥女だが、鳥女のセイレンやハルピュイアに悪魔的要素が強い。しかし本来は悪魔的要素は翼をもつリリト、アプロディテ、アルテミスなどの太母にある二面性のうちの一つであり、その悪魔的な面が鳥女のセイレン・ハルピュイア・エオスに表現されているのである。鳥女は太母の使女《つかいめ》として太母の分身である。

愛は豊饒を約束するが、豊饒は植物や動物の死によっている（植物の収穫は植物の死であり、狩猟は動物の死である）。したがって、魔女の元型としての女神（太母）が翼をもつのは、愛と死をもたらす天の使いとしてであり、魔女が空を飛ぶのも、古代の天使のイメージがあったからである。

III　空を飛ぶ魔女の箒と太母象徴

箒の柄にかかわる結婚習俗

魔女が用いる「飛び軟膏」には媚薬効果があったが、その媚薬を陰部や木の棒に塗って飛んだといわれたのは、木の棒を股にはさむことに性交イメージをみて、性的エクスタシーの浮遊・飛行感覚を重ねたからである。したがって木の棒は男根象徴とみられたが、男根としての木の棒でも、主に箒の柄なのはなぜか。

箒の柄についてウォーカーは、

箒の柄は、長い間、魔女と関連があるとされた。それは、異教の結婚と生誕の祭式、すなわち女性たちの秘儀に箒の柄が登場したからであった。古代ローマでは、箒はヘカテに仕えた巫女＝産婆のシンボルであった。子供が生まれると、悪霊がその子に害を加えないように、その家の入口をその巫女＝産婆が箒で掃いたのであった。

ヘカテは、また、結婚を司る三相一体の女神であったので、ヘカテの持つ箒の柄は性的結合を表わした。昔の結婚式では箒の柄を飛び越える習慣があった。おそらく、受胎をあらわす行為であったのであろう。ジプシーの結婚式でも同じ祭式が行なわれた。今では、それが何を意味するかは知らない、とジプシーは言っている。奇妙なことに、一九世紀のアメリカの黒人奴隷たちが、教会に属さないで結婚式を挙げるときも、同じように箒を飛び越えて式を行なった。(中略)

箒の柄に乗るということは、女上位という性交体位を示すものだと思われたようである。(『神話・伝説事典』)

と書いている。

またウォーカーは、処女が箒の柄をまたぐと妊娠するという伝承があることを書き、フリーズも、同じような伝承を記しているが、このような伝承は第一章で述べたように、箒の柄を男根に見立てていたからである。私もフリーズ説を認めるが、処女が箒の柄をまたぐと妊娠するという伝承以外に、ウォーカーも書いているように、結婚式に新婚夫婦が箒の柄を飛び越える習慣もあった。ウォーカーはフリーズと同じに箒の柄を男根象徴とみて、この行為も、「おそらく、受胎をあらわす行為であったのであろう」と書くが、箒の柄が男根象徴で「受胎をあらわす行為」なら、新婦だけがまたげばよい。新夫もまたぐのには、別の意味もあったのだろう。

フリーズは民間伝承として、「花嫁の家、または嫁ぎ先の家の開いた戸にカバの木の庭箒を立てかけ、公式の立会い人の出席のもとに、花嫁と花婿がこれを飛び越えて初めて、この結婚式は教会での挙式と同等の効力をもった」と書いて、それを「受胎をあらわす行為」と書いているが(前掲書)、教会に行かないジプシーや黒人奴隷も、同じことを行っているから、教会の司祭の役割を箒の柄が果していたのである(なぜ箒が司祭の役を果したかは後述する)。

産婆と魔女

ウォーカーは、「箒はヘカテに仕えた巫女＝産婆のシンボルであった」と書くが、『魔女の鉄槌』では「産婆ほどカトリックの信仰に害を与える者はいない」と書く。ヒルデ・シュメルツァーは『魔女現象』で、87のローマの助産婦の書に載る絵を「古代と中世の産婆」と説明し、産婆を魔女とみた理由について、いくつかの事例をあげる。

まず第一に、九世紀以来さまざまな形で語られてきた伝説に、イエスの誕生の際に呼ばれた二人の産婆が、処女マリアの出産を疑ったことをあげる。また産婆は、死産とわかった胎児に聖職者が命じる緊急洗礼を、しばしば拒絶したからである。拒絶したのは、緊急洗礼の注射に用いる聖水には、黴菌や錆がまじっており、その聖水を胎児にふり注ぐため、子宮のなかまで挿入しておこなえば、母親の生命も危険だったからである。

また教会が禁止した避妊と堕胎をおこなっていたことも、魔女にされた理由であった。例えばマヨラナ、ジャコウソウ、ローズマリー、ラベンダー、パセリから抽出したある種の芳香油を、月経期間中に飲むと避妊に効果があったので、産婆はそうした芳香油を作ったり、麦角《ばっかく》を陣痛促進剤、堕胎薬とし使用していたからである。

教会が禁止しても、貧しい農民や都市の貧民にとっては、避妊・堕胎は必要だった。産婆の多く

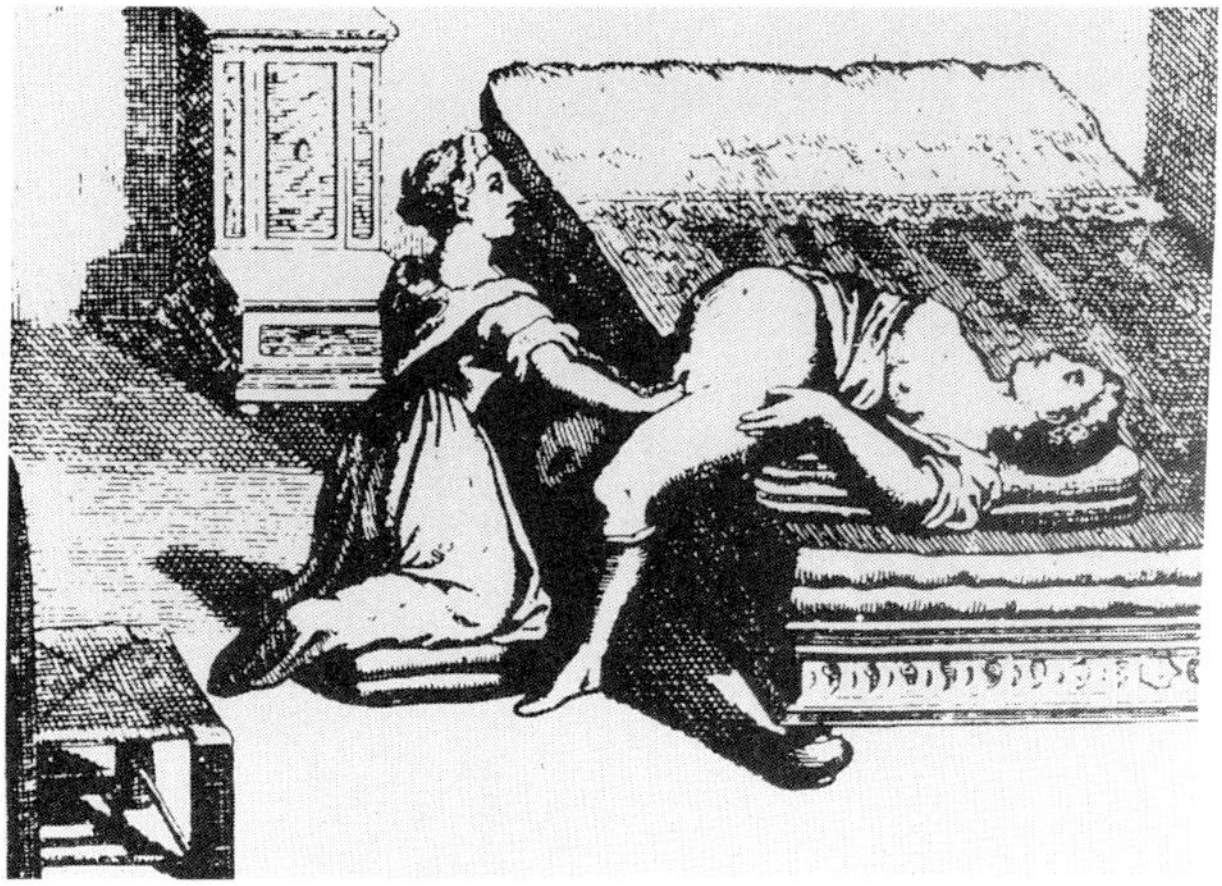

87　ローマの助産婦の書に載る助産婦の絵

は農家の主婦で、都市の場合も農村から来た女たちが産婆になったから、同じ立場に立つ彼女たちは、教会の命令に従わなかったのである。避妊・堕胎にしても、それに用いる薬草の正確な知識と、正しい使用量を知らなければ、効果がないか相手を死なせてしまう。そうした失敗をしない能力をもっていた産婆たちは、「賢女」といわれていた。

ジュール・ミシュレは『魔女』で、「千年にわたって民衆のための唯一の医者は『魔女』であった。皇帝、国王、法王、豊かな封建貴族《バロン》たちは、サレルノの何人かの医者《ドクトゥール》、モール人、ユダヤ人たちをかかえていた。しかし、いずれの身分に属する者であれ大衆は、いや世間一般はと言ってもよい。彼らはサガ、言いかえれば『産婆《サージュファム》』にしか診察を求めなかった。彼女が病人を癒すことができないとき、人びとは彼女を非難し、魔女と呼ぶのだった。しかし一般的には、恐怖の混った畏敬の念から、彼女は『善き奥方《ボンヌ・ダーム》』または『美しき婦人《ベル・ダーム》』（ベラ・ドンナ）という名で、ほかならぬ『妖精たち』にあたえられていた名で呼ばれていた」と書いている。この「善き奥方」「美しき婦人」が「賢女」である。

一二世紀になるとこの「賢女」は女医と産婆に分業した。ミシュレの書く「産婆」は、医術と助産が分業にならない一体のときの「産婆」だから、男の患者も診察し治療していたが、分業化した産婆は女だけにかかわった。『魔女の鉄鎚』に書かれている産婆＝魔女は、こうした一二世紀以降の産婆である。

88はシュメルツアーによれば（『魔女現象』）、「魔女狩り人フランチェスコ・マリオ・グアゾー」の『魔女概説』（一六〇八年）に掲載されていたという。この絵について上山安敏は「患者のベッドに立つ魔女」と書き（『魔女とキリスト教』）、高橋義人は「薬草を手にして診察する賢女」（『魔女とヨーロッパ』）と書く。この絵は『魔女概説』に載っているのだから、上山の書くように「魔女」だが、一七世紀初頭でも、女医は「魔女」とみられていたことを、この絵が証している。しかし、この絵の表現では「魔女」というより、高橋が書くように「賢女」である。

上山安敏は、89のルエフの『産婆書』の出産の祝いの絵を示して、「産婆という仕事が教会からとくに危険視されたのは、産婆が子供の出産に立ち会って、祝祭と饗宴に関係する職業だからである。中世のヨーロッパでは、無事に出産した後に酒と踊りのお祭騒ぎが行われた。ルエフの『産婆書』の図では、出産、産湯、女性の酒盛という順序で、女性だけの賑やかな光景が描かれている。それに洗礼の祭が加わる。それらの祝いには、産婆だけでなく親戚も友人も集まったが、いずれも女性だけであった。この集いは陽気で、産褥で飲み食い踊りと、若い母親がベッドを離れるまで騒ぎが続き、オルギア的性格を帯びた」と書いている（前掲書）。

88　『魔女概説』（1608年）に載る魔女・賢女である女医

89　中世ヨーロッパの出産

高橋義人も「ドイツの民俗学者ポイケルトは、出産と赤子の洗礼に際して行なわれる北シュレスヴィヒ地方の古い催しについて記している。それは女性だけが参加を許される祭、時とすると乱痴気騒ぎとなることのある祭、おそらく古代にさかのぼると思われる祭だった」と書き、ポイケルトの「その昔、子供がひとり生まれると、女性たちは熱狂的になった。彼らの振る舞いが常軌を逸していればいるほど、好ましいとされた」という文章を引用している。そして北シュレヴィヒの女たちだけの出産の祭りは、「男性優位の社会構造を揺るがせるものと感じられたにちがいない。そこで当局はこのような祭に制約を加えるにいたった。祭を行なうことができるのは二日間に限定され、飲食物すらも規定された。しかも制約を加えるばかりではなく、出産祭そのものを禁じる町や村も出てきた。禁じられたため、女性たちはおそらく彼女らの祭を人里離れたところでひそかに行なうようになった。そしてこうした秘密の集会が後に魔女のサバトと同一視された可能性を否定するわけにはいかない」と書く（前掲書）。

このように産婆と魔女は同一視され、出産のときの女たちだけの祭りは、魔女の集まるサバトと重ねられている。したがって産婆が魔女狩りの犠牲者になったのだが、魔女が飛び軟膏を箒の柄に塗るのは、産婆が飛び軟膏の材料になる薬草を扱っていたことと、無関係ではない。

女だけの祭りとヴァルプルギスの夜

高橋義人は、後代の「いわゆる女カーニヴァル」は、女だけの祭りの「風習の名残りと見なされるだろう」と書いて、「バラの月曜日の四日前に当たる木曜日、ライン地方の女性は出会った男性のネクタイをはさみで切りとることが許されている。スーパーやデパートでは自分が集めたネクタイの数を誇示する女性店員がいるほどだ。この日には、女性がしたい放題のことができる女性天国が出現するのである。初めてネクタイを切り取られた男性は、みな恐怖感に捉われたと告白している」と書いている（前掲書）。

第二章で書いたスイスのチロルやオーストリアのグロースアール谷の、「去勢する」といって脅かす女だけの祭りは（ドイツのプレチラーの女だけの祭りの「鉋をかける」という言葉にも、男根を切る意味がこめられている）、春から初夏の祭りだが、ネクタイ切りの女だけの祝祭も同じ時期である。カール・ケレーニイは「小アジアの大いなる母親には、男性の性器が奉納された。その切断された男性性器は、男性の誕生が無限に繰り返されるように大いなる母神のもとに返さなければならなかった」と書くが（『ディオニューソス』）、男性性器を「大いなる母神のもとに返さなければならなかった」のは、始源の両性具有の太母の切られた男根を戻すことである。

アルテミスやキュベレの祭りに、切られた男性性器が太母に捧げられたことは前述したが、九四頁の77のアルテミス（ディアナ）像が男性性器を多数ぶらさげているのは、ネクタイをたくさん集めたのと重なる。また七四頁の56のギリシアの壺絵で、いくつかの切られた男根を、女が容器の中へ入れているのも、同じ発想によっている。

ギリシアのディオニューソスの祭儀では、女信徒の中から選ばれた女司祭（マイナス）は牛の角をつけ（牛の角は男根象徴）、女信徒たち（マイナデス）は張形を持って踊り狂ったというが、デュルは、このディオニューソス祭祀は「本質を同じくするアルテミス崇拝にとって代った」とみて、「髪をざんばらにして半裸で踊り回る」アルテミスの祭儀では、「忘我の踊り手たち（コリュタリア）は張形《ファロス》を身につけていた。無数の図像からわかるとおり、こういったファロスを用いたのはつねに女たちだけであって、男たちがこのような祭りに加わってファロスを用いたのは、女装したり女の仮面を被ったうえでのことだった」と書いている（『再生の女神セドナ』）。

このように女たちが張形をつけるのは、アルテミス像の男性性器と同じ意味をもち、旧・新石器時代の男根状頭部の太母像の表現意図と同じである。スイスのチロルの習俗では、下半身を剝き出して踊る「魔女の踊り」の狂態のとき、年増の女たちは張形をつけて踊り、マケドニアで、一月七・八日におこなわれる女だけの祭りでも、女たちは張形を付けて踊ったのも、アルテミス（ディアナ）の祭儀を継承しているからである。チロルの場合は新入りの若い女たちの肛門に、張形を入れたし、マケドニアでは張形の女と普通の女が、女同士の性交をしたという。このような女だけの祭りは、「乳母祭」「産婆祭」といわれている。デュルは「今もなお、多くの地方で女たちはお産や産婆をめぐる祭りの際におおいに羽目を外している」と書き、一月七・八日のマケドニアの女だけの祭りについて、「夜になると女たちは大挙して通りへくりだし、一方、男たちは身を隠している。捕まった男は裸にされたくなければ、身《み》の代金《しろきん》を払わねばならないのである。続いて乳母が泉に連れていかれ、頭から水を注がれる。デンマークの女性ギルドに関して伝わる話によると、このギルドのメンバーたちは出産があるとさんざんに暴れ回り、家々に侵入し、食料を掠奪し、通りでは乗り物を打ち壊し、男どもに好き放題を働き、通りすがりの女の頭からは男に従属するしるしである頭巾をはたき落としたという。謝肉祭前の木曜日にケルンの『女の謝肉祭』で行なわれることも、これと同じであった」と書く（『夢の時』）。

ケルンの「女の謝肉祭」は高橋義人が書くライン地方の「女のカーニヴァル」のことである。こうした女だけの祭をマケドニアでは「乳母の祭」というが、一五世紀の「乳母の祭り」では、「老婆や亭主持ちの女たちがまるで子供のように振る舞い、まっとうな男は通りを抜けることもできなかった。というのも女たちが襲ってきて、性交を強要したからである」という（デュル『夢の時』）。

デュルは「百年前にはまだ農民は五月一日の夜には農具を大事にしまっていた。というのもそれが魔女に壊されたり、藁屋根のてっぺんに放っておかれたりしないようにである」（前掲書）と書くが、五月一日は第二章で述べた五月祭《メイディ》の日である。この夜イギリスでは五月柱《メイポール》を立て、そのまわりを人々は踊りまわり、夜は森に入って朝まで乱交がおこなわれた。私は五月一日の夜の森はサバトだと書いたが（一〇八頁）、ドイツではこの夜、箒の柄に乗って空を飛び、ブロッケン山のサバトへ行

90　ルーベンスが描くフランドル地方の「ケルミス」

ったため、裁判にかけられた女性の例があるのは（一〇六頁）、五月一日の夜は、ドイツでは山のサバトへ魔女たちが集まる日だったからである。

ゲーテの『ファウスト』でもブロッケン山のサバトへ、ヴァルプルギスの夜（『ファウスト』では五月一日の前夜になっている）にファウストはメフィストの案内で出かけている。メフィストはサバトの「若い魔女たちは素っ裸だ」といい、彼女たちは誘えば簡単に応じるから、「労は少なく、楽しみは大きい」という。メフィストはリリトを誘い、ファウストも若くて美しい魔女を誘っている。ファウストは全裸の若い美女のむき出しの乳房を、「つやつやと輝くリンゴ」といっている。『ファウスト』のヴァルプルギスの夜は、男が女を誘っているが、本来の夜宴は逆であり、男は魔女が乗る箒の柄か牡山羊の存在、つまりパレドロス・カームテフであった。女たちだけの祭りに「鉋《かんな》をかけられる」存在が男であった。

メフィストが誘ったというリリトは、シュメールの太母で、第二章で述べたように女上位の体位で男と交わるために人類の最初に創造された女性であり、七九頁の61のように牡山羊の上に翼をひろげて立っている。この足の下にいる牡山羊がメフィストといってよいであろう。90はルーベンスが一六三〇〜一六三二年頃に描いた油絵だが、フランドル地方の農民たちの誇張されてはいるがサバト的性宴を描いている。こうした「ハレ」の日の豊饒祭は、森や山で夜おこなわれた女だけの祭、ヴァルプルギスの夜宴に源流がある。

『ファウスト』のヴァルプルギスの夜には、リリトが登場しているが、リリトは出産の保護神でもあったから、ギリシア人は「ヘカテの娘」ともいった。高橋義人は、「ギリシア・ローマの人々にとって冥界の女神ヘカテは産婆の庇護神だったし、アプロディテ(ヴィーナス)やアルテミス(ディアナ)は安産の女神だった。また古代ゲルマン人はフライヤを分娩の女神として尊崇した」と書くが(前掲書)、こうした産神と結びつく産婆が魔女といわれたから、これらの太母も「魔女たちの女神」といわれたのである。前述した産婆祭・乳母祭といわれる女だけの祭は、太母たちを主神とした森や山での夜祭(豊饒祭)であったが、こうした祭りが教会から異端の祭りといわれ、豊饒祭としてのヴァルプルギスの夜宴は、魔女たちのサバトの夜宴になったのである。

ヘカテと「子宮の蛙」

リリトやアルテミス（ディアナ）は、箒をシンボルとするヘカテと同一視されているが、ヘカテは中世には、「悪の具現としての異端の女神」、「三つの頭をもつ魔女神ヘカテ」として、91のように描

91　中世の魔女の女王としてのヘカテ

92　ローマ時代の三つの顔をもつヘカテ

かれている。またローマ時代の宝石には三つの顔をもったヘカテが、92のように彫られている。三つの顔は、誕生・生・死、過去・現在・未来、乙女・母親・老婆を意味する。

ウォーカーは、「ヘカテは、天界・地上・冥界を支配する原初の三相一体の女神につけられた数多くの名前のうちの一つだった。古代ギリシア人は、この女神の『老婆』の相、すなわち冥界の神としての側面をとくに強調するようになっていた」と書き、「ヘカテの名はエジプトの産婆女神ヘキト、ヘケト、またはヘカトに由来している。ヘキトは、産室の女『七体のハトル』を一つに融合した天界の産婆として、毎朝太陽神を生んだ。彼女のトーテムは蛙である。蛙は胎児のシンボルだった。それから四千年後に、ヘカテ（すなわちヘキト）はキリスト教徒によって『魔女たちの女王』にされたが、そのときもヘカテに捧げられた動物は蛙だった」と書く（『神話・伝説事典』）。

ヘカテの祖型のヘケト（ヘキト・ヘカト）について、ヴェロニカ・イオンズは『エジプト神話』で、「多産と復活のシンボル」と書き、「通常、クヌムの妻と呼ばれ、すべての被造物の出生の神」であり、「クヌムが陶工の轆轤の上で作った男性と女性の身体に、生命を授与した」と書く。しかし死んだホルスを生き返らせているように、生命の授与は死者の復活であるから、ヘカテが「三相一体の女神」であるように、ヘケトも誕生・生・死にかかわっている。

ウォーカーはヘケト（ヘキト）のトーテムを蛙とするが、エジプトの宇宙創成説のなかで、もっとも早くつくられたといわれている、上エジプトの都市ヘルモポリスの宇宙創成神話では、宇宙創成以前に、蛙の頭をもつ男神と蛇の頭をもつ女神が、四神ずつ八神いたという。イオンズはこの神話は、「毎年のナイルの氾濫の引いたあとに残る泥の中に、外見上は自己創造で出現したとみられる水陸両生の生命の大群の蛙と蛇に、八人の原初神をなぞらえた」と書いている（『エジプト神話』）。

フリーズは、ヘリモポリスの創成神話について、蛙を女陰象徴とみて、蛙の頭の男神と「男根の形をした蛇の頭」の女神は、「両性具有の形になっている」と書くが（『イメージ・シンボル事典』）、第一章で書いた石器時代の男根状頭部をもつ両性具有の太母像も、同じ発想によっている。

ウォーカーはヘケト（ヘキト）のトーテムを蛙とするが、クーパーも「エジプトではナイル河に住む緑蛙は、新生と多産をあらわす。蛙は豊富、豊穣、自然の再生力、長寿、弱いものが生み出す強さ、をあらわす。また蛙は、河の懐胎力の象徴であり、母親を新生児の保護者である女神ヘケトの象徴、女神イシスの標章《エンブレム》でもある。また、ギリシア・ローマではアプロディテ・ヴィーナスの標章。豊穣、性的放縦、恋人の和合をあらわすと書いている（『世界シンボル辞典』）。

蛙が豊穣、再生力、懐胎力の象徴なのは、蛙が胎児象徴とみられていたからである。フリースは、「身体を回転させながら子宮の中を泳ぐ胎児は蛙のイメージで表わされる」と書くが（前掲書）、小さな蛙があらわれるとナイル川が氾濫し豊穣をもたらすといわれているのも、小さな蛙に胎児のイメージをみていたからである。

ドイツには「子宮の蛙」という銀メッキした鉄製の蛙が、女性たちによって教会に奉納されているが、ドイツだけでなくオーストリア、ハンガリー、モラヴィア、ユーゴスラヴィアでも、聖母マリアへの捧げ物として、現代でも蠟、鉄、銀、木製の蛙像が奉納されている。マリア・ギンブタスは、こうした蛙像には「護符人間の頭部をもつものや陰門の刻印がみえるものなどがある。おそらくこれらのヒキガエル像は不妊を忌み安産を祈願するためのものであったのだろう」と書いている(『古ヨーロッパの神々』)。

聖母マリアへの捧げ物の蛙は、「悪の具現としての異端の女神」「魔女神へカテ」のシンボルでもあるから、魔女は蛙に変身するとみられていた。こうした魔女のシンボルが、聖母マリアに奉納されているのは、拙著『十字架と渦巻』に詳述したように、聖母マリア信仰の基層に、正統キリスト教神学が「異端」として排除する、古代の太母信仰があったからである(一時、マリア信仰を排除したカトリック教会も、根強い民衆の太母信仰をおさえきれず、キリスト教の中に太母信仰を聖母信仰として吸収していった)。

ギンブタスは、蛙を「胎児の姿をした女神」とみて、次のように書く。

いまだにヨーロッパの農村には子宮が女性のからだの中を動き回るという俗信が生きているが、これと似た信仰がギリシア・ローマ時代にもあったことが記録に残っている。ヒポクラテスもプラトンもアリストテレスも一様に、子宮というものを女性の下半身を動き回る動物に喩えた。その動物は女体のなかで居ごこちが悪くなると、上の方に昇って来て女性の息を止めようとしたり急に驚かしたりと、実にいろいろな悪戯をすると考えられた。この動き回る子宮信仰はエジプトにもあった。いったいこの動物とは何者なのだろうか。ギュルダーは、マイサウのヒキガエル像についての論文の中で、今日の民間伝承と中世、ギリシア、ローマ、エジプトの信仰に関する資料に基づいた極めて信憑性のある解釈を示し、この神秘的な動物はヒキガエルそのものであると考えられていたという。新石器時代、いや後期旧石器時代でも、人は受胎後二、三カ月の胎児がどのような姿をしたものであるかを知っていたに違いない。背丈は三・五センチぐらい。大きな頭、黒い斑点のような眼、まだ鼻になりきらない二つの孔、耳になるための二つの窪み、口になる細長い裂け目、そして短い手足。このような格好をした生き物といえば、すぐにヒキガエルが連想されよう！　これと同じ発想はおそらく一万年前の人々にもあった。そしてその信仰は現代に至っても完全に消滅することなく生き残っている。ヒキガエルが女性を孕ませるという考え方が新石器時代以前に生まれていた証拠として、中古石器時代のマグレモーズ文化(デンマークのゼーラント西岸北部ムラーラップ付近)に属するヒキガエルの骨製彫像があることを付け加えておこう(『古ヨーロッパの神々』)。

このように「子宮の蛙」にかかわるのが産婆だから、ヘケト、ヘカテの象徴も蛙なのである。デュルは「あらゆる時代の様々な文化においてヒキガエルは性と豊穣性と結びついていた」と書き、「南米の多くのインディオ、および高地マヤ族はヴァギナをヒキガエルとして表記し、ヨーロッパの民衆芸術でも陰門と子宮はヒキガエルと見なされた。産婆は我が家の石壁にそういう可愛い奴を見つけると喜んだ」と書いている(『再生の神セドナ』)。喜んだのは、ヒキガエルは産婆業のトーテムだからである。

93は紀元前六千年紀のトルコのアナトリア中央部のハジュラール出土の「ヒキガエル女神」であ

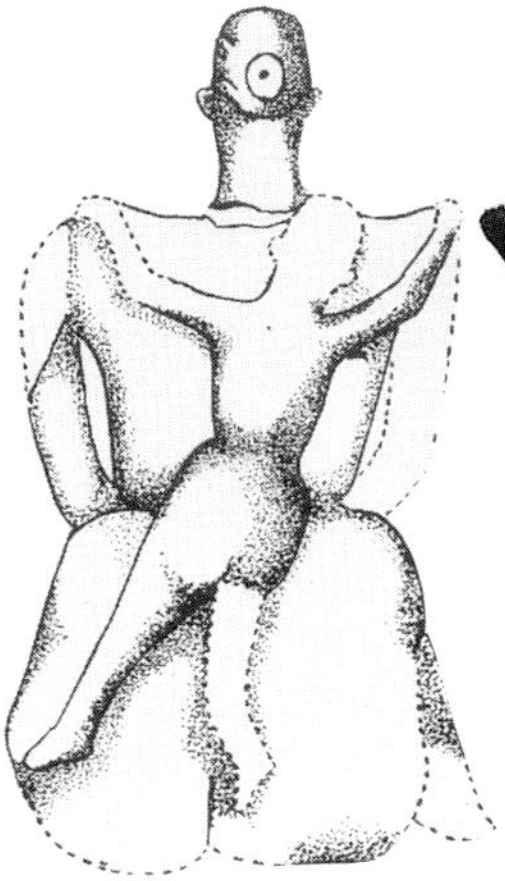

93　新石器時代のヒキガエル女神（トルコ、ハジュラール出土）

94　新石器時代の太母像（トルコ、ハジュラール出土）

る。デュルは、「ヒキガエルのように地にうずくまり、膝を折りまげ、尻を後へ突き出している女神」について、「メラートの主張ではこの女は分娩体勢にあるというのだが、わたしには妊産婦が横ばいになった方が出産しやすいとは想像しがたい。その上にこの女は古代でも現代でも愛の準備ＯＫのサインである乳房を押さえる格好をしているのだから、むしろこの小像はセックスのために尻を後に差し出しているのだと解釈する方がいいだろう」と書き、「この解釈から出発するならば、推定パレドロスが大いなる女神の背中によじ登っている像も（94）、同じ意味に理解しても度を過ごすことにはならないだろう。たんに母親の上でやんちゃをしている子供が再現されているのだ。などという解釈に与《くみ》したくなければ、これもまた後背位のセックスを意味しているといえるだろう」と書く。そして、ハジュラール遺跡の新石器時代のこうした小像が、穀物の貯蔵場所で見つかっていることから、「生命を再生し、同一のものの永却回帰を約束する

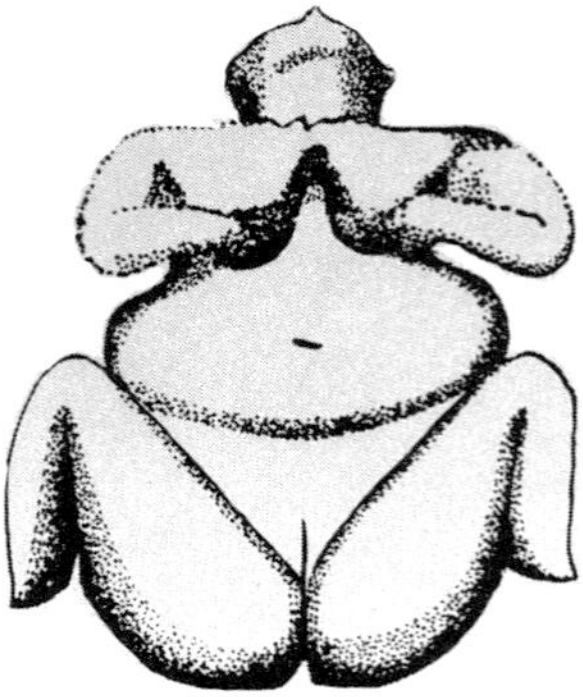

96　93のヒキガエル女神の腹側

95　中世の分娩は座位

97
93と同じに乳房を押さえる姿勢で
出産している紀元前八〜七世紀の
イラン出土の青銅器

原母」だと書き、このタイプの立像はアナトリア地方では青銅器時代になっても存在する」と書く（『再生の女神セドナ』）。ギンブタスも93を「ヒキガエルのかたちをした『再生の女神』」と書いている（『古ヨーロッパの神々』）。

分娩は87（一二三頁）や95のように椅子に腰かけた姿勢であって、腹ばいの出産はないから、デュルのような解釈も可能だが、93の腹ばいを起こすと96のようになる。97はイラン・ルリスタン出土の紀元前八〜七世紀の青銅器製品だが、93と同じに乳房に手を触れながら出産しているから（股の下に生まれたばかりの嬰児の顔が見える）、93の「乳房を押さえる格好」が、デュルのいうように「愛の準備のOKのサイン」とはいえない。したがってデュルのように、性交表現のみに限定せず、性交・妊娠・出産のすべてを表現した造形とみたほうがよいだろう。

魔女とヒキガエル

フリースは、「ヒキガエルは魔女の使いになって、人間を魔女にしたり、邪眼をもたせたり」する一方で、「魔女はヒキガエルに姿を変えることが多い」と書く（『イメージ・シンボル事典』）。ヒキガエルは昼間は草木や石の下などに隠れていて、夕方になるとのそのそ出てきて虫類を捕食する夜行性の蛙だから、夜行する魔女と重ねられたのである。中世の悪魔払いの絵ではヒキガエルが、悪霊にとり憑かれた人の口から出てくるところが描かれているのは、ヒキガエルが悪霊の象徴とみられたか

98　ツィアルンコのサバトを描いた銅版画（1610年）

らである。

シェイクスピアの『マクベス』では、ヒキガエルは魔女の煮物の材料になっているが、98は、ピエール・ド・ランクルの『悪天使と悪魔との無節操一覧』（一六一〇年）に載るポーランドの版画家ツィアルンコの銅版画の一部である。ランクルは向って右の最下部の絵を、「あらゆる毒を作る大鍋が火にかかっている。この毒は人間を殺したり呪ったりもすれば、家畜を傷つけたりもする。魔女の一人が蛇や蛙を手に持ち、他の一人はその頭を切り落とし、皮を剥ぎ、大鍋へ投げ込む」と書き、左の絵について、「幼い子供たちが、祭儀から離れた所で、枝の苔やひいらぎの白い棒を手に、ヒキガエルの群の番をしている。悪魔の夜宴には女たちがヒキガエルを持ってくる習わしだった」と書いている。

この絵を紹介するグリョ・ド・ジヴリは、ヒキガエルや蛇を入れて作る魔女の煮物の大鍋について、「大鍋の役割はたいそう重要だった。魔女の夜宴の真髄はこの大鍋にあるとする人々さえいる」と書いているのも（『妖術師・秘術師・錬金術師の博物館』）、ヒキガエルなどがサバト（魔女の夜宴）にとって重要な生物だったからである。ジャン・ポール・クレベールも、「大鍋にはありとあらゆる気味の悪い動物、蟇蛙《ひきがえる》、蛇、蜥蜴《とかげ》、蠍《さそり》などが煮込まれているが、なかでも蟇蛙料理はサバトで最も人気のある料理の一つであった」と書き、この「蟇蛙は羊のように飼育され、悪魔になろうと志す子供たちが羊飼いのように、沼の畔でその番をする。やがてその蟇蛙どもは赤ビロードの長衣を着せられて、かの有名な悪魔の洗礼に臨む。一方、蟇蛙飼いの少年たちは黒ビロードの服を着る。魔女たちは、こうして次に、その洗礼の儀式を執り行なうのである」とも書いている（『動物シンボル事典』）。

このクレベールの記述では、ヒキガエルは少年と同じにみられており、胎児イメージである。しかし魔女が変身するヒキガエルは女性イメージであり、両性具有の太母がもつ母とパレドロス（息子）のイメージを、ヒキガエルはもっているのである。

魔女たちは目の隅にひきがえるの足型をつけており、この足型が異端審問官が魔女かどうかを識別するきめてだといわれているが、クレベールは、「異端審問官の配下の者は、審問に先だって、告発された者の家宅捜索を行なう。そして、注意深く家の隅々を探索し、蛙、特にお仕着せを着た蟇蛙がいないかどうかを調べるのである。何人かの魔女、例えばアバディのジャンヌのような魔女は、魔女であることをことさら誇示するために肩に蟇蛙を乗せていた。一六八六年に書かれたポーリーニの『蟇蛙の博物誌』によれば、魔女や悪魔は好んで蟇蛙の姿で現れたから、城主たちは自分の城館の周りに棲む蟇蛙を、一匹残らず踏み殺させた」と書いている（前掲書）。

しかしデュルが書いているように（一三六頁）、蛙は「性と豊穣性」の象徴だったから、出産にかかわる産婆は、ヒキガエルをみると喜んだし、ヒキガエルを尊重する産婆は、魔女とみられたのである。

ヒキガエルを産婆が尊重したのは、ヒキガエルが「性と豊穣性」の象徴であっただけでなく、産婆（女医）にとってヒキガエルは薬用生物だったからである。魔女はヒキガエルが出す粘液（日本で薬用にするいわゆる「蝦蟇《がま》の脂《あぶら》」）と、焼いたヒキガエルを用いたという資料は多いが、民間でもヒキガエルの脂と、焼いたヒキガエルは薬用であった（ヒキガエルには毒があるが、焼いて灰にすれば毒は消えて薬用になる）。デュルによれば、スウェーデンの魔女は、花と薬草で作った軟膏に、ヒキガエルの脂と蛇の泡汁を添加したものを用いたし、ハンガリーの魔女たちも、ヒキガエルの脂でつくった軟膏を塗ったという（『夢の時』）。クレーベルも「ひき蛙の肉を主成分とする調合薬を飲んで起きる幻覚によって、魔女たちはサバトに集まった」と書いているが（『動物シンボル事典』）、ヒキガエルが出す粘液には、「ブフォテニン」というアルカロイドの一種が含まれており、幻覚症状をおこすからである。

このようにヒキガエルは毒と薬の二面性をもっていることからも、魔女と重ねられたのである。フランスのプロヴァンス地方では、ヒキガエルを素焼きの「細口壺」に入れてオリーブ油に漬け、大鍋で煮て作った脂は、悪性の風邪や熱病に効くといわれているが、魔女にとって「大鍋の役割はたいそう重要」で、「魔女の夜宴の真髄はこの大鍋にある」といわれているのも、大鍋とヒキガエルが密接にかかわっていたからであろう。

日本の縄文時代の「半人半蛙」表現

ギンブタスは、「生命誕生のプロセスに影響を及ぼす神秘的な力を、ヒキガエルのような動物が強力に司っていたという考え方は、ヨーロッパの人々の意識のなかに繰り返し現われ、それはクレタ宮殿時代のアンフォラにも描かれている」と書き、99の今から四千年ほど前の壺絵を、「子宮のシン

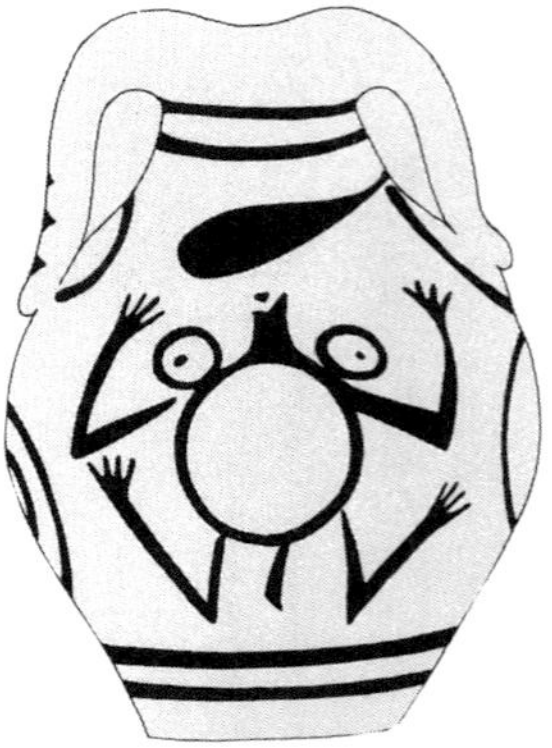

99 今から四千年前のクレタ島の壺絵

100 縄文中期の土器の「半人半蛙」

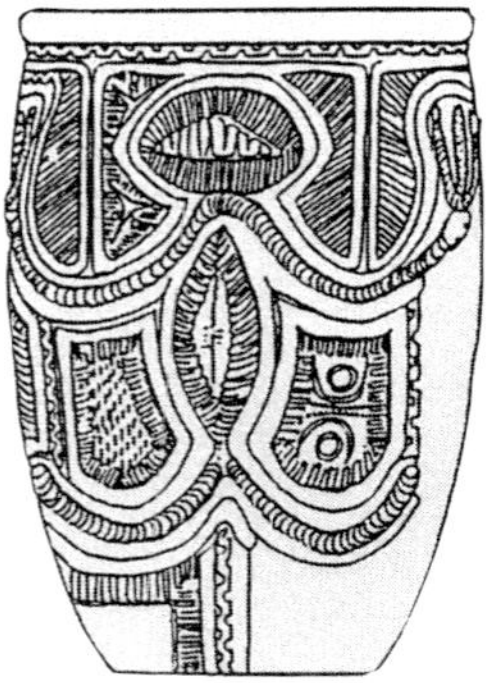

101 縄文中期の土器の「半人半蛙」

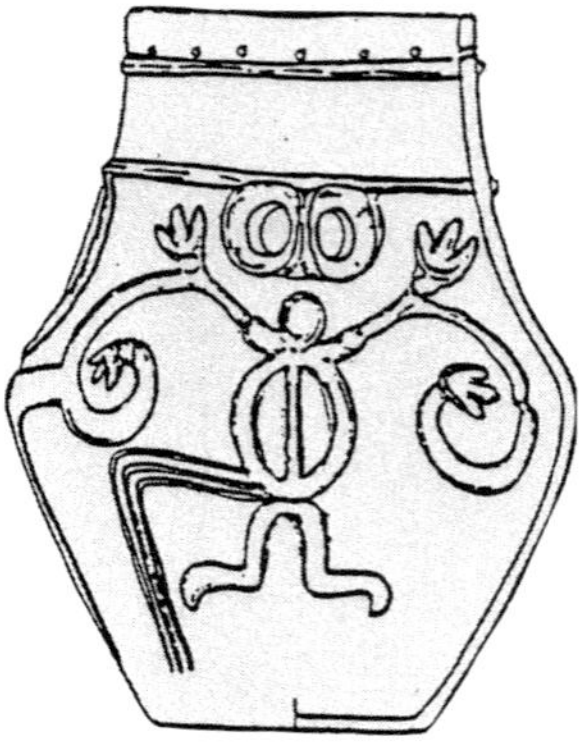

102 縄文中期の土器の「半人半蛙」

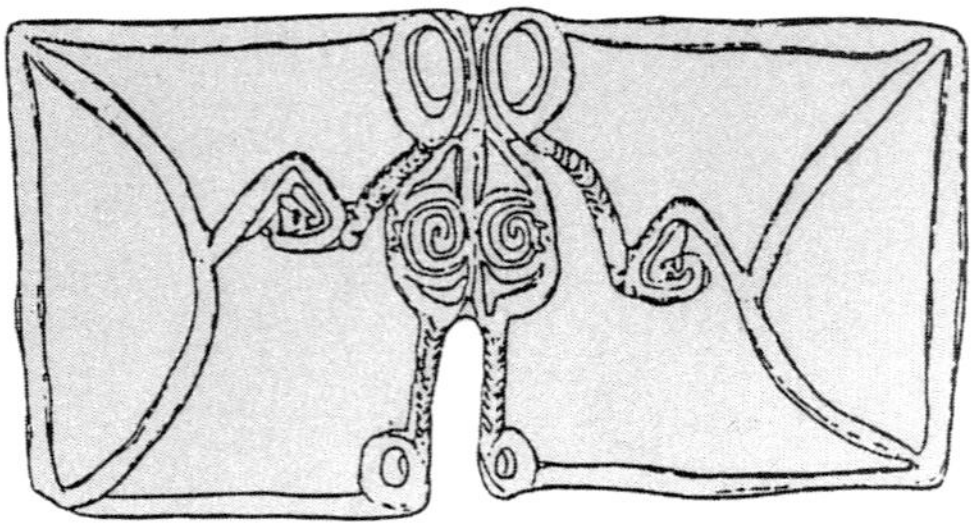

103 縄文中期の土器に造型された「半人半蛙」文様

ボルとしてのヒキガエル」として例示する。こうした表現は縄文中期（今から五千年〜四千年前）の土器にも見られる。100は長野県富士見町曽利遺跡、101は富士見町藤内遺跡、102は神奈川県藤野町大日原遺跡、103は神奈川県平塚市上ノ入遺跡出土の土器の造形だが、小林公明は「半人半蛙文」という（『八ヶ岳縄文世界再現』）。

ギンブタスは、オーストリアのマイサウの紀元前千年頃の青銅器時代の墓地から出土した104の像を、「ヒキガエルの女性」、105のボヘミア、コレショヴイチェ出土の線帯文土器の基台に施された紀元前六千年紀末の線刻を、「ヒキガエルの形をした出産の女神」と書いているが（前掲書）、こうした造形も「半人半蛙」である。

小林は106の縄文中期の富士見町九兵衛尾根出土の土器を「蛙文深鉢」といい、「女性器の形象をもつ胴体」と書き、102の大日野原遺跡出土の「半人半蛙」の背中と、「そっくり同じ表現」だと書く。

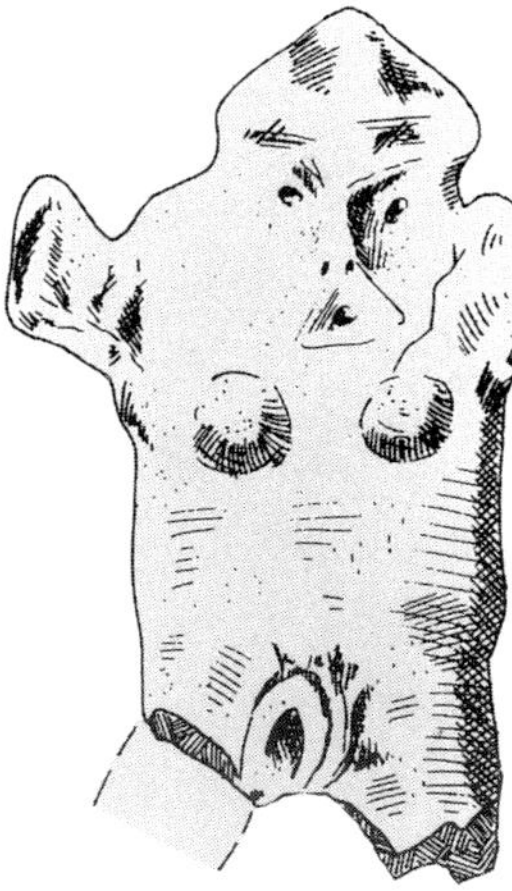

104 オーストリアの青銅器時代の墓地から出土した「ヒキガエルの女性」

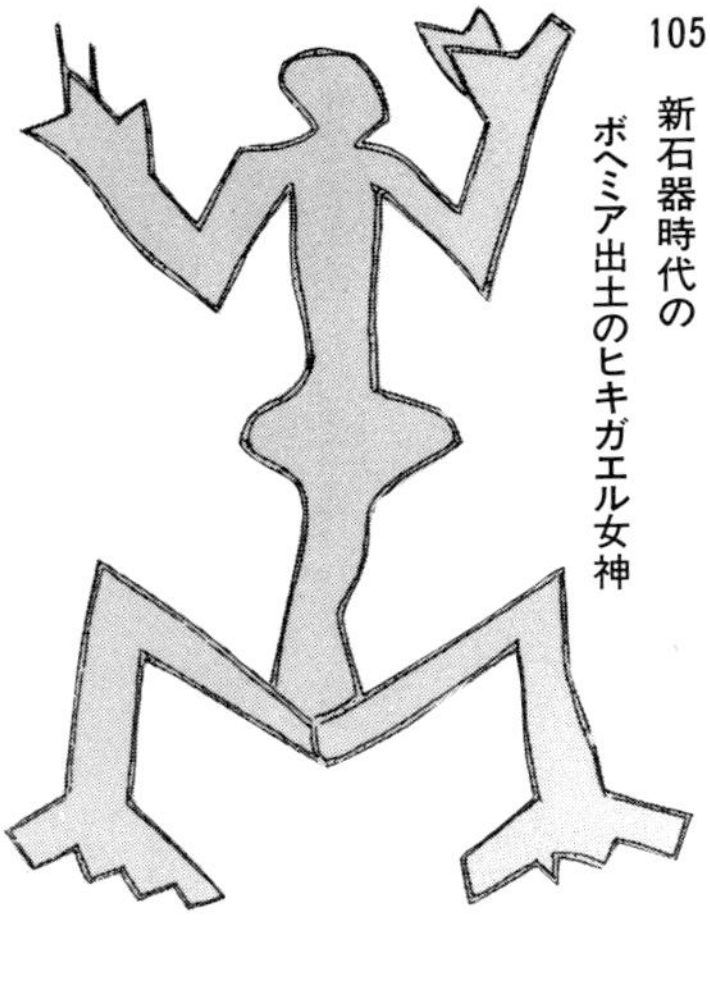

105 新石器時代のボヘミア出土のヒキガエル女神

そして山梨県須玉町御所前遺跡出土の107の縄文中期の人面把手付土器の胴部について、106の女性器が102のように蛙の背中に表現されているから、「人面が蛙の背中から顔を出している」と書き、出産表現とみる。出産表現であることには賛成だが、古代人の発想は現代人のように厳密ではないのだから、102・107を背中とみないで腹部とみたほうが、「女性器」「出産」とみる場合抵抗がない。

　ヨーロッパでは「子宮の蛙」といわれ、蛙が出産・多産・豊饒のシンボルになっているが、同じ発想を縄文人ももっていた。108は縄文中期の富士見町曽利遺跡出土の土器だが、大きく股をひろげ

106　縄文中期の「蛙文深鉢」の女陰表現

107　縄文中期の「人面把手付土器」の出産表現

108　大きく股をひろげた表現のある縄文中期の土器

109　バビロニアの大きく股をひろげた表現のある円筒印章

た下の造形は嬰児表現と考えられる。108の縄文土器の出産表現も、104・105の出産表現や、109の今から四千年ほど前のバビロニアのウラ出土の円筒印章のように、両手を上げたカー表現である。110の神奈川県厚木市林王子遺跡出土の中期の有孔鍔付土器は、両手をあげた「半人半蛙」を略した表現だが、嬰児誕生をあらわしている。この造形の両側に鎌首をもたげた蛇がみられるが（110はその一部が向って右側にある）、蛇と蛙は男・女の象徴としてエジプトの万物創成神話の始源に登場しており、蛇と蛙の造形は今から八千年ほど前のバルカン地方の土器にも、セットで描かれている。蛇は男根象徴とみられているから、110は性交・出産表現といえるが、壺が妊娠した子宮表現とみられている例は、世界中にあるから、110の壺は妊婦と見立てられており、107の人面把手付土器も同じである。

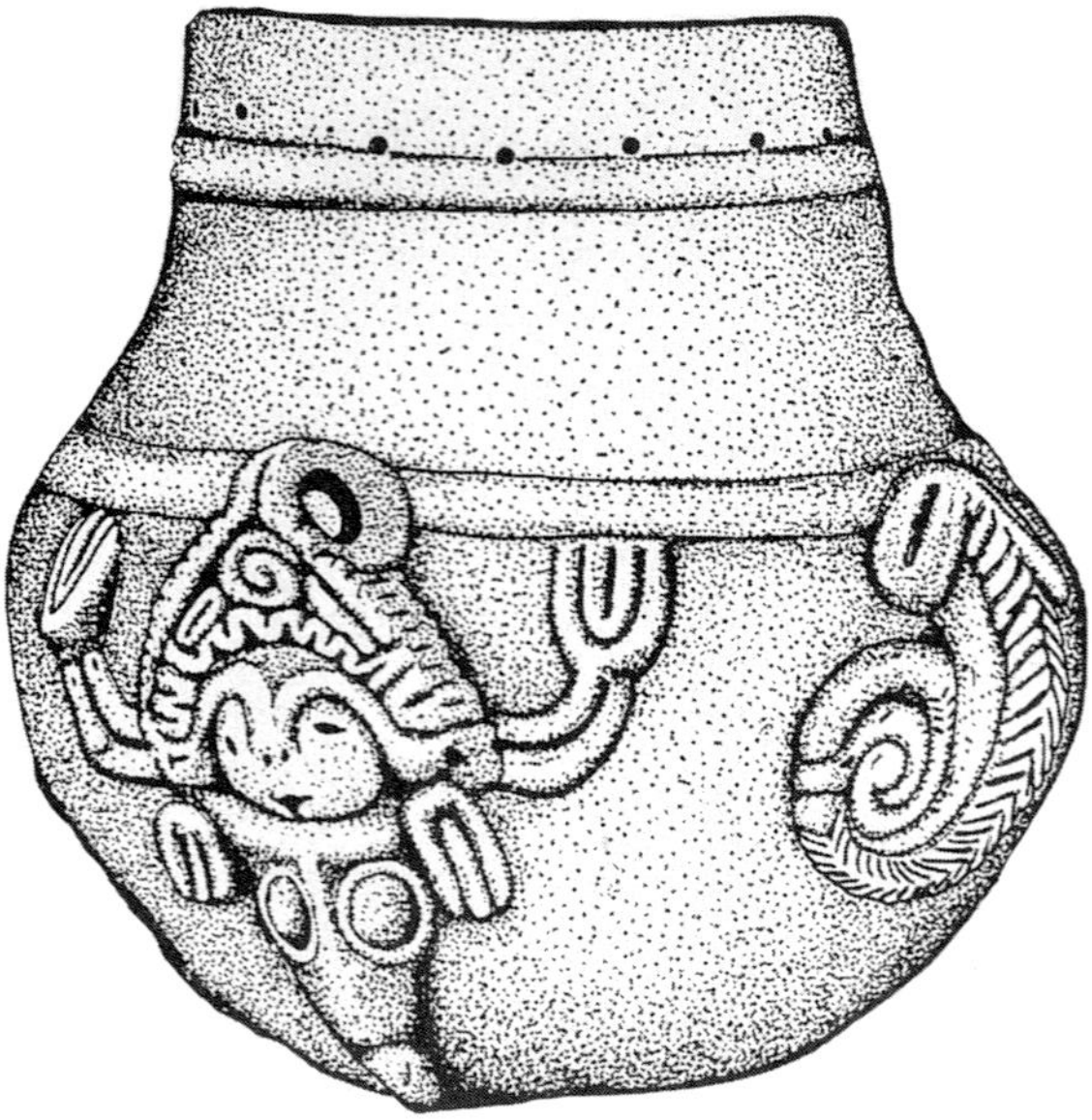

110　縄文中期の有孔鍔付土器

武藤雄六は111の富士見町曽利遺跡出

土の中期の土器について、曽利遺跡発掘報告書で、女上位の性交図とみているが、110の蛇は鎌首を起立させ、勃起した男根のイメージだが、111の下部の表現を武藤も男根とみている。性交図の相手は女性というより「半人半蛙」である。この「半人半蛙」も両手をあげており、性的エクスタシーの「カー」表現、飛翔表現といえる。

小林公明は中国の黄河中流域の仰韶《ぎょうしょう》文化半坡《はんぱ》類型（今から七千年〜六千年前）の彩陶土器に描かれ

111　縄文中期の性交表現のある深鉢

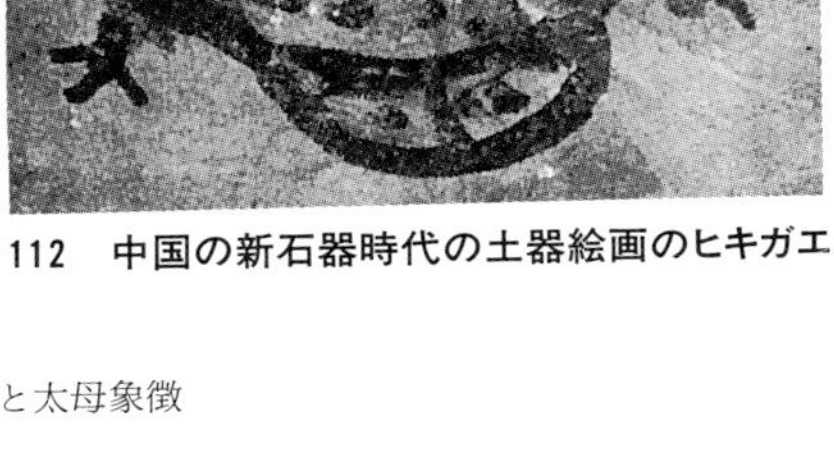

112　中国の新石器時代の土器絵画のヒキガエル

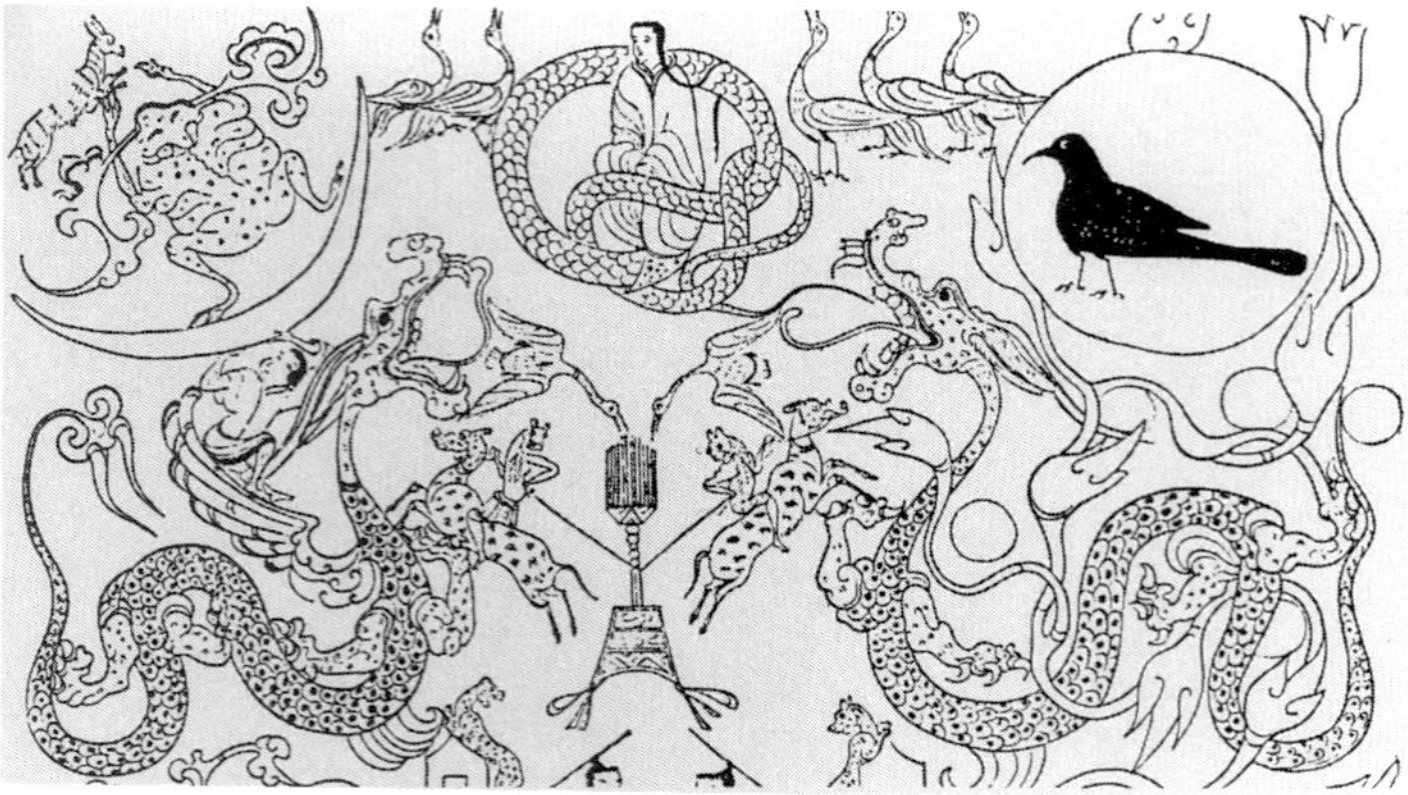

113　前漢時代の長沙馬王堆一号墓出土の帛画の一部

た112の絵は、背中一面に斑点があるのでヒキガエルだと書く。また今から五千年〜四千年前の甘粛省の馬家《まか》窯《よう》文化の土器にも、「半人半蛙」が描かれていることをあげ、さらに113の前漢（紀元前二〇二年〜九年）の長沙馬《ま》王堆《おうたい》一号墓出土の帛画の、三日月のヒキガエルを例示する。そして、中国の蛙や「半人半蛙」表現を、「月母神と月の子」表現とみて、107の御所前遺跡出土の人面把手付土器の造形も「月母神と月の子」と書く。

107の造形が月にかかわるかは問題だが、ヨーロッパやオリエントの蛙（ヒキガエル）や蛙のかたちをした人物像が、母と子のイメージであることは書いた。この母と子は太母とパレドロスの関係だが、太母ヘカテは蛙を象徴とし、母と子にかかわる産婆の神である。このヘカテも、ヘカテと同一視されるアルテミス（ディアナ）も、月女神である。ヘカテ・アルテミス（ディアナ）などの月女神は、「魔女たちの女神」といわれている。魔女はヒキガエルに変身するが、魔女もヒキガエルも月夜に活動する。

月にいるヒキガエル（蟾蜍《せんじょ》）は、前漢の頃書かれた『淮南子《えなんじ》』や『論衡《ろんこう》』によれば、羿《げい》が西王母に請うて得た不死の薬を、羿の妻の姮娥《こうが》が飲み、月中に走って月精になった（『淮南子』及び注）。その月精が蟾蜍（『論衡』）だとある。「姮娥」の「亘（亙）」は月の上下を二つの線ではさんで月の両端を示した字で、月または月の弦をいい、娥は月の中の女性の意味である（藤堂明保『漢和大字典』）。このように中国でも月は女神であり、西王母と姮娥は一体である（中国では東の象徴は太陽、西王母の西は月である）。西王母・姮娥（蟾蜍）は、月女神の太母へカテ・アルテミス（ディアナ）と重なる。

なお中国でもヒキガエルは霊薬になっている。葛洪《かくこう》（二八四年～三六三年）の著書『抱朴子《ほうぼくし》』は蟾蜍の頭に生じる肉角は、万病に効能のある霊薬と書き、李時珍《りじちん》（一五一八年～一五九三年）が書いた薬物学の著書『本草綱目《ほんぞうこうもく》』は、ヒキガエルの皮膚から分泌する白色の粘液は、「去毒の効」があると書く。ヒキガエルが薬として用いられ、ヒキガエル＝月＝太母＝夜のイメージでみられていることでは、ヨーロッパ、中国は共通している。

日本の蝦蟇《がま》の脂を「蟾酥《たんそ》」と書くが、日本の文献では蛙（ヒキガエル）と月の関係は定かではない。しかし、古代オリエントやキリスト教普及以前のヨーロッパと同じに、蛙に母性・幼児性をみて、性交・妊娠・出産にかかわると縄文人はみていたことは、99～103、106～108の造形からも推測できる。民間伝承では、性交・妊娠・出産に直接かかわる伝承はないが、鈴木棠三の『日本俗信辞典』によれば、ヒキガエルやアマガエルは神様のお使いだから、捕まえたり殺してはならない（秋田県、福島県、群馬県、千葉県、東京都、福井県、和歌山県、岡山県、広島県、熊本県)、ヒキガエルは福の神・銭神だから殺してはならない(愛知県、和歌山県)、家の中にヒキガエルがいると火事にならない(愛媛県、佐賀県)、ヒキガエルは家の守り神だから殺さず保護する(山口県、島根県)などという俗信がある。

ヨーロッパの造形や神話でも縄文土器でも、ヒキガエルは女、ヘビは男として、セットで表現されているが、宮城県や石川県の俗信では、ヒキガエルとヘビの雌雄が家の近所にいると、その家の守り神になるといわれており、ヒキガエルは雌、ヘビは雄になっている。

しかしヨーロッパの蛙・ヒキガエルに薬と毒、幸と不幸、生と死の二面性があるように、日本の俗信でもヒキガエルに触れたり小便をかけると疣《いぼ》ができる(宮城県、栃木県、群馬県、千葉県、新潟県、三重県、奈良県、大阪府、和歌山県、岡山県、広島県、山口県、高知県、福岡県、大分県、宮崎県)といわれているが、ヒキガエルをなでて、疣をヒキガエルに移して治すという俗信も全国各地にある。またカエルに小便をかけられると目がつぶれる、眼病になる、手や指が腐る、気違いになるといわれている一方で、蛙(特にヒキガエル)は神の使、火事などから家を守るといわれている。またカエルを殺すと逆に火事になったり、不幸や病気になるという俗信も全国各地にある。ヒキガエルを生殺しにするとその夜化けて出る(長野県)、化けて出て来て生血を吸う(愛知県)などといわれており、ヨーロッパの蛙・ヒキガエルと同じ、二面性・両義性がある。

蓮の中の蛙と聖母マリアとキリスト

中国や日本での蛙（ヒキガエル）にある二面性・両義性は、キリスト教では否定され、悪の一面のみが強調されている。中森義宗は『キリスト教シンボル図典』で、蛙について、「悪のシンボル、時には異教徒にたとえられる。一般に絵画の中の蛙は罪の忌まわしい諸相を示している。……中世にはその骨は催淫の具とみなされ、さらに多産のために色欲のシンボルとされた。さらに人生の束の間の快楽をむさぼる人のシンボルと解され、……時に最後の審判の場面で罪深い女性の性器に食いついているひき蛙が描かれる」と書く。114はステルツィングの画家が描いた板絵「呪われた恋人」だが、キリスト教的視点に立って、恋人たちが肉欲

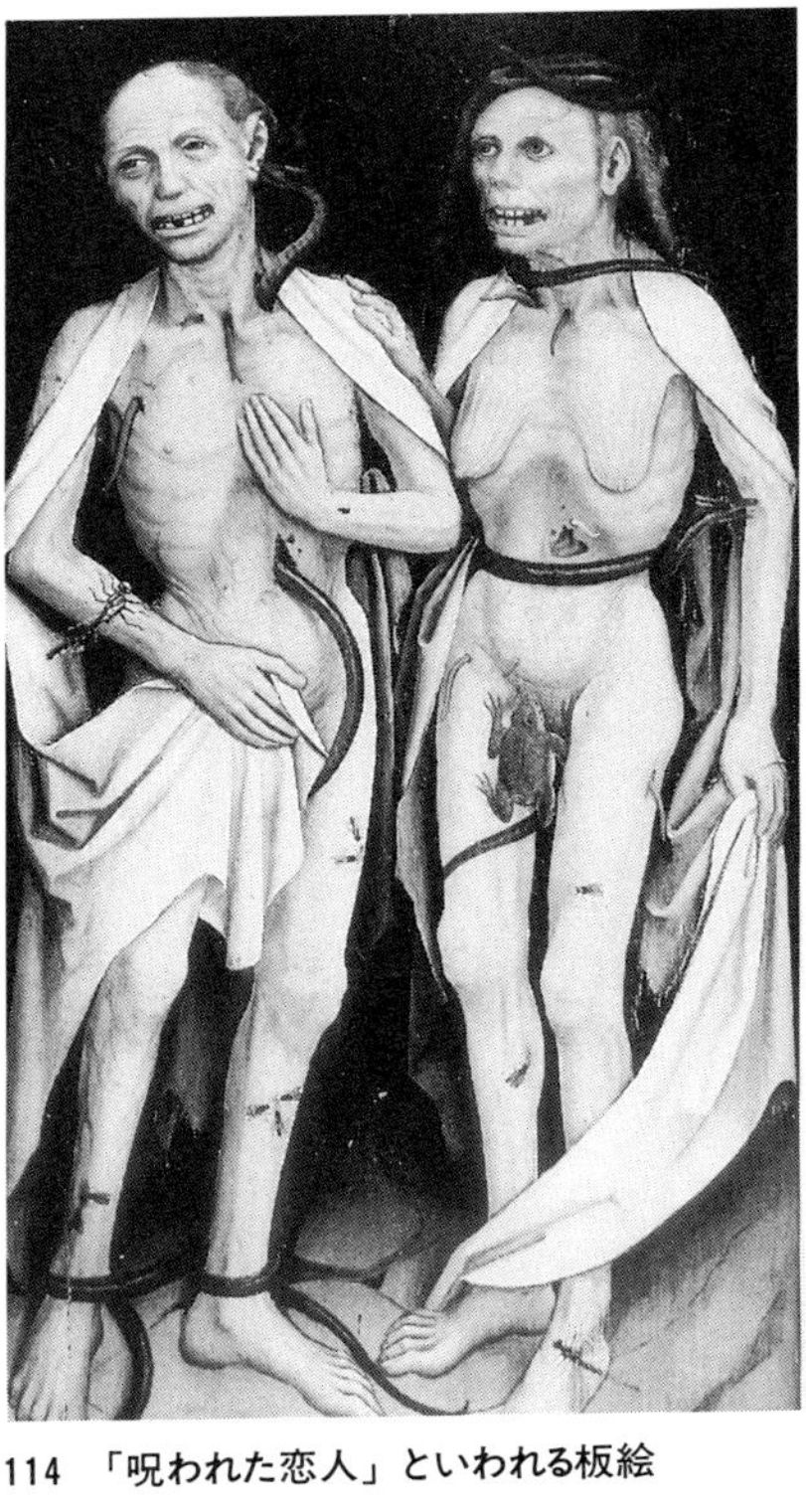

114 「呪われた恋人」といわれる板絵

のみに耽ると死体はこのようになるという寓意画である。この絵でも女陰にヒキガエルが食いついている。

115は一五八九年にイギリスの南東部エセックス地方のチェルムスフォードで絞首刑になった三人の魔女の絵である（当時この魔女狩りについて書いた稀観本にもとづいて描かれた絵）。この絵には「使い魔《ファミリアー》」が五匹描かれているが、三匹はヒキガエルである。公判録では使い魔は「小悪魔《インプ》」と呼ばれている。

エジプト・ギリシアで豊穣・豊富・多産のシンボルとして、よい意味でみられていた蛙は、「多産のための色欲のシンボル」になってしまい、女性性器から生まれてくる嬰児イメージのヒキガエルが、「女性の性器に食いついているひき蛙」「使い魔」「小悪魔」になっている。しかしキリスト教の普及以前はそうではなかった。

クレベールは、キリスト教に改宗

115　絞首刑になった魔女と「使い魔」

する以前のフランク族王家(フランス王家)の旗には、ヒキガエルが描かれており、紋章は黒地に金色の蛙が三匹描かれていたと書き、ヒキガエルの紋章は、「自分たちの領する国土が、あらゆる富と財に富む、肥沃の土地であることを示すものだった」と書く(『動物シンボル事典』)。

ヒキガエルの旗や紋章は、キリスト教に改宗してから改めたというが、ヒキガエルの紋章や旗の意味は、古代エジプトやギリシアの蛙観と同じである。

クレベールは、「初期のキリスト教徒は、キリストの復活を、蓮の中央に座す蛙の印で表していた」とも書いており(前掲書)、イエスは後に悪のシンボルになる蛙に見立てられている。ハインツ・モーアは、前述(一三三〜一三四頁)したヘケトについて、「球形の世界の卵を絶え間なく受胎する蛙の頭をもつ女神」と書き、蛙としてのヘケトは「繁殖力」を示す女神だが、「春にナイル川の泥から生まれると見なされていたので復活の象徴になった」が、この「蛙を復活のシンボルと見るエジプトの伝統」は、初期キリスト教特にコプト(エジプトのキリスト教徒)に影響を与えたことは、「疑うことはできない」と書いている(『西洋シンボル事典』)。イエス・キリスト＝蛙とみて、蛙のもつ母と子の二面性のうち、子のイメージをイエスの復活で示しているのである。

このように悪の象徴とみられている蛙を、初期キリスト教徒たちはイエス・キリストに重ねていた。このような蛙(ヒキガエル)だから、キリスト教神学で悪の象徴とされていても、ヨーロッパでは「子宮の蛙」といわれるヒキガエル像が、「今日でも聖母マリアへの捧げ物として教会に奉納されている」のである(ギンブタス『古ヨーロッパの神々』)。

イエス・キリストの復活を示す蛙は蓮の上にいるが、蓮は古代エジプト絵画では116のように描かれており、蓮から復活するとみられていたから、イエス・キリストの復活を「蓮の中央に座す蛙」とみるのは、コプト（エジプトのキリスト教徒）の発想であろう。しかしクーパーが、エジプトだけでなく、「アッシリア、フェニキア、ヒッタイトの文化や、ギリシア・ローマ美術では、蓮は葬送や埋葬の意味をもち、死と再生、復活と来世、自然の再生力を象徴する」と書いているから（『世界シンボル辞典』）、初期キリスト教の普及地域では、蓮の中の蛙が復活をあらわしていたことは、一般的認識であったとみられる。

仏教でも蓮（蓮華）は重要な意味をもっているが、ウォーカーは、「東洋ではヨーニ（女陰）の主要なシンボル」と書く（前掲書）。116の蓮もヨーニのイメージがあるが、エロスの女神アプロディテ（ヴィーナス）の標章は蓮である。東洋の蓮は西洋では百合である。キリスト教に改宗する以前のフランス王家の紋章は、百合の花の中にヒキガエルまた蜜蜂が描かれていたというが、ヒキガエル・蜜蜂は、蓮の中のイエスと重なり、百合＝蓮である。『聖書』のlilyは百合と訳されているが、本来の意味は蓮である。

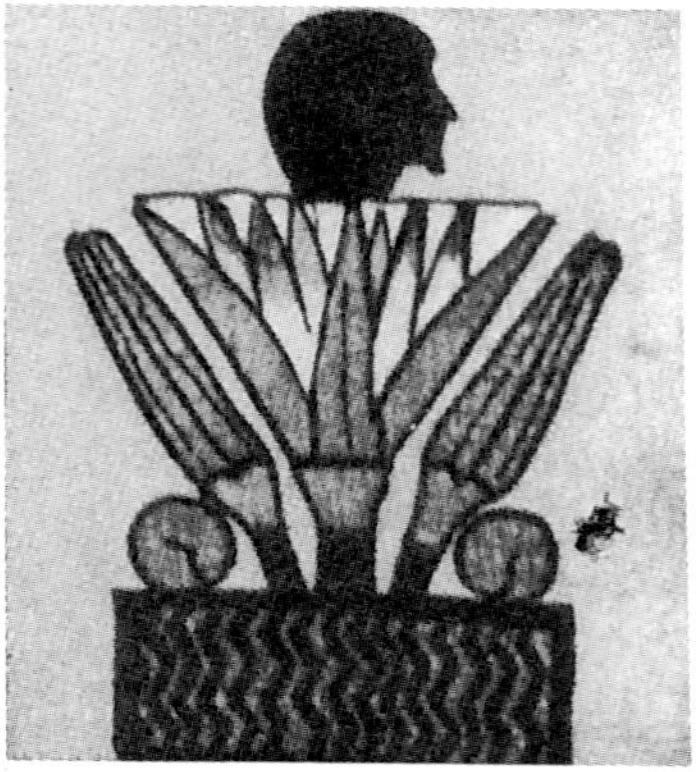

116　蓮から生まれ出る人

ウォーカーは第二章で述べたリリト（リリス）について、「ユリ lily（すなわちlilu〈ハス〉）は、太母の『女陰を表わす花』であり、リルというその花の呼称からリリト（リリス）の名が生まれた」と書き、リルは「リリト女神の生殖魔力を表わす」と書いている（前掲書）。キリスト教では百合は聖母マリアの象徴だが、百合は復活祭の花であることからも、蓮＝百合である。蓮はヴィーナスの標章だが、蓮の中の蛙がキリストなら、蓮はマリアであり、マリアはヴィーナスと重なる。百合はローマではディアナの標章になっているが、ヴィーナス（アプロディテ）・ディアナ（アルテミス）の共通性は前述した。二神とも魔女とかかわるが、リリトも魔女の神といわれている。蓮・百合と蛙の関係からみても、魔女の祖型と聖母マリアは太母の二面性をあらわしている。

ヘカテと魔女と境界（垣）

リリトの娘たちリリムは、リリトと同じに中世ヨーロッパの男性の夢の中にあらわれ、女上位で交わって男たちに夢精させたが、リリムは「ヘカテの娘たち」ともいわれた。リリトもリリムも翼をもって空を飛び、箒の柄に乗って空を飛ぶ魔女と同じである。ヘカテのトーテムは蛙であり、ヘカテ女神の神殿にはヒキガエルが捧げられたが、ヘカテも月女神である。

ヘカテは前述（一三二頁）したように、中世には91のように「三つの頭をもつ魔女神」といわれているが、ギリシア、ローマ時代にも92のように三つの顔が描かれ、「三相一体の女神」といわれている。「三相」の「三」については、さまざまの見方があるが、代表的なのは誕生・生・死、乙女・母親・老婆である。ヘカテは月女神だが、月は十五夜までの成長と十五夜以後の老衰があり、誕生・生・死を示しており、月の満ち欠けは、乙女・母親・老婆の「三相」を示している。

113（一五〇頁）の中国の前漢時代の帛画の一部の蟾蜍（ヒキガエル）は、三日月の上にいる。三日月は誕生であり、死である。姮娥は不死の薬を飲んで月に走り、月の精の蟾蜍になったというが、月は死と再生（誕生）をくりかえしており、その意味で不死である。春になって地中から出てくる蛙（ヒキガエル）は再生の象徴にもなっているが、蛙をトーテムとするヘカテは、時間では過去・現在・未来をあらわし、空間では天・地上・地下の「三相」をあらわす。ヘカテは月女神として天界の神であり、また地上・地下の神であった。冥界神として地下におり、夜になると地獄の犬を供に連れて地上にあらわれた。アルテミス（ディアナ）も犬を連れて夜行するので、アルテミスとヘカテは同一視されたが、ヘカテがあらわれるのは十字路・三叉路などの境界であり、こうした境界にヘカテ神殿が立てられた。

デュルは「魔女は境界領域に生まれる」といわれていたと書き、「中世の魔女は、垣根、生垣、庭の裏手を囲んで村を荒野から分かちへだてている垣に棲む者であった。したがって、二つの領域にかかわる者であって、今日の我々から見れば半ばデモニッシュな存在といえるかもしれない。ところが、時が経つにつれて、魔女はますます一義的になっていく。そしてついには、たんに文化圏から追放されたもの、そして夜陰に乗じて歪められた形で舞い戻ってくるものを表わすにすぎなくなる」と書いている（『夢の時』）。

ヘカテは天上と地下、天国と地獄の女神だが、天上も地下も異界である。ヘカテの象徴が蛙なのも、地上と異界を行き来するヘカテと同じに、冬眠する蛙は地下と地上とを行き来するからである(蛙と蛇がセットであらわれるのは、蛇も冬眠し、蛙と同じだからである)。中国では蛙は月の精になるため、天上に昇っていくが、このように内部(地上)と外部(天上・地下)を行き来するのは、魔女が「二つの領域」にかかわっているのと同じである。内と外の境界に垣があるが、こうした空間境界が時間境界では、生と死、昼と夜となり、このはざまの存在がヘカテや魔女であった。しかし「時が経つにつれて、魔女はますます一義的になって」いったように、ヘカテも一義的になっていった。

ギランはヘカテについて、「彼女は天界でも地上でも力を振った。彼女は人びとに富や勝利や知恵を与えた。また羊群の繁栄を見守り航海を司った。巨人との闘いの間、彼女はゼウスに組した。こうして彼女は、オリュムポス山上で常に讃えられていた」と書いているが(『ギリシア神話』)、ヘカテは主に地下(冥界)の神であり、潔《きよ》めと贖罪のために呪術や占いをする女神であり、前述したように産婆の神であったため、「魔女の女王」にされてしまったのである。それは「善き奥方」「美しき婦人」といわれていた「賢い女」であった産婆が、魔女にされたのと同じである。

ヘカテが境界神なのは、相反する二面性をもっていたからであり、デュルのいう「二つの領域」にかかわっていたことによる。「二つの領域」を結ぶところ、合一の地点が境界だから、ヘカテの「三相」は、「正」と「反」の二つと、それを一体にした「合」の三つである。したがって「三相」の女神は境界にあらわれるのである。その境界には垣が作られ内と外は遮断されるが、垣の内と外を自由に行き来する存在がある。それが神であり神の使いだが、神使は神と人の間をしきる「垣に棲む者」であり、垣を飛び越える者である。サバトへ行くのは垣を飛び越えることだから、空を飛ぶ。垣に棲んでいて、「ハレ」の日つまり祭の時に垣の外へ飛んで行き、また戻って来る神使(巫女・産婆・呪術者)が、「魔」といわれて、中世には垣の外へ追放されたのである。というのは「神使」の「神」は異端の神であり、キリスト教神学では、外部と内部は完全に別であり、境界にいる神または神使の存在を許さなかったからである。しかし、外部へ追放した異端が、まだ垣内にいるとみられて、魔女狩りがおこなわれたのは、魔女たちは、内部と外部の接点・境界の「垣に棲む者たち」だったからである。

ドイツ語で魔女は Hexe という。その語源は中世の九・一〇世紀のドイツ語 hagazussa による。haga は「垣」、zussa は「女性のデーモン」だから、「垣を越える女のデーモン」の意であり、そうした霊魂の持主が魔女なのである。

内と外は表と裏であり、正と反であり、逆を内包しているから、魔女は「頭の上から服を着て、後ずさりして歩き、頭を下げて両足の間につっ込んでいた」といわれており、アフリカのアカン族の魔女たちは、足を上に頭を下にして歩いた、といわれている。

魔女についてペトロニウスは『サテュリコン』で、「上にあるものを下にする」と書いているが、普通の女性は髪は右巻きに巻くのに、魔女たちはしばしば左巻きに巻いているといわれていた。また、魔女たちの眼を覗くと、その瞳には覗いた自分の姿がさかさまに映っているのが見えたという。

サバトでも、魔女たちはたいてい同じようにあべこべの踊りをおどった。たとえば一七世紀初頭にこんな記述がある。「魔女たちの集まりではことごとく男の習慣の逆手を行なった。背と背、尻と尻を合わせ、手と手を握り合って踊り、頭と身体で奇妙な幻想的な動きをしながら逆向きに、つまり左巻きに円を描くのである」と書かれている。

魔女たちは「正」に対して「反」であるから、すべて逆であるとして作られた話だが、このように正反対の存在としての魔女イメージは、『魔女の鉄鎚』で徹底的に女性を悪の存在ときめつけたことでピークに達した。このような考え方は聖書のリリト・イヴの描き方にすでにその根がみられる。本来の自然の姿は相反するものが一体になっているのに、それを無理に切り離し、善に対して悪を対極においたからである。ヒキガエルは毒をもっているが、その毒も薬になり、老婆（魔女）の用いたいわゆる「飛び軟膏」も薬であり毒にもなった。人を生かしたが、人を殺しもしたから、産婆は「賢い女」といわれたが、「賢い女」の技術は「魔術」とみられて、魔女狩りの時代には産婆は多数殺されたのである。つまり出産になくてはならない最初の生命の管理者は、女であるために垣の外へ追放された。そしてヘカテにかかわる産婆のかわりに、ヨーロッパでは医学を学んだ男の医師たちが助産にかかわった。それは科学による「魔術」の追放であり、月女神ヘカテの追放であった。昼と夜という自然の循環の中にあった夜の闇は、月女神を追放することで別世界となり、その別世界の自然の闇を消して「不夜」にすることをもって、科学的発展・進歩と称しているが、それは自然の破壊であった。こうした「科学」をもってしても心の闇は消せない。その闇が「魔女的なるもの」を呼び戻すのであり、それは魔女の森・自然をとり戻すことである。

「垣を飛び越える女」としての魔女

月女神ヘカテの持物は箒であったから、箒は魔女の持物になっているが、箒の柄が男根象徴とみられるのは、木の棒の柄をいうのであって、箒そのものの用途とは関係がない。したがって箒の柄を新婦だけでなく、新夫も飛び越えることで、結婚が認められるという習俗は、箒の柄を男根象徴とみる視点だけでは理解できないことは前述した（一二二頁）。

北欧の一二世紀の文献に、「女よ、昼と夜の間《あわい》になりし時、汝、若枝の垣の上に座せるを我は見たり」とある。デュルは「若枝の垣」について、古代北欧語では「棒」の意味であり、この棒は、「魔女がそれにまたがって空を飛行する棒切れ」だと書いている（『夢の時』）。魔女の棒は「若枝の垣」だから、棒としての箒の柄も「若枝の垣」であり、箒の柄を飛び越すことで結婚が承認されるのは、未婚と既婚の境界（垣）を飛び越す儀礼といえる。特にヘカテや魔女の棒が箒の柄なのは、箒が女性の用具であっただけでなく、箒そのものに境界の女神ヘカテ的要素があったからである。箒は出産のとき出入口を掃くものであり、結婚のとき出入口に立てかけた箒が司祭の役を果しているのも、例証になる。また箒は、外へ掃き出し内へ集める二面性をもつ、境界的用具である。この出して入れる用途が、男根と似ていることも、箒の柄が男根象徴とみられた原因であろう。こうした箒が産婆のシンボルになっているのは、出産が出すだけでなく入れることを前提にしているからである。

吉野裕子は「女陰の作用」としての出産について、「子種を入れて、新生命を生み出す」、「入れて出す呪力」と書いているのは(『日本古代呪術』)、「子種」つまり精液を入れることが、妊娠の原因とみているからである。しかしミルチア・エリアーデが書くように、受胎の生理学的原因が知られるようになるまでは、子どもは父親によって受胎させられるのではなく、子どもを女性の胎内に入れる、とみられていた。エリアーデは「子どもは水棲動物(蛙・魚・白鳥など)によって運ばれ、母の胎内に呪的接触によって入れられた」のであり、その前は「岩、深淵、洞穴の中で成長した」と書き、「子どもの発生する場所を、洞穴、割れめ、泉などに定めている民族」の例をあげ、「ヨーロッパには現代もなお、子どもは沼沢や、泉、川、木などから『やってくる』という俗信が残っている」と書いている(『豊饒と再生』)。

シベリアのラップ人の出産は、始源の太母のマーデル・アッカが体内に宿した胎児を、この神の娘のサル・アッカが受けとって、子宮に移し入れることによって生まれるといわれており、オーストラリア北部のテリトリーの狩猟民にも、マーデル・アッカと同じ「すべての母」と呼ばれる太母クナピピが生んだ人間の魂である「子供の元」を、子宮に入れたという神話がある。シベリアのケット族の太母コサダムも、人間の魂を呑み込んで子宮で育て、出産してから女性の体内へ入れたという。また、アフリカのバンブテイ・ピグミーも、母が受胎する胎児は、人間と動物の太母マトウによって作られ、女陰の穴から子宮に入れられたと信じていた。

デュルは、トロブリアン島民の話では、妊娠は性交によるのではなく、幼児の魂の寄寓によるのであり、男（具体的には男根）はただ魂の侵入通路の開通者としての意味しかなかった、と書く（『再生の神セドナ』）。男性認識がそのようなものであったとしても、男根で女陰を開けなければ、子供も子宮に入らず、子宮で育った胎児も出てこないとみていたから、旧・新石器時代の人たちは、男根状頭部をもつ太母像をつくったのである。しかし、単に女陰を開く役割だけでなく、太母のパレドロス・カームテフとしての男根は、太母の子宮に回帰するとみられていた。アルテミスやキュベレの祭では、切られた男性性器を、太母（アルテミス、キュベレ）に奉納したのも、そうした意図によっている（九二〜九三頁参照）。

こうした観念は、男根の射精が妊娠の原因とわかったことで、より定着した。多くの創成神話はこうした観念によっているし、誕生にかかわる「入れて出す」の二面性は、箒の用途でもあるから、箒が産婆のシンボルになったのだろう。産婆は出産という「出す」行為に主にかかわるが、「出す」は「入れる」を前提にしている。その「入れる」も女主導であることは、八二・八三頁の62〜65の女上位の体位からもわかる。最初の女性であるリリトの女上位神話（八〇頁）も、そのことを示している。「入れて出す」の主導権は、本来は太母がもっていた。そうした伝統が、出産のときの女だけの祭りの「産婆祭」「乳母祭」として、魔女狩り以降も残っていたのである（女だけの祭については一〇八〜一〇九頁参照）。

魔女が棒を股にはさんで飛ぶのは、女上位の性交体位であるが、棒といっても特に箒の柄が多いのは、箒の柄の境界性による。飛ぶことは境界(垣)を越すことだが、垣を越すことのできない人たちにとって、垣を飛び越す人たちは特別な人、「賢い女」「夜行する女」たちであった。ドイツ語の魔女(Hexe)は、八世紀〜一一世紀に南部ドイツで使われていたhagazussaによっているが、この言葉は「垣を飛び越える女」の意味であるという(ヒルデ・シュメルツァー『魔女現象』)。

キリスト教神学では人は垣の内にいる存在で、死んで垣の外に出るのであり、外へ出たものは戻ってこない。内と外を出入りするのは唯一神の神のみであった。それなのに、「魔」は神と同じに内と外を出入りしたから、神と対立する存在であった。この「魔」は男より女が多かったから、悪魔狩りでなく、魔女狩りになったのである。

飛ぶことは境界を越えることだが、キリスト教でも神の使いの天使が飛ぶ。しかし天使以外に飛ぶ存在があったから、そうした存在を「魔」といったが、本来は空を飛ぶ天使と悪魔・魔女は一体の表裏である。共に「垣に棲む者」である。蛙や蛇は、天上と地上を行き来する空を飛ぶ鳥とちがって、地上と地下を行き来するものとして、やはり「垣に棲む者」であった。死んで垣の外に行って(冬眠)、春また戻ってくる存在だから、復活したイエス・キリストは、蛙と重ねられている。後にキリスト教社会では悪の象徴になる蛙が、初期キリスト教徒は、キリストとダブルイメージで見ていたのは、天使と魔女がダブルイメージであることと同じである。

キリスト教ではイエス・キリストのみが復活するが、アニミズムといわれる宗教では、すべての人が再生すると考えられていた。この再生観は自然のリズムであり、古くからの春祭りは、万物を

117　豊満な肉体表現の聖女像

生み出す太母の祭りであった。その太母がヘカテでありディアナ（アルテミス）であったが、キリスト教社会ではいつしか、「魔女たちの女神」になり、太母信仰は異端とされた。しかし太母信仰は聖母マリア信仰となって、キリスト教社会に根強く生きつづけている（聖母信仰と太母信仰については、拙著『十字架と渦巻』に詳述した）。したがって、キリスト教の聖女と魔女は、太母の二面性の表裏にすぎない。

117の中世の聖女像の豊満な肉体表現は、デューラーやグリーンの魔女と変るところはない。裸か裸でないかのちがいだけである。神は魔であり、魔は神であるとみる視点は、キリスト教神学では絶対に許されない異端の視点だが、垣（境界）に棲む者はその二面性を合わせ持つ存在であったから、箒の棒を股にはさんで空を飛ぶ魔女は、「垣を飛び越える女」であった。その箒と蛙がヘカテの象徴になっているのは、太母ヘカテやヘカテと同一視されるディアナ（アルテミス）と、箒や蛙にある二面性・両義性・境界性が重なったからである。キリスト教社会では、その二面性のうちの悪い面のみを、魔女や蛙（特にヒキガエル）に押しつけたのである。

Ⅳ 子供を殺して食べる魔女をめぐって

嬰児殺しと子供を焼き煮て食べること

蛙は母と子の二面性をもっていることを、前章で書いたが、魔女はヒキガエルを持って空を飛んでサバトへ集まり、ヒキガエルを大鍋で煮て、夜宴の料理をするという。ヒキガエルには胎児・幼児のイメージがあるから、魔女は大鍋で、胎児・幼児も煮て悪魔と一緒に食べるともいわれている。嬰児や死刑になった人の指や手首には、不死の力が宿っているとみられていたから、食べるだけでなく粉にして秘薬にした。シェイクスピアの『マクベス』(第四幕)には、「売春婦がどぶに生み落して、すぐしめ殺した赤子の指」を魔女の秘薬にした場面があるが、こうした嬰児の指や手首が容易に手に入るのは、産婆とみられていた。

中世の出産は死産率が高かったが、産婆の不手際による死産もあったし、母親を死なせないために、胎児を未熟児でとり出したり、秘薬を使って流産(堕胎)させることもあった。教会は堕胎を禁じていたが、堕胎は貧しい農民の「口べらし」としておこなわれていた。そうした堕胎に産婆は加担していた。このような行為は教会からみれば、産婆の「嬰児殺し」であった。したがって嬰児殺しを専門にやるとみられた産婆は、子供の指や手首を秘薬に使う魔女に仕立てられたのである。

一五世紀のドイツの文献によれば、魔女の飛び軟膏は、「焼いて煮た幼児の脂と、ヒキガエル、ヘビ、トカゲ、クモなど有毒のものをいっしょにして作る」とあり、ハンガリーの魔女の飛び軟膏は、洗礼を受けていない嬰児の内臓・胎盤と、聖ゲオルクの祝日の一週間前か、冬眠からさめたばかりか、どちらかのコウモリ、宵闇草、煤によって作られたという。洗礼をうけていない嬰児とは、死産のため洗礼を受けられなかった嬰児であり、こうした嬰児は産婆とかかわっている。

産婆の「嬰児殺し」は母胎をまもるためであったが、産婆が魔女とみられるようになって、彼女たちは飛び軟膏や料理の材料として、「嬰児殺し」をするといわれるようになった。しかし、魔女が子供を殺すといわれたのには、古代の太母信仰の影響もあった。「魔女たちの女神」といわれた境界神のヘカテは、産婆・乳母の女神で子育てにかかわるが、ヘカテ神殿のある十字路について、ウォーカーは、「十字路は生贄として死んでいく神の像があったので、神聖な場所であった。女性たちに生まれたばかりの子を、古代の母神に捧げる習慣から、キリスト教時代になっても、十字路に子を置いたので、イギリスの修道士アルフリックはこのことに不満をもち、彼は、女性たちが『十字路に行って、子供を地上に寝かせ、自分と子供を悪魔に捧げている』と言った」と書いている（前掲書）。

ユダヤの過越《すぎこし》の祭には、ヤハウェ（ヤーヴェ・エホバ）の生贄として仔羊が捧げられているが、はじめは仔羊でなく人間の初子の男子が生贄としてヤハウェから求められている（『出エジプト記』一三：二）。したがって、ヘカテの生贄も「生まれたばかりの子」であった。フリースは、十字路にあるヘカテ神殿には、「月の終わりに、卵、黒い仔犬、黒い仔羊が捧げられた」と書くが（前掲書）、人間の子が卵、仔犬、仔羊にかわったのである。

こうした子の殺害はディオニューソス＝ザグレウス神話にもみられる。クレタ島でザグレウスといわれたディオニューソスは、生まれてまもなく殺されようとしたので、父のゼウスによって仔山羊に変身させられていた。しかし、ティタン神族に捕らえられ、八つ裂きにされ、遺体は大鍋に投げ込まれた。その殺害に加わったアテナは、ディオニューソスの心臓を煮られる前にとり出し、ゼウスに捧げたので、ゼウスはその心臓を母セメレに食べさせ、セメレは妊娠し、ディオニューソスは再生した、という。別の説では、豊饒神のデメテルとゼウスの間に生まれた子がザグレウスで、この幼児のばらばらにされた死体を、デメテルがかき集めて、ディオニューソスとして再生させた、といわれている（なお、八つ裂きにした肉を煮て、または焼いて食べようとしたティタン神族は、ゼウスが彼らを雷で打ったから食べることができなかったという話と、むさぼり食った後に雷に打たれたという、二説がある）。

こうした神話を古代ギリシアでおこなわれていた秘儀の神話化だとみるカール・ケレーニイは、遺著『ディオニューソス』で、「ティタン神族の食事の準備では、切り刻んで煮ることのほかに、煮たあとで焼くこともまた重要であったし、さらにその順序そのものが重要であった。この順序については、その手順のすべてが秘儀の儀礼行為であったという、明確な証言がある」と書いて、長らく未刊行のままで、そのためプロプレーマタ、アネクドタ（未刊行の問題集）と呼ばれたアリストテレースの『問題集』の、次の言葉を引用している。「煮たものを焼くのが禁じられているのに、なぜ焼いたものを煮る習慣は禁じられていないのか？　それは秘儀に述べられた事柄のためなのだろうか？」。

焼いたものは煮ていいが、煮たものを焼くのが禁じられているのは、人類が最初は生《なま》で食べていたのが、火の発見で焼いて食べることを知り、土器を作ることで煮て食べることを知った。この焼き↓煮るの順序からして煮たものを焼いて食べるのは逆だから、秘儀では禁じられたのであろう。

ディオニューソスの死と再生

ザグレウスはディオニューソスとして復活しているが、十字架にかかったイエスも神キリストとして復活している。十字架にかけられるためにエルサレムに入ったイエスは、自分が救世主《メシア》であることを示す言葉として、「一粒の麦はもし地に落ちて死なければ、ただ一つのままである。もし死ねば、多くの実を結ぶだろう」(『ヨハネ福音書』一二：一四)といっている。農耕社会の生贄は「一粒の麦」にたとえられているが、聖書は死ぬことによってのみ豊饒(「多くの実を結ぶ」)が約束されている、と書いているように、生贄は豊饒のためである。

イエスは、「メシア」といわれているが、ペルシアのメシアは、種子を三度《みたび》「母なる大地」の子宮に注いだといわれている。ギリシア語には、メシアと同じ意味の「ソテル」という言葉がある。字義は「種子をまく者」で、ソテルは、新しい穀物の中に「神の子」として再生するとみられていたから、ソテル(メシア)の到来は「神の甦れり」という定式文句でたたえられていた。

ウォーカーは、「ディオニューソスは救世主《メシア》の典型である。最初の、最も原初的な救世主であり、また、大地と女性の子宮に豊饒をもたらす血を与えるために殺され、そして食べられた王でもあった」と書くが（前掲書）、フレイザーも『金枝篇』で生贄としての王の弑殺について述べている。

イエスが墓から復活したときには、マグダラのマリアとお付きの女たちだけで、男はいなかった。男の使徒たちはイエスの復活についてで何も知らず、そのことに関しては女の言葉を受け入れるより仕方がなかった、と聖書にある（『ルカによる福音書』二四：一〇―一一）。また男の使徒たちは、イエスがよみがえるべきことを記した聖句を、まだ悟っていなかった、とあり（『ヨハネによる福音書』二〇：九）、復活にかかわるのは女たちであった。中世の「産婆祭」「乳母祭」にみられる女だけのオルギーや、出産の後の女だけの祝宴・祝祭も、誕生に女が深くかかわっていたからである。

ディオニューソスの再生には、アテナ、セメレ、デメテルなどの女たちがかかわっている。特にセメレ、デメテルはディオニューソスの母として（ディニューソスの母はセメレ以外にデメテルとする神話もある）、子の復活にかかわっている。

アンリ・ジャンメールはディオニューソス神話の特徴として、「女神たち（アテナ、レア、デメテル）の協力によって心臓が残されたディオニューソスの甦り、生命への回帰を語っていること」をあげているが（『ディオニューソス』）、ディオニューソスの体が切り刻まれ、その後肉片が集められて鍋で煮られたのは、復活のためであった。黒海の南東端にあるコハキス王アイエテスの娘メディアも、愛人のイアソンの父アイソンを、大鍋で煮て若返らせたというが、若返らせたのではなく蘇生（再生）させたという異伝もある。

ジャンメールは、ディオニューソス神話について、
この神話の中心であると思われる事項、すなわち切り刻んだ子供に熱を加える（できれば大鍋で煮る）行為に注目するならば、直ちに一つの神話的事項が浮かび上がってくる。古代ギリシアの伝説に数多くのヴァージョンやヴァリアントを持ち、しかも共通の主題に関係するような神話的事項である。すなわち大鍋での煮沸、あるいは炎で炙ることは、若返りの目的でなされる操作であり、また特に子供の場合はその試練に耐えた者に様々な力、とりわけ不死の命、を与えるという働きがあるということである。たとえば、エレウシス伝説によれば、王子デモポンの乳母となったデメテルは、王子を火で炙る儀式に着手したが、両親が女神を信頼しなかったため、その効き目が現れるには到らなかったという。またアキレウスの母である女神テティスが似たような操作を息子にしようとしたことは知られているが「アキレウスの幼少期」の別の伝承では、女神は息子を煮えたぎる湯の入った桶に浸けたとされている。この種の神話の最も特徴的な形態はペリアスの娘たちの登場するものに現れている。ペリアスの娘たちは魔女メディアにそそのかされ、言われたとおり父親を若返らせるために切り刻み、大鍋で煮る。これらの不死、再生、若返りの儀式の様々なヴァージョンに共通するテーマは、入信する者にとっての儀式上の死の脅威、またはその擬似的な遂行をうちに含むある加入儀礼と関連することが容易に見てとれるのである。
と書いている（『ディオニューソス』）。
ミルチア・エリアーデは、ジャンメールの説を、説得力があると書いて賛同し、「『テイタンたち

の犯罪』のなかには、本来の意義が忘れられた古いイニシエーションのシナリオが残っている。ティタンたちはイニシエーションの執行者のようにふるまう。つまり、新参者をより高位の存在に「再生させる」ため、彼らは新参者を「殺害」するのである（ここでは、彼らは幼児ディオニューソスに神性と不死性を賦与しているといえるだろう）」と書いている（『世界宗教史・I』）。

　エリアーデは、「ティタンたちはイニシエーションの執行者」と書くが、ティタンたちは殺害の執行者である。ジャーメルも再生は女神（アテナ、レア、デメテル）の協力によると書いており、アテナがもち出したディオニューソスの心臓も、生母セメレの胎内へ戻って再生している。不死の体にしようとしたのも、デモポンの乳母デメテル、アキレウスの母テティス、ペリアスの娘たちであり、すべて女である。ペリアスの場合は若返らせるためだから、娘たちになっているが、本来は、乳母デメテルか母テティスと同じ太母である。「乳母」として登場するデメテルは、ディオニューソスの切りきざまれた遺体を、よせ集めて再生させているが、アキレウスの母テティスは、死んだディオニューソスの心臓を胎内に入れて再生させたディオニューソスの母セメレと重なる。

　このようにイニシエーションといっても、母が子を再生させる密儀であって、太母とパレドロスの関係である。こうした密儀が中世の魔女のサバトの話にまで影響しているから、魔女は幼児を火で炙り、煮て食べるといわれたのである。

飛び軟膏と変容の容器と女性

デメテルが乳母になって育てたデモポンについて、グラントは『ギリシア・ローマ神話事典』で「デモポンは急速に成長した。それは、デメテルが彼を不死にしようとして、昼は彼の体に神々の食物で香油としても用いられたアムプロシアを塗り、夜は彼の体の不死でない部分を焼き消すために、彼を火中に入れていたからである」と書き、アキレウスの母テティスについては、「テティスは息子を熱愛していた。アキレウスが幼いころ彼女は、昼間は神々の食物アムプロシアを香油として彼の体に塗り、夜は息子を残り火の中に埋めることによって、彼を不死身にしようとした」と書いているように、不死・再生のために、一種の軟膏を用いたと、ギリシア神話では語られている。

デュルは、「アムプロシア」について、「すでにホメロスの頃に体に塗りつけるアムプロシア軟膏の話が出てくる。それは特定の植物から取られたものに違いない。というのも神々の馬はアムプロシアを牧草として、それによって翔ぶ能力を得たものらしい。一般にアムプロシアは油脂のようなものと言われている」と書いているように(『夢の時』)、「アムプロシア」は飛び軟膏である。このように、中世の魔女が用いた「飛び軟膏」は、ギリシア神話にすでに登場している。

古代ギリシアの「魔女」メディアは、愛人イアソンの父を若返らせ、また再生させており、彼女の「魔術」は中世の魔女のように、人を殺したり狂わせたりするだけではない。イアソンの父を若返らせ、再生させたメディアの「魔術」は、煎じた薬草（ギランはこの薬草は「媚薬」だと書く〈『ギリシア神話』〉）によっているという異伝もあるが、メディアは薬の知識も豊富にもっていた。その薬を用いて人を若返らせたり、生き返らせたりしているが、一方毒薬を用いて、アテナイ王の子のテセウスを殺そうとしている。しかし毒薬を用いて愛人のイアソンを襲う蛇も殺している。このように用い方によって薬にも毒にもなるが、毒も用い方によって、悪にも善にもなる。こうした両義性をもつ薬を巧みに使い分けて用いているのが、魔女メディアである。

　またメディアは、イアソンとともに自分の父のコルキス王のアイエテスの追跡をのがれて逃亡しているとき、父の追跡をかわすため、人質にとった弟を八つ裂きにし、肉片を目立つ場所に置いたため、アイエテスは、息子の遺体の断片をひとつひとつ拾い集めているうちに二人を見失い、二人は無事逃げることができた、という話がある。このように八つ裂きの死が、別の生命を生き長らえさせている。この話は毒薬で蛇を殺してイアソンの生命を救った話と同じである。

　このように巧みにその知識や術を使い分けるから、彼女は「賢い人《メディア》」といわれたのである。中世でも産婆・魔女は「賢い女《ヴァイゼ・フラウ》」といわれていたが、祖型はこのメディアにある。

　118は一五世紀のイタリアの絵だが、アイエテスがイアソンに出した難題（火を吐く狂暴な二頭の牛に引き具をつけること）を無事果たすよう、火を吐く牡牛の襲撃を受けても傷つかない塗り薬をつくっているメディアである。大鍋で煮るのは殺すだけでなく、若返り再生させるためでもある。こうした良い面をとり去ってキリスト教会は、メディアの悪い面のみを強調したのは、再生するのはイエス・

キリストのみであり、メディア如《ごと》きに再生術を使われてはかなわないからである。したがって、こうした術はすべて「魔術」であり、魔術を使うのは悪魔・魔女にさせられてしまった。しかし、ギリシア神話でもわかるように、再生のための術や薬・軟膏を使っているのは、すべて女性であり、母または乳母である。彼女たちが使ったという術や薬・軟膏が、中世の魔女狩りでは、「魔術」「飛び軟膏」といわれたのである。

118　不死身の軟膏を作っているメディア

カール・ケレーニイはメディアが「魔女」にされたのは、太母《グレート・マザー》としての賢い人《メディア》が「父権的色彩の強いギリシア神話」によって「卑小化され、否定化されて」、「《魔女》にされてしまった」と書くように、すでにギリシア神話に「魔女」の萌芽があった。

ケレーニイは、メディアこそ「変容原理をギリシャ・ローマ時代に最もはっきりと表現している」と書く。「変容」とは容器によって人を若返らせたり再生させることとみるケレーニイは、119（紀元前六世紀のアテナィの黒絵の壺絵）、120（紀元前五世紀のアテナィの赤絵の壺絵）を、生贄の牡羊としての「ディオニューソスが魔術の変容鍋で煮尽くされた後に」、「完全かつ十分に蘇生する」絵として紹介している。

そして「容器というものは、その中で煮られたり、発酵したり、あるいは薬物・毒物・酒が生じたりして、物質の変容を可能にする形なのである。しかし魔術的と理解されるこの変容は、女性によってだけ引き起こされうるものである。なぜなら女性だけが《太母》と同じ身体をもち、人間を作り、産み、再生させる鍋なのだから。それゆえ魔術の鍋と壺は、いつも巫女や、後世の《魔女》などが手にもつものとなる」と書く（『グレート・マザー』）。

中世の魔女がヒキガエルや嬰児を煮る鍋（一四〇頁の98のサバトの絵の鍋）も、ケレーニイの書く変容の容器である。ウォーカーは、八世紀の『サリカ法典』にヘラ女神を崇拝する集会がヘレスブルク（ヘラの山）へひらかれたときには、女たちは「大鍋を運んで行った」が、「キリスト教の聖職者たちはこの種の集会を魔女の集会と呼んだ」と書いている（前掲書）。変容の容器としての鍋・壺での変容で、もっとも重要な変容は再生である。縄文時代中期の土器も変容の容器だから、半人半蛙の性交・

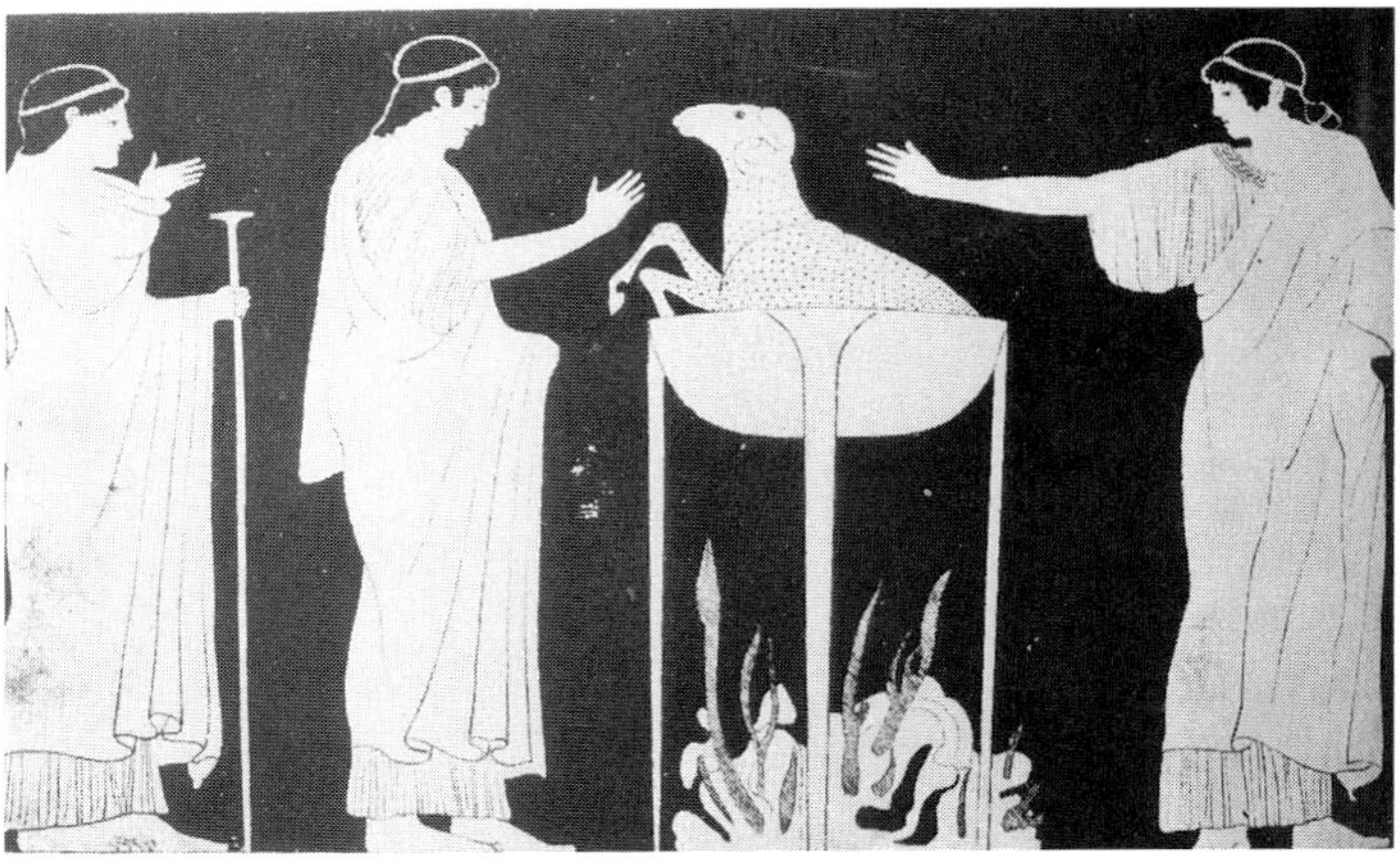

119　生贄の牡羊の蘇生（紀元前６世紀の黒絵）

120　生贄の牡羊の蘇生（紀元前5世紀の赤絵）

出産、女性の性交・出産が表現されている。119・120の変容の容器のまわりにも女性がいるが、こうした発想が、ギリシア神話のディオニューソスなどの死と再生や、イエスのキリストとしての復活のときに、女たちだけがいたという伝承になっているのである。

人を殺し再生させる「魔女」メディア

121は一世紀のボンベイの壁画である。この絵はメディアの愛人イアソンが、コリント王クレオンの娘グラウケと結婚するため、メディアを捨てたので、自分とイアソンの間に生まれた子を殺害しようとしている絵である。イアソンを殺すのでなく、イアソンの血をひくわが子を殺しているのは、メディアにある太母の死と再生の二面性によっている。

メディアをジャンメールは乳母デメテル・母テティスと重ねて書いているが（『ディオニューソス』）、子供を不死にしようとする母や乳母は、わが子を殺害する恐しい母や乳母である。その性格をメディアはもっていたから、イアソンでなくわが子を殺害する話になっているのである。このような母や乳母は普通の母や乳母ではない。

デメテルもテティスも女神である。デメテルはエレウシス王ケレウスの妃メタネイラに、ドソという名のクレタの女とみられて、王家の乳母にやとわれ、メタネイラの息子のデモポンを不死身にしようとして、前述の「魔術」をおこなったのである。デモポンに飛び軟膏のアムプロシアを塗っ

121　メディアがわが子を殺そうとしているところを描いた壁画（1世紀）

て火であぶっているのを、メタネイラがみて悲鳴をあげたので、デメテルはデモポンを投げつけ、正体をあらわして太母神デメテルであることを示し、ケレウス王にエレウシスの地にデメテルの神殿を建てることを命じた。そして女神を祭る新しい秘密の儀式、エレウシスの密儀をおこなう方法を教えたというのである。

　テティスも海の女神である。ゼウスはプティアの王ペレウスと結婚させようとしたが、テティス女神は人間と結婚することをいやがった。結局ペレウスと結婚しアキレウスを生んだ。そのアキレウスを前述したように不死身にしようとして、アムプロシア軟膏を生まれたばかりのアキレウスの体に塗り、火中に入れているのを夫のペレウスに発見されたので、夫のもとを去って海に戻ったという。

このように女神が乳母・母となって人間の子を不死にしようとしているのであり、アムプロシアもゼウスの鳩たちが運んでくる神餐である。メディアはコルキス王アイエテスの娘だが、アイエテスは太陽神ヘリオスの子である。メディアは祖父である太陽神が持っていた翼のある蛇が引く戦車に乗っていたというから、デメテル、テティスと似た性格であり、したがってさまざまな「魔術」をおこなったのである。

グラントはギリシャ神話のメディアは腕のいい魔女で、魔女たちの女神ヘカテに心服していたと書き(前掲書)、上山安敏もヘカテは女呪術師が魔法をかけるときの守護神で、メディアはヘカテから薬草術を習ったと書くように(前掲書)、ギリシャではアジアの太母も「魔女」化しているが、古代ギリシアの「魔女」は、『魔女の鉄鎚』に書かれているような悪の象徴ではない。人を再生させ若返らせ、人を襲う蛇などを毒殺し、薬を使って治癒もする特別な女性、女神に近い巫女であった。

ジャン＝ミシェル・サルマンは、「一九世紀に医科学が生まれる以前には、薬草を使うことが病気の唯一の治療法だった。薬草の効能はそれ自体の性質というより、その薬草に付与された象徴的な特徴に基づくと考えられていた。だから、たとえば、薬草は一年のうちでもある決まった時期、キリスト昇天の日とか、洗礼者ヨハネの祝日の夜とか、月の出ない闇夜に採集されなければならなかった。その一方で、ある草が毒草にも薬草にもなることは、善悪両面の力を持つ魔女の二面性と相通じるものとされた」と書いている(『魔女狩り』)。

「飛び軟膏」として魔女たちが用いたトリカブトは、手足を麻痺させるため、飛ぶような感覚を与えたが、トリカブトは昔から矢の毒に用いられた毒草である。わが国でもトリカブト殺人があった。しかしヨーロッパでは「ヘラクレスの薬草」といわれ、麻痺作用があるため鎮痛剤に用いられている。このように一本の草が毒にも薬にもなる。「魔女」といわれたメディアについても、その名前は薬に関連があり、彼女は治療術の師とウォーカーも書いているように(前掲書)、相反する両義性をもっているが、この両義性の一方のみが強調されたのが、中世の魔女である。

子を殺す母と子を復活させる母

ディオニューソスを八つ裂きにして殺害するよう命じたヘラは、「出産と産褥の女神の性格がもっとも強かった」とグラントが書くように(前掲書)、ヘラにも二面性があるが、ヘラやデメテルの母がレアである。レアはディオニュソスのばらばらになった死体をつなぎ合わせて再生させたというが、ディオニューソスの母も同じようにディオニューソスの死体を集めて再生させている。この神話では幼児ディオニューソスの祖母(レア)、母(デメテル)が、孫・息子を再生させている。別の神話ではディオニューソスの心臓を母セメレが呑み込んで再生させたとあり、再生は母・祖母がかかわっているのは、幼児アキレウスやデモポンを不死身にしようとした母テティス、乳母デメテルの話と共通である。

ディオニューソスが直接八つ裂きになる神話とはちがうが、セメレとディオニューソスがかかわる八つ裂き神話がもう一つある。エリアーデはエウリピデス（紀元前五世紀のギリシア三大悲劇作家の一人）の『バッコスの信女たち』の中にくわしく描かれている八つ裂き神話について、『世界宗教史・1』のなかで、

『バッコスの信女たち』の主人公はディオニューソス自身だが、これは古代ギリシアの演劇ではじめてのことであった。彼の祭祀がギリシアでは依然として行われていないのに怒ったディオニューソスは、信女たちの一群を率いてアジアから到着し、母の生まれ故郷のテーバイで歩みを止める。カドモス王の三人の娘は、自分たちの姉妹セメレがゼウスに愛され、神（ディオニューソス）を生んだという事を否認する。ディオニューソスは彼女たちに「狂気《マニア》」を投げかけ、彼の叔母たちはほかのテーバイの女たちとともに山々を駆けまわり、狂乱的《オルギア》な儀式を行なう。祖父カドモスから王位を譲られたペンテウスはこの儀式を禁じており、忠告にもかかわらず、妥協をしようとはしなかった。みずからの儀式の祭司に変装したディオニューソスはペンテウスによって捕らえられ、牢に入れられる。しかし、彼は不思議な力で牢から脱出し、ペンテウスに、女たちが狂乱的な儀式を行う様子をのぞき見るように説得さえしてしまう。信女たち《マイナデス》に発見されたペンテウスはバラバラに引き裂かれてしまい、ペンテウスの母アガウエは、息子の頭をライオンの頭と信じて勝ち誇って持ち帰る。

と書いているが、ケレーニイは、「ペンテウスは、元来はディオニューソス自身のことであった」と書いている（『ディオニューソス』）。エウリピデスの『バッコスの信女たち』の主人公は、エリアーデも

書くように「ディオニューソス自身」であるから、ディオニューソスの八つ裂き神話が、ペンテウス神話に変化したのである。したがってペンテウスの母は、ディオニューソスの母セメレの姉妹のアガウエになっている。セメレとアガウエの姉妹は、ヘラ・レア、ヘラ・デメテルの親娘と同じに、本来は一体の太母であったのを、神話で姉妹に分けたのである。

二つの八つ裂き神話のちがいは、母が八つ裂きにされた息子の遺体を集めて再生させたという話に対して、『バッコスの信女たち』では、母や伯・叔母たちが息子（甥）を八つ裂きにしたという話になっている。しかしこの母（アガウエ）、伯・叔母（イーノ、アウトノエ）は、テバイ王カドモスの娘でディオニューソスの母セメレの姉妹であり、セメレが死んだあと、嬰児ディオニューソスの乳母になっている。したがってディオニューソス＝ペンテウスという原話からすれば、乳母たちがディオニューソス＝ペンテウスを八つ裂きにしたのであり、生み育てる母（乳母）が子を殺す母になっている。

ディオニューソスの乳母のイーノは、妹のペンテウスの母アガウエや姉妹のアウトノエと一緒になってペンテウスを八つ裂きにしているが、彼女はオルコメノス王アタマスの妻になって、レアルコス、メリケルテスの息子を生み、長男のレアルコスを射殺し、次男のメルケルテスを大釜で煮て、またはサロニコス湾に臨む岩山から突き落して、殺している。

イーノの妹のアウトノエは、ディオニューソスに従って旅をしたアリスタイオスの妻だが、彼女の息子のアクタイオンも八つ裂きになっている。アクタイオンはアルテミスの怒りをかって鹿に変えられ、彼の連れていた猟犬はアルテミスのけしかけによって、鹿（アクタイオン）を八つ裂きにした。この話はペンテウスがライオンまたは猪にまちがえられて、母や伯・叔母たちに八つ裂きにされたのと同じで、猟犬が母や伯・叔母にあたる。

このようにディオニューソスの母セメレの姉妹（ディオニューソスの乳母たち）は、わが子を八つ裂きにして殺しており、子を殺す母・乳母であり、殺されたペンテウス、レアルコス、メリケルテル、アウトノエは、ディオニューソスと重なる。

子を殺す女たちが、生み育てる生母・乳母（養母）なのは、太母の二面性によっている。したがってイーノ（乳母として主に嬰児ディオニューソスを育てたのは彼女である）は次男を大鍋で煮た後、遺骸を抱いて海へ飛び込んだ。または海へ突き落としたあと自分も海に飛び込んだといわれているが、彼女は海神レウコテア（白い神）に再生して船乗りたちの守護神であり、この「白い女神」は出産と成育の女神になっている。

イーノは弓矢をもっていて、矢で長男を殺しているが、アルテミスも弓矢をもっていて、神や人を殺している。しかし一方では、多産・出産・新生児を庇護する女神である。アクタイオンを八つ裂きにしたのは、アルテミスにけしかけられた猟犬だが、この神話は、ヘラにけしかけられてディオニューソスを八つ裂きにしたティタン神族の話と重なる。なお、ティタン神族に殺されたディオニューソスは復活しているが、イーノに殺されたメリケルテルも、港や門の神バライモンに再生している。

122　八つ裂きにされたオシリスの死体をつなぎ、
再生させようとしている女たちを描いた天井画（紀元前18世紀）

こうした神話はギリシア・ローマ神話だけではない。エジプト神話にもある。オシリスはセトによって八つ裂きにされたが、ばらばら死体は集められて元の体にされ、再生している。122はエジプトのフェイラ神殿の天井画である。向かって右の棺の中では蠍《さそり》女神のセルケトと冥界の審判の場の女神ドウエトの姉妹が、オシリスのばらばらになった死体を組立てている（セルケトもドウエトも冥界の神だから棺の中にいる）。リュン・ラミは、「彼女たちは『オシリスの骨を並べ直し、肉を浄め、ばらばらになった手足をくっつけて』肉体を蘇らせたあと、『魂を呼び出す』」と書くが（『エジプトの神秘』）、向って左の絵はオシリスを再生させようとしているオシリスの妻イシスと、イシスの妹のネプテュスである。

このようにエジプト、ギリシア・ローマ神話は、八つ裂きは復活・再生であることを語っているが、再生させるのは女たちである。

八つ裂きにしたディオニューソスを喰う女たち

エウリピデスの『バッコスの信女たち』の主人公バッコス（のちに「バッカス」といわれる）は、ディオニューソスのことだが、タイトルの『バッコスの信女たち』は、ディオニューソスの乳母でペンテウスを八つ裂きにした、イーノ、アガウエ、アウトノエの姉妹である。ケレーニイは、イーノについて、「ディオニューソスの根源的な女信徒、神の乳母、そして女神であるマイナスだった。彼女は子供を任され、デルポイの祭祀に明らかなように蘇生をおこなう者でありながら、子供の殺害者になる乳母たちの代表者であった」と書く（『ディオニューソス』）。

ディオニューソスの信女たちをマイナデス（単数をマイナス）という。マイナスは「狂乱する女」「狂気の女」の意である。『バッコスの信女たち』でも、彼女たちは、恍惚状態になって山中で音楽に合わせて踊り、子であり甥であるペンテウスを八つ裂きにし、また牧場の牛も素手のままで八つ裂きにしたという。こうした記述の祭儀が、ギリシアのディオニューソスの祭儀でもおこなわれた。

123・124は紀元前五世紀のギリシアの壺絵の「踊るマイナデス」である。彼女たちはこのような狂乱の踊りをおどったあと、仔山羊を八つ裂きにして大鍋で煮て食べている。ディオニューソスはゼウスによって仔山羊に化身されているから、ディオニューソスは、「仔山羊《エリポス》」といわれた。仔山羊を八つ裂きにして煮て食べるのは、ディオニューソスを切り刻んで煮て食べることである。この神話

123

124

123,124　ギリシアの壺絵の「踊るマイナデス」(紀元前５世紀)

や祭儀は、中世の魔女たちが、子供を大鍋で煮て食べることに通じるし、第三章で述べた乳母祭り、産婆祭りの女だけの祭りの狂乱と重なる。女だけの祭りの女たちや、サバトの魔女たちも、マイナデスである。なお、マイナデスたちは、中世の魔女たちと同じように魔薬を用いて陶酔状態におち入ったといわれている。

ジャンメールは、「マイナス的行動の伝説（特に起源諸伝説）の顕著な特徴となっているのは、背景が自然、より正確には人の手の入らない自然であるという点である。木々の生い茂る石ころだらけの荒野や松林の間を、夜の闇に紛れあるいは朝の爽やかな大気に浴しながらもさまよい歩くことによって憑かれた女たちの群に生まれる高揚感が、彼女たちの錯乱と密接に結びついているように見える。起源諸伝説のなかでもテーバイかオルコメノスでは、ディオニューソスによる狂気《マニア》のため、すべての女性が家事を放棄して家を出たことが語られており、アルゴリス地方（ペロポネソス半島北東部）では、狂気によってあてどもない放浪をする女たちは、アルカディア地方（ペロポネソス半島中部）にまで至った」と書いているが（『ディオニューソス』）、こうした「狂気の女たち《マイナデス》」の行動を「山野行《オレイバシア》」という。この「山野行」は、前述したヨーロッパの女たちだけの祭りの狂乱や放浪や、中世の魔女の「サバト行」と重なる。ジャンメールは「山野行《オレイバシア》とは山中への遠出を指すが、それは秘密の祭儀を実行し得る聖域に辿りつくためであった」と書いているが（前掲書）、その場所がサバトである。

ペンテウスやアクタイオンが八つ裂きにされたのはキタイロン山だが、この山は魔女のサバトのブロッケン山に重なる。ディオニューソスの祭りでマイナデスたちが八つ裂きにする牡の仔山羊（ディオニューソス)は、サバトに向う魔女たちが乗る牡山羊である。牡山羊は太母を原型とする魔女のパレドロスだと書いたが(七二頁)、その原型イメージが、ディオニューソス祭儀や神話にあるから、牡の仔山羊になっているのである。『バッコスの信女たち』には、「彼女らは鳥が飛ぶように駆け出してゆき」とあるように、マイナデス(バッコスの信女たち)は「鳥が飛ぶように」走るのであり、魔女と同じである。

『バッコスの信女たち』には、

山懐の奥深く
信者の群《ティアソス》の馳せゆく中に
聖なる子鹿皮《ネブリス》をまといて大地にぞ伏し
牡山羊の血をば追いもとめて
生身を喰らうこの楽しさよ

とある。彼女たちが八つ裂きにした肉を喰うことについて、エリアーデは、

生贄を八つ裂き(スパラグモス)にし、生肉を喰らうこと(オモパギア)によって、神との交流が実現される。なぜなら、ひき裂かれ喰われる動物は、ディオニューソスの顕現あるいは化身だからである。……ディオニューソス的エクスタシーとは、何よりもまず人間の存在条件の超越、完全な解放の発見、人間には近よりがたい自由と自発性の獲得を意味していた。こうした自由のなかには、倫理的・社会的な次元での禁止や規制や、慣習からの解放ももちろん含まれていたろうし、

そこから、多くの女たちが参与した理由の一端も説明される。しかしディオニューソス的体験とは、より深い次元にまで届くものであった。生肉を食べた信女たちは、何万年にもわたって抑圧され続けてきた行為をとりもどしたのである。そうした狂乱は、宇宙的生命力との交流を開示するものであったが、それは神の憑依《ひょうい》としか説明できなかった。こうした憑依が、「狂気《マニア》」と混同されたのも当然であろう。

と書いている(『世界宗教史・1』)。

牡の仔山羊を殺して喰うことが、「神との交流」「宇宙的生命力の交流」であり、「神の憑依」だとしても、なぜ殺され喰われるのが、男の子であり、八つ裂きにして喰うのが、母または乳母なのか。この母や乳母は再生にもかかわっているのだから、喰うことは単なる「交流」や「憑依」ではない。喰うことは太母とパレドロス(息子)が一体になることであり、その一体が「交流」や「憑依」なのである。

セメレが八つ裂きにされたディオニューソスの心臓を食べて、再びディオニューソスを生んだという神話があるのも、食べられること(死)が再生を内包しているからである。食べることで一体になることは、性交である。したがって太母のパレドロスが男根であるように、ディオニューソスの象徴も男根なのである。魔女が乗る牡山羊は男根とダブルイメージであることは前述(六八頁)したが、ディオニューソスは牡山羊＝男根である。

ケレーニイは、ディオニューソスの「最も古い偶像は、ディオニューソスの巫女たちの聖域に建

125　ディオニューソスの祭りの男根担ぎを描いた壺絵（紀元前5世紀）

てられた男根像であった」と書き、ディオニューソスの「異名の〈直立する者《オルトス》〉」と男根像は同一だと書く。そして紀元前三世紀末のギリシアの詩人セーモスの次の詩、

どいたりどいたり　神さまに道を
空けるんだ！　なにしろ神さまは
隆々と棹だち　はちきれんばかりになって
通り抜けようと　望まれるのだから

を引用して、「時々このような姿で現前して、誇らしげに国中を漫遊するのがディオニューソスである」と書く（『ディオニューソス』）。

125はディオニューソス祭の男根担ぎを喜劇風に描いた紀元前五世紀の台付き深皿だが、こうした巨大な男根像が、「誇らしげに国中を漫遊」したのである。この男根には七四頁の55・56のように亀頭に目が描かれている。55・56の男根は女性の持物であり、パレドロスである。ディオニューソス祭でも、巨大な男根像のまわりをマイナデス（バッコスの信女たち）が踊りまわった。

126　巨大なオルトス（直立する男根）を愛撫し、
そのまわりで踊っているマイナデス、またはヘタイラ（紀元前 5 世紀の壺絵）

126は巨大なオルトス（直立する男根）を愛撫し、そのまわりで踊っているマイナデス、またはヘタイラ（身分の高い神殿娼婦）である（紀元前五世紀の壺絵）。エウリピデスの『バッコスの信女たち』には、キタイローン山のディオニューソスは「黄金の髪に香を漂わせ、頬には薄紅、アプロディテの魅惑的な目付をし、夜昼の別なく、バッコスの秘儀を餌に娘たちと交わっている」とあるが、126の絵はオルトスといわれるディオニューソスと交わる女たちの秘儀の象徴的表現といえる。ディオニューソスの再生のために、女たちが彼を「殺して喰う」ことについて、エリアーデは「神との交流」「宇宙的生命力の交流」という。その「交流」は性交だが、交流としての性交の主体は、女たちである。前述したローマの女たちだけの祭りのバッカスの密儀に選ばれ、女たちすべてと交わる若者は、「バッコスの秘儀を餌に娘たちと交わっている」ディオニューソスを演じているのである。

　マイナスは鹿皮を身にまとい、テュルソス杖（松かさがついた杖）をもっている。126の踊るマイナスの絵（紀元前四八〇年）でも、テュルソ

127　踊るマイナスとサテュロス（紀元前５世紀）

ス杖をもったマイナスがいるが、127のマイナスは鹿皮を身にまといテュルソス杖をもっている。その杖でディオニューソスの従者サテュロスの睾丸を愛撫して、男根を勃起させているが、主体はマイナスにある。六九頁の50・51のサテュロスは巨大な男根を誇示しており、オルトスとしてのディオニューソスの卑小化されたのがサテュロスである。

七〇頁の52の男根神プリアポスについて、グラントは「ある説によれば、ディオニューソスはアプロディテと交わって、彼と同じく豊饒と草木の神であるプリアポスを得た」と書いている(前掲書)。ウォーカーは「男根神プリアポスは、印欧語の語源prij(性交する)に由来する」と書くが(前掲書)、プリアポスもサテュロスと同じにディオニューソスの分身であり、ディオニューソスは代表的男根神である。

牡山羊に化身するディオニューソスは魔女の乗る男根としての牡山羊だと書いたが、デュルは「古代の祭礼画ではディオニューソスは翼を持って描かれていた」と書いている(『夢の時』)。魔女が股の間にはさんで空を飛ぶ男根としての箒の柄は、ディオニューソスといえる。

十字架の死と空を飛ぶ魔女

128はアステカの太母神トラソルテオトルの出産表現だが(アステカ人の写本)、収穫祭には生贄が捧げられるから、生贄になった人間の皮を身につけている。腕からたれさがっているもう一つの手は、生贄の手である。この絵は死と再生をはっきりと示している。生命を生む母は生贄の皮を着ている恐しい母である。このトラソルテオトル女神は、仔鹿の皮をまとったマイナデスと重なる。

死と再生の間（境界）に性交があるから、オーガズムは死であった。オーガズムは膣がしまり、男根がくいちぎられるような瞬間であり、オーガズムのとき、すべてのヴァギナは「歯のある膣《ヴァギナ・デンタータ》」になる。ウォーカーは「オーガズムはすべて小さな死、『小さな男』すなわちペニスの死である」と書いているが（前掲書）、わが国でもオーガズムを「死ぬ」という。この言葉を単に俗語としてかたづけるわけにはいかない。ジョルジュ・バタイユは、性交時の悦楽は破滅的な濫費によく似ているから、オーガズムの瞬間は「小さな死」だと書き（『エロティシズム』）、エリアーデも、エクスタシーは魂が一時的な死に等しい、と述べている（『生と再生』）。デュルは、北アフリカの

128　アステカの太母像トラソルテオトルが生贄の生皮をかぶって出産する絵

ベルベル人は、射精直前に「私はあなたの上で死ぬ」といい、インドの「シヴァは愛の抱擁のうちにオーガズムに達する瞬間、相手女性の中へと死に、その胎内から再び生まれる」と書いている（『再生の女神セドナ』）。

オーガズムに至り射精し「死ぬ」ことで、新しい生命が女性の胎内に宿る。つまり死は男根の死であり、したがって歯のある膣で男根がくいちぎられ、死ぬという伝承もうまれ、男根としてのディオニュソスが殺され喰われる神話も生まれたのである。

アステカの太母神トラソルテオトルの生贄になる若者は、トラソルテオトルに見立てられた十字架にしばりつけられ、司祭者が矢で射って殺した（十字架が人形《ひとがた》にみられたことは拙著『十字架と渦巻』で詳述した）。十字架にかかって殺される生贄は母（トラソルテオトル）である人形の十字架と交わって死ぬと、アステカの人はみた。デュルはこの儀礼を「死に至る性行為」と書くが、この生贄になった若者の皮をまとったトラソルテオトルが、129のように子を生むのである。この子はトウモロコシの神センテトゥルである。

129　トウモロコシの神を生む
トラソルテオトル

アステカの主食はトウモロコシだから、主食の豊作を願うためにこのような儀礼がおこなわれるのだが、十字架にかかったイエスも、自分を「一粒の麦」に重ねて、十字架にかかって「一粒の麦」の自分が「もし死ねば、多くの実を結ぶだろう」といっており、トウモロコシと麦のちがいがあっても、同じ死と再生の神話である。だから十字架の死はアステカの生贄の若者と同じに、聖婚であった。

聖アウグスティヌスは、「キリストは自分で婚礼をあげることを予知しながら出ていった。……彼は、十字架という結婚の新床に至り、その新床に上がって結婚を成就した。……かくして、女性(マリア・エクレシア、すなわち教会)と永遠に結ばれた」といっているが、ノイマンも十字架はベッドの象徴的表現として理解されていると書き、ラーナ編の『エクレシアの母、十世紀のキリスト教文学による教会讃美』に載る歌、「十字架は彼の結婚の寝台となり、彼の痛ましい死の日に、汝の甘い生命に産み出す」を紹介する(『グレート・マザー』)。このようにイエスの十字架もアステカの十字架と同じにみられていた。

フリースは「ギリシャでは受刑者が死ぬ十字架は、ヘカテと呼ばれ、十字架にかけられる人は、死んで母親と結ばれる」といわれたと書いている(前掲書)。古代ギリシアの十字架が太母ヘカテなのは、アステカの十字架が太母トラソルテオトルと同じであり、いずれも母親との「死に至る性行為」である。そのことはイエスの十字架の死にもいえる。この場合の太母はマリアである。したがってキリストとして復活するときには女だけがいて、男はいないのであり、それはディオニューソスの復活と同じである。つまり太母とパレドロスの関係で、パレドロス(息子・男根・種)は、死んで再生する。その再生のために、太母とパレドロスは「死に至る性行為」が必要なのであった。それが十字架にかかることであり、十字架上の死は「死んで母親と結ばれる」なのである。

死と再生の間に性交があると書いたが、古代ギリシア人が十字架上の死を「死んで母親と結ばれる」といっている「母親」のヘカテは、前述（二五九～一六〇頁）したように境界の神だから、フリースが、太母ヘカテは「恐しい母」「陰門が裂けた姿をした死の女神」と書き、一方では乳母・産婆の女神と書くように（前掲書）、境界の二面性、両義性をもつ。したがって境界の女である魔女の女王にヘカテがなっているのである。ヘカテの二面性のうち、マイナスの面が強調されたのが、中世の魔女イメージである。

128のアステカのトラソルテオトルの出産儀礼の収穫祭の月を「オチュパンストリ」というが、越川洋一は「オチュパンストリとは、『道を掃き清める』という意味で、トシ＝テテオインナン（トラソルテオトル）役の神官がウィツロポチトリの神殿に向かう際、血まみれの箒でその道を掃いたところから来ている」と書くが、血まみれの箒を持つ神官は128のように生贄の皮を着るが、この生贄の皮がトラソルテオトル（トシ＝テテオインナン）であって、その皮を着る男の神官は代行役である。そのことを越川は、「真夜中になると、トシ＝テテオインナン役の女は盛装して神殿に連れて来られ、彼女はここで女呪医たちの手によって首をはねられ、素早く皮を剝ぎ取られる。この生皮は、一人の力強く背の高い男の神官に着せられるのである。彼は、生皮を着ることによってトシ＝テテオインナンとなる。トシ＝テテオインナンになった神官は盾を持った族長や高位の神官を伴って太陽神であるウィツロポチトリの神殿に向かって、素早く走っていく。彼は血まみれの箒を持っており、人々はこの箒を見て恐れおののいたという」と書く（『アステカ帝国における人身供犠』『縄文図像学・II』所収）。

出産するトラソルテオトル（トシ＝テテオインナン）の象徴が箒なのは、ヘカテの象徴が箒であるのと重なる。アステカの箒も生贄の死とかかわっているから、「血まみれの箒」だが、その血は胎児出産のときの血でもある。128の絵の横には鳥神が描かれており、箒と鳥の関係を示しているが、アステカの箒も、130のように空を飛ぶ。エリオットはこの箒の柄を股にはさんでいる裸女を、「コロンブスに発見される以前の新大陸の魔女」と書く（『神話』）。

130　箒に乗って空を飛ぶアステカの「魔女」

箒の柄を股にはさんで空を飛ぶ話は中国にもある。澤田瑞穂は、『太平広記』に載る話を紹介しているが、主人は馬、侍女は「掃帚」に乗って空を飛んだという。仙人は竹杖に乗って飛行したという伝承もあるが、腰掛に箒をしばりつけ、呪文を唱えると馬に変わってその馬に乗って空を飛んだという伝承もある（『中国の伝承と説話』）。箒が馬の尻尾に見立てられているが、このように、箒の柄に乗って空を飛ぶ神話・伝承は、ヨーロッパだけではない。

特に女性が箒の柄を股にはさんで空を飛ぶとみられたのは、いままで述べてきた太母《グレート・マザー》が魔女の「元型」だったからであろう。

なぜ魔女が空を飛ぶか、の問いの答えも、この「元型」にある。

魔女はなぜ人を喰うか

Ⅰ　魔女はなぜ人を喰うか

人肉はうまいか?

「魔女はなぜ人を喰うか」の「喰う」は、喰う「話」であって、現実に「魔女」といわれた女性たちが、人(主に子供だが)を喰ったのではない。しかし、人を喰う話は古くからある。ギリシア神話でも大地《ガイア》の息子のクロノスが生まれてくるわが子を次々に呑み込んだという神話がある。クロノスはローマ神話のサトゥルヌスと同一視されているので、ゴヤは1のようなわが子をむさぼり喰うサトゥルヌス(クロノス)を描いている(一八二一〜二二年ころに制作)。

マドリードのプラド美術館で私はこの絵をみたが、絵の異様な迫力に圧倒されただけでなく、タテ一四六センチ、ヨコ八三センチの巨大な絵が、ゴヤの自宅の食堂の壁に描かれていたことにおどろいた(食堂の壁には、旧約聖書に載るユディトという女性が、自分の住む町を救うため、町をかこんだ敵将に身を任せた後、敵将の首を斬ったという、エロティシズムと残虐の混り合った画題の「ユディト」という絵も描かれている)。ゴヤは子供を喰う絵と生首をもった女の絵を毎日見ながら食事をしていたのだが、特に、1の絵は「ユディト」にくらべて鬼気迫る絵である。ゴヤはこの絵をみながら、毎日の食事にカニバリズム(人肉嗜食)を感情移入していたのではないか、私はそう思いつつ絵の前に立ちつくしていた。

カニバリズムは、カニバル(食人者)とイズムが結びついた語だが、カニバルの語源は、コロンブスの報告にあった人を喰うカリブ族の「カリブ」である。スペイン人の発音で「カリブ」が「カニ

1　ギリシア神話の「わが子をむさぼり喰うサトゥルヌス」を描いたゴヤの絵

ブ」になり、「カニバル」という言葉が生まれた。魔女はカニバリズムの中世の代表者だが、魔女が人を喰ったといわれたのは、魔女狩りの渦中の「話」であって、事実ではない。しかし人を喰うカニバリズムは、今もある。

カニバリズムの動機については、

一　食通的食人（人肉がうまいから喰う）。

二　儀礼的・呪術的食人（死者の霊力や性格などを吸収したり、死者と一体化したりするため、死んだ近親や生贄、敵の首長や勇者を殺して喰う）。

三　生き残るための食人（食料不足などの危機的状況のもとで、通常は禁じられている人肉を喰う）。

の三つに大別できる。

「食通的食人」については、中国文献に「話」として載る。中国の戦国時代（紀元前三世紀ごろ）の韓《かん》非《ぴ》が書いた『韓非子』に、

易牙《えきが》　君（桓公）の為に味を主《つかさ》どる。君の未《いま》だかつて喰わざる所は、ただ人肉のみ。易牙その首子（長男）を蒸《む》して之《これ》を進む

とある。「君の為に味を主どる」とは、君主の料理長をいうから、料理長が美食家の君主桓公に、我が子（長男）を蒸して食卓に出したのであり、桓公は一の食通的食人の分類に入る。

中野美代子は中国人の人肉料理について、「元代のすぐれた学者陶宗儀《とうそうぎ》のエッセイ集『輟耕録《てっこうろく》』には『想肉』なる項があり、人肉の味は『小児を以て上となし、婦女これに次ぎ、男子またこれに次

ぐ』と言ってから、人肉料理法をしるし、古来の光栄ある人肉嗜食者のリストをあげる。ちなみに、宋代の荘綽《そうしゃく》の『鶏肋編《けいろくへん》』によれば、子供の肉は『和食爛』（骨ごとよく煮える）、女の肉は『不羨羊』（羊よりうまい）、男の肉は『饒把火』（たいまつよりはまし）とそれぞれ隠語で呼ばれていた。人肉一般は『両脚羊』（二本足の羊）と呼ばれた。（中略）どうやら、中国人には、カニバリズムを罪悪ないしはタブーとみなす気持がそもそもなかったのではなかろうか。だから、美食に飽満した貴顕にとって、人肉は彼を誘惑してやまぬ味覚の絶巓だった。中国人が今でも、味覚に執することを考えれば、これはふしぎでも何でもない。どの例をとっても、人肉は単なる『食糧』としてではなく、『料理』の一形態として登場することに注目されたい」と書いている（『カニバリズム論』）。

一六八九年に書かれたペローの「眠れる森の美女」には、姫と結ばれた王子の継母が、姫と王子の間に生まれた二人の子供の肉を喰おうとする話があるが、金成陽一は、継母が「あたしは、あの子を玉ねぎ入りのソースで食べたいのよ」といっているのは、「心底、人肉が好きなのであり」、「料理にうるさいフランス人の面目躍如である」と書く（『誰が「ねむり姫」を救ったか』）。このように「眠れる森の美女」でも喰われる人を「単なる『食糧』としてでなく、『料理』の一形態として登場」させているのは、料理にうるさい美食家の多い中国人とフランス人である。彼らは究極の御馳走を「人肉料理」と見ているが、この「人肉料理」がうまいというのは、「話」であって事実ではない。

人肉を喰った佐川一政は、中野美代子が「女の肉は羊よりうまい」と書いていたから、

羊よりうまいか……僕は心の中で何度もその〝味〟を空想しました。羊、羊、羊……そしてあ

る日、それを確かめるべく、僕は行動に移したのです。

という書き出しからはじまる手紙を、フランスのサンテ刑務所の独房で書いて、中野美代子に送っている。その手紙には、

人肉を、あなたは羊の肉の味に似ているのではないかと想像しておられましたね。ある部分でそれは当っています。口に入れた時、それはカーッと燃えるように熱く感じました。でも、それも今となっては単なる錯覚だった様な気もします。あなたの言葉の端が僕の頭の隅に残っていて、そんな気にさせただけのことかも知れない。

それでも、人肉への想いを熱くするあなたに応えるべく、僕はその時の味を何とか伝えたいと思って筆を執ったのです。いずれにせよ、それは強いにおいも味もなかったように思います。牛肉に一番近かった様にも感じますが、いわゆる肉の味はそんなにしなかった。あんまりあっけなく喉もとを過ぎてしまったので、僕は心の中で思わずアッと叫んだ程でした。(後略)

とある(「中野美代子さんへの手紙」『喰べられたい』所収)。

ブライアン・マリナーは『カニバリズム』の中で、ロンドンに来たニュージーランドの人喰いのマオリ族の一人が語った言葉を記録した次の文章、

彼が昔を懐かしみながら打ち明けたところによると、祖国から離れて一番残念なのは人肉食の饗宴、勝利の饗宴ができないことだという。彼はイギリスの牛肉にうんざりしていた。豚肉と人肉はたいへん似通っているそうだ。……マオリ族の中には五十歳ぐらいの男の肉を好む者もいる

が、彼や同郷の者にとっては子供や女性の肉が一番おいしく、白人より黒人の方が美味だったという。

を引用している。

中国人は若い女性の肉を羊肉、佐川は牛肉、マオリ族は豚肉に近いといっているように、人肉の味は特定できない。「牛肉に近い」と書いている佐川も、「特定の表現を拒むような味、といえば僕の記憶の中にあるあの味に一番適切と思われるのです」（「中野美代子さんへの手紙」）と書いている。人肉が美味だというのは「話」としてである。佐川は「フェティシズムとしてのカニバリズム」（前掲書所収）では、

人肉はさほどうまくはないのである！　ぼくはうまい、うまいと言って食べたけれど、事実は、まずい!!

と書いている。

佐川一政と宮崎勤の人喰い

一九八九年に日本でおきた幼女連続誘拐殺人事件の宮崎勤の初公判の日、弁護人が提出した意見書に、

「被告人は、祖父の遺体を焼いた際、その遺骨の一部を自宅の部屋へ持ち帰って食べている。そ

の動機は、ビデオは心にしか残らないが、骨を食べれば心とからだに残り、自分が一番祖父を可愛がることができるためである」。

「〇〇〇〇ちゃんの遺骨を平成元年一月ごろ現場へ取りに行った後、寒い思いをして骨になったので、暖かい思いをさせたい、祖父の遺体と同じに焼いてやろうと考えてこれを焼いているが、その際、遺骨の一部を食べている。その動機は祖父と同じである」。

「被告人は、〇〇〇〇ちゃんの遺体と添い寝した後、頭部、両手首、両足首を切断しているが、この動機は、テレビで見た『改造人間』の改造手術をしてみたいということにあった。また遺体のうち、両手首、両足首を焼いて、うち両足首は猫等の動物に持って行かれたようであるが、両手首を食べた。なお、その際、血も飲んでいる。これを食べた動機については、被告人は、祖父の遺骨を食べたと同じように、心にも体にも残して、永遠に可愛いがりたかったからだと述べている」。

とある。宮崎は人肉でなく人骨をかじっているが、骨がうまそうだから食べたのではない。

上田秋成の『雨月物語』には、愛していた稚児が死んだとき、いとしさのあまり喰ってしまった僧侶の話が載っているが、アメリカで一九七三年に逮捕されたエドマンド・エミール・ケンパーは、一九七二年と七三年の二年間に母親を含めて八人の女性を殺しているが（母親以外は十五歳から二十三歳までの女性）、そのうち二人は食べている。食べた理由をたずねられるとケンパーは、「私の体の一部になって欲しかったからです。そして今そうなっています」と答えたという。

ブライアン・マリナーは『カニバリズム』の冒頭で、
男が若い女の子にキスして「食べちゃいたいほどさ！」というとき、その男は我々みんなの中に眠っている、遠い昔のある衝動を無意識のうちに思い出しているのかもしれない。
一九八二年十月、知能指数が天才レベルに近い一人の日本人学生が、留学先のパリで、アパートにオランダ人ガールフレンドを夕食に誘った。彼女は自分がその夜のメインディッシュであるとは思いもしなかった。部屋に入ると、学生は彼女を撃ち殺し、死体を切り刻んで肉を料理して食べた。彼は死体を切断する過程を写真に撮り、二人で過ごした最後の時をテープに録音した。これは、愛情を注ぐ対象を何もかも自分のものにしたいという欲望のもっとも極端の例といえるだろう。
と書いているが、佐川は、
他人はよくぼくの事件を、「愛の究極の果てに」なんて言うけれど、とんでもない。愛があれば決してぼくは被害者の女性を食べてはいない！
あれは単なる性欲の延長線上にあるものなのだ。
と書いている（この文章「フェティシズムとしてのカニバリズム」は一九九一年に書かれているが、マリナーの『カニバリズム』は一九九二年刊、日本での刊行は一九九三年十一月だから、佐川はマリナーの文章は読んでいないが、マリナー以外にも佐川のカニバリズムをマリナーと同じようにみる文章があったから、佐川は右のように書いている）。また別の文章では、パリに着いてルーヴル美術館に赴いたぼくが、「ミロのヴィーナス」の前に立った時、たまたまアメリカ英語を撒き散らせながら、若い娘達の群れが入ってきた。ショートパンツからすんなりと伸びるそのよく焼け上がったふとももの肉、その上にのったやわらかいアノ部分——お・しりの肉のそのやわらかさは、数百世紀の昔《いにしえ》の土の中から掘り起こされた石塊のかたいソノ部分など比べることも出来ぬ程に、ぼくを胃の腑から揺り動かした。これ以上に麗しいものがあるだろうか……。

そうだ、あの日からぼくは、美しいお・しりの、狩人になり下がったのだ。

パリのアパルトマンの自室にはじめて呼び寄せた娼婦——「彼女B」のお・しりは、蒲鉾のように白く、噛むと蒲鉾のようにシコシコと音をたてた。「噛まないで！」その度に彼女は叫んだものだ……。(中略)

若い女性の肉を食べたいと思っているのは、本当はぼくだけではないはずだ。……ぼくは心の中でこう叫んでいた。

健康な男なら誰でも、若い女性に近づきたいと思うだろう。よく見たいと思うだろう。そのにおいを嗅ぎたいと、口吻《くちづけ》したいと思うだろう。

汗に濡れていれば舐めたいと、妊娠していれば、その乳を吸いたいと、そして怪我をすれば血の流れる指をしゃぶりたいと。

ぼくもまったく同じように、その美しい肌の下の美しい肉を、そのかぐわしい臭いの吹き出す口の中の、甘い唾液にまみれたその食物が、美しい体内を通って美しい肉となったその味を、ただひたすら味わいたかったのだ。ただそれだけなのだ。

ましてそれが、その体の中で最も豊かにその肉を宿しているお・しりならば……（中略）

そしてとうとうぼくは、やってしまった。ぼくがやがて齧りつくオランダ人女子学生――「彼女R」のお・しりをはじめて見た時、ソレはジーパンに包まれ、パリのカルチェ・ラタンの石畳みの中空を、なめらかに滑りながら降りていた。長い長い足の上に、おおらかに、どこまでもおおらかにソレは広がってみえた。

それから一ヶ月後、そのゆるやかなカーヴから、邪魔っ気なジーパンの生地を剝ぎ取り、パンティーの甘いにおいのする薄皮を剝いだ時、ソレは薄暗の中に茫然と佇んでいた。そうだ。ぼくは彼女を「屠殺」してしまったのだ。その屍体から切り取った彼女のお・しりは、冷たい青白い表の裏に、黄金色の脂肪層をたっぷりと蓄えて、甘い肉汁を溢れさせた……。

とも書いている（『カニバリズム幻想』）。

佐川は射殺されてあおむけに倒れた「彼女R」（オランダのライデン大学を優秀な成績で卒業し、一九八一年にパリ大学でフランス文学の博士号をめざして勉学していた、二十五歳のルネ・ハルテヴェルー）の衣服をすべてはいだあと、彼女の死体を裏返しにして、まっさきに尻にかぶりついている。佐川がパリの娼婦の尻をかんだ行為を、ルネの死体にもしているのは、若い白人女性の「お・しり」を食べたいという欲望からである。佐川はこの欲望を「性欲の延長線上にあるもの」とみて、自分のカニバリズムをフェティシズム的カニバリズムと書いている。

彼は尻にかみついた後、尻と太股をナイフで切りとって喰い、その後、ルネを屍姦し、クリトリスも切りとって食べている。「ゴムのように伸びるクリトリス」を飲み込んだ時、「ぼくは完璧に勃起していた」と佐川は書いているが（「フェティシズムとしてのカニバリズム」）、彼の「食欲」は「性欲」とイコールである（「食欲」と「性欲」、「食人」と「性交」がダブルイメージであることについては、第五章でくわしく述べる）。

宮崎勤のカニバリズムには、佐川のような「性欲」はあからさまにあらわれていないが、一体になりたいという欲望から実行してしまったことでは、佐川と同じであり、彼らの人喰いは、分類の二に入る。但し儀礼的・呪術的要素がなくなっているのが、現代的である。

人身供儀としての人喰い

一八三六年十一月二十二日に、若い宣教師が、「人喰い人種のフィジー人のためにキリスト教徒の同情を求める」と題する嘆願書をイングランドへ送っている。その文章に、「……人を食べる饗宴は以下のように行われます。あらかじめ人が殺され、様式に従って料理されます。あらゆる階級、年齢、性別の部族が集まります。酋長も普通の人も女も男も子供たちもが恐るべき歓喜に浮かれて宴会を待つのです。まさに饗宴です。給仕たちが、輪になって座った人々の間に焼き人肉を持ってきます。一回の宴会に食べられてしまう人の数は一人二人、十人でなく、二十、三十、四十、五十人なのです！　信頼できる筋からの話によると、こういった宴会で二百人がむさぼり喰われたこともあったそうです。本嘆願書を書いてる私自身、一回の宴会で四、五十人が食べられてしまうのを目撃した人たちから話を聞いたこともあります。なんら嫌悪感を伴うことなく、実にうまそうに食べられてしまったのです！……」と書いている。しかし「嫌悪感」なしに食べていることが「うまそうに」食べているように見えただけである。

ポリネシア諸島を旅行したアルフレッド・セント・ジョンソンは、一八八三年に『人喰い人種の中の野営』という旅行回想録を出版したが、その著書の中で、フィジー人が人肉を喰うのは、「おそらく食用になる動物がいないため、この風習が生じたのだろう」と書いているように、三の分類の生き残るための食人の要素が強く、一の食通的食人として「うまそうに」食べているのではない。しかしフィジー人の食人を、三に一方的に分類はできない。

デビット・カーギル牧師は、フィジー人の儀式について、『日記』に次のように書きとめている。

儀式の中でも、人間の犠牲者を生贄に捧げる様子はもっともいまわしく悪魔的である。こういった恐ろしい儀式の間に見せる人々の情熱は、悪魔のような残酷さによって焼き上がるようだ。犠牲者は遠く離れた地域の住人の中から選ばれるか、生贄を捧げる人々とは関係のない他の部族との交渉で確保される。犠牲者はしばらくの間生かされ、太るように食物をふんだんに与えられる。

生贄にするときは、犠牲者を正座させ、両手を前につかせる。それから四肢や関節を動かせないように縛る。この格好のまま犠牲者を熱した石の上（真っ赤に焼けている石もある）に載せ、上から葉や土を被せ、生きたまま焼いてしまう。焼き上がると、犠牲者をこのかまどから取り出すのだが、顔などが黒くペイントされているので、生きている人が宴会や戦いのために化粧したようでもある。それから神々の神殿に運び、神をなだめる犠牲として供えられるのだ。

この生贄は神に捧げられた後、儀礼として共食される。その共食儀礼が、若い宣教師が見た饗宴である。

バーバラ・ウォーカーは「『バーベキュー』というのは、本来は、人肉を食べる饗宴であった。barbecue の語源は barbrcot で、カリブ・インディアンが人肉を焼くために用いた葉のついた枝で作った焼き網のことである」と書くが（『神話・伝承事典』）、カニバリズムの「カニバル」は、前述したように「人肉を食べる饗宴《バーベキュー》」をおこなう「カリブ」の人たちのことである。フィジー人の饗宴も同じだが、それは二の儀礼的・呪術的食人である。

2の1・2は紀元前七〜八世紀のマヤ古典期の人身供儀の場面を描いた絵だが、2の1について石田英一郎は、「石のナイフを手にした執行官ナコムが、犠牲の彼の左脇の乳下の肋骨の間をさっと切り開き、すばやく手をつっこんで生きた心臓をつかみ出す」と説明している。そして「これを皿において神官に渡すと、後者は直ちにその新鮮な血を偶像の顔に塗る。時としてこの供儀は神殿の上の高い祭壇で行なわれ、死んだいけにえの身体を階段の下にころがり落とす。すると下で待ちう

2の1

2の2

2の1・2　紀元前7〜8世紀のマヤの古典期の人身供儀を描いた絵

けた役僧たちが受けとめて、手足をのぞく全身の皮膚を剝ぎとり、神官が裸の上にその皮を身につける。そして人びとはいけにえの皮を着た神官とともに踊る。これがその儀式の最も厳粛なクライマックスと考えられた。いけにえの死体は神殿の中庭にうずめられるか、首長と神官その他の参加者がわけて食う。その際、手足と首は神官や役僧のものとされる」と書いている（『マヤ文明』）。

マヤでは生贄の心臓は神へのささげ物になっているが、一七六八年にニュージーランドに上陸したキャプテン・クックは、日記に次のように書いている。

十一月二十三日、北から穏やかな嵐が一日中吹いて、計画どおり沖に向かおうとする我々を阻んだ。午後、数人の士官が原住民と楽しもうと上陸した。そこで、彼らは殺されたばかりの若者の首と臓物が砂浜に転がっているのを見た。心臓がフォークのようなもので、一番大きなカヌーの先端に突き立てられていた。士官の一人が首を買い取って船に持ち帰った。船上では、原住民の一人が士官全員と乗組員の大半が見ている前で、人肉をあぶって食べてみせた。

この食人は、クックたちに見せるためだが、一番大きなカヌーの先端に突き立てられた心臓は、マヤの生贄の心臓と同じ意味をもっており、殺された若者は食人分類二のカニバリズムの生贄である。

タヒチ・アステカ・日本の人喰い儀礼

3はキャプテン・クックの第三次太平洋航海のときに同行した画家ジョン・ウェッパーが描いたタヒチ島のモライ（祭祀場）の人身供儀の絵の一部である（一七七七年九月一日）。九月一日と二日におこなわれた祭儀については、キャプテン・クックが詳細な日記を書いているが、生贄の人は食べられていない。しかし食人がおこなわれていたことを示す儀式があったことを、クックは九月二日の日記に書いている。

我々は島民が昔人喰い人種だったと信ずべき理由がある。我々はあわれな生贄の左の目を、祭司がえぐり出すのは、必要欠くべからざる儀式であると聞かされた（事実、一部だがその儀式を目撃した）。祭司はその目を王に食べてもらうために、王の口元へ差し出してすぐにひっこめるが、この儀式は「人間を食べること」、「王のための食物」と呼ばれている。この儀式には人間を実際に食べた昔の痕跡の一部を認めることができる。

この生贄も殺されるが、フィジーやマヤの生贄のように、王や神官や祭儀に参加した人たちに喰われてはいない。しかしクックも書くように本来は共食されたのであり、人肉共食が3の絵に描かれている生贄の豚の共食に代ったのである。

ジェームズ・ジョージ・フレイザーは、『金枝篇』の第二十章、「神を喰うこと」で、

3　キャプテン・クックの太平洋航海に同行した画家ジョン・ウェッバーが描いた18世紀のタヒチ島の人身供儀の一場面

アステカ族は、十二月の冬至の祭りで、ウィッツロポチトリ神の像を殺してから食べてしまった。この厳粛な儀式に備えて、人間に型どった神の像をつくった。さまざまな穀物の種子を粉にして、子どもの血を加えて練った生地で像をつくり、骨はアカシアの木片でつくった。この像を神殿の中央の祭壇に安置し、祭りの当日に王が香を供えた。像は翌日早々に祭壇からおろされ、大広間に立てられた。すると、ケツァルコアトル神の名で呼ばれ、その役を務める祭司が、先端に火打ち石のついた投げ槍で、像の胸をめがけて何度も突き刺した。この儀式は「ウィッツロポチトリ神の体を食べるために殺す儀式」と呼ばれた。祭司の一人が像の心臓の部分を切りとって、王に差し出すと、王はそれを食べた。それから像の残りの部分が小さくちぎられ、貴賤をとわず、赤ん坊にいたるまですべての男が一つずつもらって食べた。だが、女はひとかけらたりとも口にすることはできなかった。この儀式は「テオクアロ」と呼ばれ、それは「神を喰う」という意味である。

と書いている。フレイザーは赤子も生贄を食べたと書いているが、乳児の場合は母親の乳房に生贄の血を塗りつけ、その乳房をふくませている。

この神を喰う儀式で、男のみが「神を喰う」のは、強い戦士になるためだが、こうした行為を、フレイザーは「肉食の共感呪術」といっている。

このマヤの祭儀では人間が人形になって、共食されているが、バーバラ・ウォーカーは、「最近までフランスの一部では、最後に収穫した小麦から精製した小麦粉をこねて人形を作り、その人形を村長marie（昔は一族の母の添え名）が八つ裂きにし、裂かれた「肉片」は村人に与えられて食べられた」と書いている（『神話・伝承事典』）。この共食もマヤと同じである。

マヤやフランスでは人間が人形になっているが、タヒチでは豚であり、インドや中近東では、牛や羊・山羊・鹿になっている。日本でも人身供儀の後の共食儀礼に喰われる人は、猪や鹿を喰う共食儀礼になっている。

『今昔物語集』や『宇治拾遺物語』に載る三河国の風祭では、生贄の宍《しし》（猪）は祭に参加した人たちが喰うし、『全讃史』（巻六）によれば、讃岐国仲多度郡吉田村の九頭龍神社の祭では、参加者は生贄の鹿を骨も残さず食べてしまうという。こうした猪・鹿の生贄は、人の生贄の代りである。中山太郎は「人身御供」（『遺補日本民俗学辞典』所収）で、「陸中稗貫村葛村の諏訪神社の神は、三年に一度ずつ女子を取て犠牲とするので、邑民が愁ひ悲み、後には其代りに鹿を供へ、更に雲南堀で捕れる鮭を以てし、今では雑魚を贄とする（『華城郷村志』巻二）」と書いている。鹿↓鮭↓雑魚という生贄の変化からみても、鹿の前は人であったろう。

また中山は、「能登の一の宮気多神社の恒例祭に、鵜を捧げるのは、鶏の肉が人肉と同じ味なので、昔、人身御供した其代りだと云ふ（中村浩氏報告）」。「伊予喜多郡森山村の拝竜権現社では、古く三月三日の祭に、人身御供を献じた。石の瀬戸と云ふ所へ村人が出張して、早朝から三人目に来た者を殺したと伝へてゐる（『伊予温故録』）」と書くが（前掲書）、能登（石川県）の例から伊予の「殺した」には「喰った」がつづいていたであろう。

陸中(青森県)の例は諏訪神社だが、諏訪の神の本社の信濃の諏訪大社の千鹿頭《ちかとう》祭でも、神使になった少年(童男)が殺されているが、血のしたたる鹿の供儀からみて、鹿は神使の身代りであり、共食の儀式が古くからあったことが推測できる。というのは、尾張大国魂神社(愛知県稲沢市国府宮町)の追儺《ついな》祭(旧暦一月十三日)で殺される神男は(詳細は拙著『鬼と天皇』に書いた)、諏訪大社の神使と同じだが、江戸時代に書かれた『神道名目類聚集』には、

正月十一日、神官旌旗ヲ立、路辺ニ出テ往来ノ人一人ヲ捕ヘ来、沐浴ヲサセ、身ヲ清テ浄衣ヲ著セ、神前ニ率行。末那《マナ》板一器、木ニテ作レル庖丁・生膾等ヲ設置、又別ニ人形ヲ造テ、右ノ捕ラレタル人ノ代トシテ、是ヲマナ板ニスヱ、同彼ノ捕《トラヘ》シ人ヲ其傍ニ居ラシム

と書かれているからである。

追儺祭の前におこなわれるこの儀式は、人を料理する儀式である。「マナ板」にのる人形はマヤやフランスの人形と同じ生贄の代行であり、かつては「捕シ人」を料理して食べたのである。寛政十二(一八〇〇)年刊行の『年中行事』(三之巻)の正月の条に、「十一日、今日、往来の人をとらへ潔斎させ、砧に乗せ、庖丁・真名《まな》箸を以て料理の体をなし」とある。『今昔物語集』(巻二十六・第八)の「飛驒国ノ猿神、生贄ヲ止《トド》ムル語《コト》」には、猿神が生贄の人を刀で斬り、肉を「莫箸《マナ》」で食べようとしたと書いている(「マナハシ」は「神事に用いる神聖な箸」をいう)。

三重県の志摩の浜島や越賀・波切・国崎などには、一月三日・四日の正月行事に真名箸神事がある。この神事は、二匹のボラをとってきて料理し、共食するのだが、共食の前に弓射の行事がある

から、浜島では「弓祭」といっている。魚を捕って食べる行事を「弓祭」というのは、昔は鹿や猪を弓で射って捕え、真名箸で食べる神事があったからであろう。ところが、弓射の行事以外に、真名箸をつかって生贄（魚）を食べる前に、浜島では「屠人放《ととほり》」の神事がある。男が女装して童子の形の藁人形を入れた桶を頭にのせて浜に行き、「今年の屠人《とと》は目出度《めでた》き屠人《とと》よ」といって、藁人形の入った桶を海に流す。この行事を、浜島の人々は生贄儀礼といっているが、生贄は本来は人間であり、それが人形になったのである。そのことは、人形を「屠人《とと》」といっていることからも明らかである。この儀礼と弓射の行事は、真名箸で魚を共食する前におこなわれているから、本来は弓で射られた人または猪・鹿の肉を共食した真名箸神事が、魚になったのであろう。このように、洋の東西を問わず、「共感呪術」としての「神を喰う」は、獣や魚などの「共食」以前は、神である人を喰うことであった。

「神を喰う」ということ

今西錦司は『人類の誕生』で、「北京原人にも人間の脳や骨髄を喰う習慣があったのではないかと思われるフシがある。……食人風習を北京原人の肉好きと結びつけて考える学者もあるけれど、人間を食糧として口にしたというよりも、これはむしろ呪術を行なううえの形式として考えたほうが自然ではないかと思われる。つまり、子どもが親の、若ものが傑出した長老の、体の一部を喰うことによって、体力などを受けつぐことができると信じたのではないか」と書いている。

フレイザーは『金枝篇』の第二十一章で、

ナマクア族は、兎の肉を食べると兎のように臆病になるというので、それを食べることをつつしむ。それと反対に、豹やライオンの勇気と力を獲得するために、ライオンの肉を食べたり、ライオンや豹の乳を飲んだりするために豹の心臓を子供に食べさせる。アフリカのワゴゴ族は、誰かがライオンを仕止めると、ライオンのように勇敢になるためその心臓を食べる。しかし鶏の心臓を食べたら臆病になると信じている。ボルネオ北西部のダイヤク族では、若者と戦士は鹿を食べてはいけないが、これは彼らを鹿のように臆病にするからとの理由による。女と老人は自由に鹿を食べてもよい。……北欧人の伝説によれば、アクヌンド王の息子インキアルドは若い頃には臆病者であったが、狼の心臓を食べてから極めて大胆な人となった。

と書いている。また、

山地のバスト族は、非常に強い敵を斃すと、すぐに心臓を切り取って食べてしまうが、これは戦争の時に彼のもっていた勇気と力が与えられるからである。一八二四年、アシャンティー族によってチャールス・マッカースィー卿が殺されたとき、彼の心臓は勇気を鼓舞しようと欲したアシャンティー族の酋長たちによってむさぼり喰われてしまった。彼の肉は乾燥して、同じ目的で下級士官たちに分け与えられ、その骨は呪物として永く保存された。スー・インディアンは、勇敢な敵の心臓を粉末にして、死者の勇気をわがものとすることを願って、その粉末を飲んだ。

このように人間の心臓は、それを食べる者にその本来の主の性質を注入する目的で食べられるが、心臓だけがこの目的で食べられるただ一つの部分ではない。

東南オーストリアのテッドラ部族とスガリゴ部族の戦士たちは、死者の性質と勇気を獲得できると信じて、殺した敵の手と足を食べた。ニュー・サウス・ウェールズのカミラロイ族は、勇気を得るために、勇敢な人の心臓と肝臓を食べた。トンキンにも、勇敢な人の肝臓を食べると勇気が出るという通俗的な信仰がある。サラワクのダイヤ族は、自分の手を固くし自分の膝を強くするために、殺された人の手や膝の肉を食べる。中央セレベスの有名な首狩り部族であるト・ラキキ族は、自分が勇敢になるようにと、生贄の血をすすり脳髄を食べる。フィリッピン群島のイタロネ(イロンゴト)族は、勇気を得るために殺した敵の血を飲み、頭のうしろの一部分と内臓の一部分を食べる。フィリッピンの他の一部族イフガオ族は、殺した敵の脳髄を吸う。ニューギニアのカイ族も、力を獲得するため敵の脳髄を食べる。

フレイザーはこのような事例をあげて、「未開人が神的なものとみなす動物や人間の肉を食べることを切望する理由は、今や容易に了解できる。神の体を食べることによって、神の属性と力をさずかるのである。その神が穀物神である場合は、穀物が神の肉体であり、ブドウ神の場合は、ブドウ酒が神の血である。その神の体としてのパンを食べ、血としての酒を飲むことによって、礼拝者はその神の真実の体と血とにあずかるのである」と書くのは、キリスト教徒であるフレイザーは、パンを食べ、ブドウ酒を飲む、キリスト教の儀礼が頭にあったからであろう。

古代ローマ人は人間の形をしたパンを「マニアー」といったが、ローマのコムピターリア祭で毛糸でつくった女性の人形も「マニアー」といった。「マニアー」は「霊魂の母」または「霊魂の聖母」の意だが、「マニアー」人形は、かつてコムピターリア祭に人間の生贄を献じた代替といわれているので、フレイザーは、「マニアー」という「人間の形のパンは、メキシコの拍粉の神像のように、神の姿に似せてつくられ、彼を礼拝する者たちが聖餐として食べたと、仮定してみてもよいだろう」と書き、聖餐と生贄を重ねている。聖餐は「神を喰うこと」である。日本の民間習俗の共食儀礼や追儺祭、真名箸・屠人放神事も、「聖餐」であり、神の形代の生贄（人・猪・鹿）を喰うことは、「神を喰うこと」であった。

人を喰う「野蛮」と聖餐という「文化」

アメリカ大陸でも、マヤやアステカでは共食儀礼があることは書いた。フレイザーも『金枝篇』（第二十一章）で、アステカでは穀物の種子の粉を子供の血で練って作った神像を、こなごなにして喰う祭儀があると書いており、「神を喰う」儀礼をおこなっている。越川洋一は「アステカ帝国における人身供儀」（『縄文図像学・II』所収）で、生贄を食べている儀式について述べている。トラカシペワリストリの祭では、「生贄の捕虜たちは神官たちによって頭髪を掴まれて、ウィッツロポチトリのピラミッドの頂上へ引きずり揚げられる。彼らは六人の神官たちによって、犠牲の石の上に手足を押さえられて仰向けに寝かされ、フリントナイフにより胸を引き裂かれ、心臓を摘出される。この心臓は太陽に捧げられる。太陽はこの心臓によって養われるという。心臓を容器に移したのち、死んだ生贄たちはピラミッドの上から転がり落とされる。死体はぐるぐると回転しながら落ち、その下方にはクァクァクイルティという名の老人たちが待ち構えている。彼らは死体を他の場所に運び、そこで八つ裂きにされた死体は、食べられるのである。この時、腿の肉はアステカ帝国の国王モクテスマのために取っておかれる。モクテスマは彼の血族を呼び集め、トウモロコシと人肉を混ぜた料理を食べるのである」と書き、シペ・トテックの祭でも、「ウィッツロポチトリのピラミッドでは、神官たちにより心臓摘出を伴った人身供儀が行われ、こののち、いわゆるカニバリズムが行われる」と書いている。このカニバリズムも、生贄を「神」とみて、神を喰う儀礼である。

一八一八年にニュージーランドからロンドンに連れてこられたマオリ族が、フェリックス・メイナード博士に語った話によると、「戦いの後、たいていは、肉はおいしいが戦いでは未熟だった若い戦士の死体には手をつけず、もっとも年配で勇猛だった戦士、体じゅうに入れ墨を施された男たちの死体を食べた」という。メイナードはこのカニバリズムについて、「勝利者たちは、高名な戦士の命や勇気を称《たた》え、たとえ痩せて肉がついていなくても、彼らの肉を食べて自分に同化させることが何よりも大切だと考えていた」からだと書き、「切り落とした敵の首を掲げて、流れ落ちるまだ温かい血を飲むマオリ族の風習は、敵の魂を受け継ぐため」だから、こうした「野蛮人たちのカニバリズムはほとんど許すことができる」と書いているが、この食人もフレイザーの書く共感呪術で、アステカの人身供儀のカニバリズムと同じに食人分類の三である。
キリスト教徒が、イエス・キリストの肉としてのパンを食べ、血としてのワインを飲む聖餐も、「野蛮人たちのカニバリズム」と、考え方は同じである。敢えていえば、「野蛮人たち」のほうが、キリスト教徒より純粋である。この純粋・素朴・自然の生き方、考え方を、「文化」「文明」人の側から「野蛮人」と呼んでいるのである。ウォーカーも、次のように述べている。

キリスト教会側の人々は人肉嗜食を恐ろしいことで、もしそれを行なった者がいれば情容赦のない罰を受けるに値するとされたために、魔女たちが告発されたのはこの人肉嗜食の罪に問われたのが、いちばん多かった。しかし、キリスト教信仰のまさにその中核こそ聖餐なのである。救いも、罪のあがないも、永遠の生も、何もかもこの聖餐にすべてかかっている。聖餐は、「象徴的な」人肉嗜食ではなく、神学上の原理説明によると、全く現実に嗜食することなのである。

キリスト教の聖餐は、原始時代の共感呪術としてのカニバリズムの儀式にその源を発するものではない、と言ってもそれは通用しない。初期キリスト教時代の秘教というものは、すべてカニバリズムまがいの聖餐を行なえば、祀る者は祀られる者(神)と一体になれるという信念をその中心に持っていたのである。宗教の初期の段階には、聖餐という形で神を食べることによって、自分も神の一部になれるという固い信念があった。これは疑いのないことである。

エルサレムのシリルは、「キリストの肉と血を食するのは、そうすることによってキリストと一体となり、血のつながりを得られるようになるからである。キリストの肉と血が我々の肉体に入って、我々はキリストと一体になる」と語った。聖メトディオスは、「信者はすべて、キリストの血肉にあずかることによって、キリストのような人間に生まれかわる……キリストが人間として姿を現わしたのは、我々人間が神になれるようにするためであったのだ」と教えた。

イギリスの若い宣教師が「人喰い人種のフィジー人のためにキリスト教徒の同情を求める」書簡を、一八三六年に本国へ送っているが、「人喰い人種のフィジー人」もキリスト教徒と同じ「聖餐」をおこなっていた。ただ始源の「聖餐」であったから、「野蛮」といわれたのである。

一二一五年に法王インノケンティウス三世は第四回ラテラノ公会議を召集し、聖餐のパンとワインはキリストの本当の肉と血だと定めた。人の肉と血を喰い飲む代りに、パンを喰いワインを飲むのであって、本質は同じである。

ルソーは、「人は生まれつきは人喰いだ。人を鎖につないだのは、文明だ」といっている。ルソーのいう「人喰い」は「文明」の対極にある「自然」をいっているのであって、ストレートに「人喰い」の意味にとってはならないが、魔女の「人喰い」の話も、キリスト教文明・文化の対極の「自然」、別のいい方をすれば「古代」の象徴表現としていわれているのである。南太平洋やニューギニアの人喰いの「野蛮」人は、「自然」人・「古代」人であり、キリスト教の異端者の「自然」人・「古代」人も、「魔女」「悪魔」と呼ばれ、人を喰うといわれたのである。但し前者は実際に人を喰ったが、後者は喰ったという「話」である。

「子供を喰う」といわれた聖餐

キリスト教の聖餐も、フィジー人の聖餐と同じに人喰いであったことは、二世紀のキリスト教徒ミスキウス・フェリクスが、異教徒たちの間では、キリスト教の儀式では人喰いをおこなっているという偏見について、次のように書いていることからもいえる。

新しいキリスト教徒の入会式は、すでによく知られているが、まことに胸のむかつくようなものである。赤子が一人、よほど注意深い人でもなければ赤子であるとは分からないように、身体中に粉をまぶされた状態で、これから入信しようとする者の前に連れてこられる。するとこの者は罪の意識をもたずに赤子を刺し殺すことができた。それから、語るのもはばかれるような恐ろしい場面が始まる。この儀式の参加者たちは、赤子の血を飲み、赤子の四肢をひきちぎって分けあうのだ。彼らが真に仲間となるのは、この供儀を通してである。

「赤子の四肢をひきちぎって分けあう」というのは、食べるためである。カルロ・ギンズブルグは『闇の歴史――サバトの解読――』で、初期キリスト教の入信者は、子供の喉を切り裂くように強いられ、切り裂いて流れ出た血をすすり、子供の肉を食べた、と当時は噂されていたと書いている。またギンズブルグは、初期キリスト教徒が子供を入信儀礼で食べるという噂は、「多少なりとも意図的な、聖体の秘蹟への誤解だっただろう。子供や幼児の食人儀礼に対する告発は、『ヨハネ福音書』六章五十四節をゆがめたものだろう」と書いている。

『ヨハネ福音書』（六：十四）には、

もし人の子の肉を食べず、その血を飲まないなら、あなたがたは生命を得られない

とある。「人の子」はイエス・キリストのことだから、「聖体」の肉を喰い、血を飲むのであって、一般の人の子（赤子）の肉を喰い、血を飲むのではない。したがって「誤解」だというのだが、特に赤子の肉を喰い、血を飲むといわれていることは、無視できない。

紀元前一世紀頃のアレキサンドリアでは、ユダヤ人は儀礼として子供を殺し、子供の肉を喰い、子供の血をすするといわれていたが、キリスト教はユダヤ教を母胎としている。キリスト教・ユダヤ教などエルサレムの一神教の神ヤハウエの祭（過越《すぎこし》の祭）に捧げられる生贄は、仔羊だが、本来は人間の初子《ういご》の男子であった（「出エジプト記」一三：二）。

パレスティナでは初子の男子をモレク（セム族の神）に捧げたが、『旧約聖書』（「列王記」下二三：一〇）にも「むすこを火で焼いて、モレクにささげ物とする」とある。ウォーカーは、「モレクはソロモン時代のユダヤ人によって崇拝されていた。ユダヤ人はモレクとヤハウエを同一視していた。彼らは初子を火に炙ってモレクに捧げたが（「レビ記」一八：二一）、ヤハウエもまた初子を生贄として捧げることを要求している」と書いている。

4はスペインのバレンシアにある聖ゲオルギウス教会の祭壇上部の装飾画である。この絵は、リビアのシレーンの沼に住むドラゴンに、子どもを生贄として捧げる風習があったのを、聖ゲオルギ

4　スペインの聖ゲオルギウス教会にある子供を喰うドラゴンの絵

5,6,7　3～ 5世紀の牧童のイエス
または十字架と仔羊の絵

6

5

7

ウスがやめさせた、という伝承にもとづいている。フランシス・ハックスリは『龍とドラゴン』でこの絵を紹介し、モレク＝ドラゴンとみている。4ではドラゴンは子供を口にくわえ、仔羊をつかんでいる。ヤハウエの祭儀では子供の生贄が仔羊に代っているが、この絵は二つの生贄を示している。モレクやヤハウエの神が、中世ではドラゴンのような怪獣化しているのは、前著『魔女はなぜ空を飛ぶか』で書いたように、太母神が魔女化したのと同じである。

魔女が子供を喰うといわれたのは、子供を生贄として求めた古代祭儀によっている。十字架にかかったイエスも、生贄の子供であり仔羊である。したがって初期キリスト教のイエス像も、5（三世紀のイタリアの石彫）のような「よき牧童イエスと仔羊」である。牧童と仔羊は4の子供と仔羊と重なる。四世紀以降になると十字架がイエスの象徴になったから、6（四世紀のギリシアの石板絵刻）、7（五世紀のイタリアの石棺レリーフ）のように十字架と仔羊になっているが、十字架のイエスの血を飲み肉を喰うこと（ブドウ酒とパンを食べる「聖餐」）は、牧童（生贄の子供）または仔羊を喰うことであり、魔女が子供を喰うことと関係がある。

魔女はなぜ子供を喰うか

このようにキリスト教の聖餐のもつ原義からして、キリスト教徒が秘儀として生贄の子供を共食するといわれたのである。しかしこの非難はキリスト教のなかでも異端者のやることといわれるようになった。ウォーカーは次のように書く。

初期キリスト教教会は、本当に人肉嗜食をした、と言われた。ローマ人の言うところによると、キリスト教徒は子供を殺して食べ、その血の中に供儀を司る人を漬けた、という。正統派キリスト教会側の人々(パウロ使徒団)はこうした非難に対して否定はしなかった。しかしそうした非難に値することをしたのは、ただ、グノーシス派の人々だけである、と主張した。殉教者聖ユスティヌスは、マルキオン派の信徒たちは実際に近親相姦や人肉嗜食をした、と言った。カイサリアのエウセピオスはカルポクテラス派の人々もやった、と言った。エピファニウスは、モンタノス主義者が拝蛇教徒たちもやった、と言った。アレクサンドリアのクレメンス、イレナエウス、五世紀の初期キリスト教会の長老サルビアン、といった人々はすべて、異端者が食人種の行なうような儀式をやって教会の名誉を汚した、といって非難した(前掲書)。

教会はキリスト教徒の異端者が、カニバリズムの儀式をやっているのだといっているが、キリスト教の聖餐には前述のような意味があるのだから、聖餐の儀式をおこなうかぎり、人肉嗜食《カニバリズム》の儀式をキリスト教徒はおこなうといわれるのは当然である。そうした非難を教会はキリスト教の異端派への非難にすりかえている。

ギンズブルグも、「聖アウグスティヌスを皮切りに、キリスト教徒自身も、小アジアやアフリカの、カタフリギ派、マルキオン派、カルポクラテス派やその他の異端宗派に、かつての儀礼的食人の非難を投げつけ始めた。オジュンのヨハネス四世は、七二〇年頃に行なった説教の中で、サモサ

8　ユダヤ人の秘儀としての子供の殺害を描いた17世紀の絵

タのパウロスの信仰者たちであるパウロ派について書いている。彼らは暗闇の中で集会を催し、自分の母親と近親相姦をしている。偶像崇拝を行ない、泡だらけの口でひざまずき、悪魔を敬う。子供の血で聖体をこね、それを食べる。その貧欲さは自分の子を食べる豚をしのぐ」と書き、こうしたキリスト教の異端誹謗の型が定式化されたのが、「人喰いの魔女や魔術師が、歯止めのきかない性的乱行にふけり、子供をむさぼり食い、動物の姿の悪魔に敬意を捧げる夜の儀式（サバト）のイメージであった」とギンズブルグは書く（前掲書）。

　異端派誹謗は一五世紀になるとユダヤ人迫害となり、ユダヤ人は人殺し、特に子供を殺して喰うといわれた。ドイツのバイエルン地方では一六世紀から一七世紀にかけて、ユダヤ人は儀式で子供

9　魔女のサバトを描いた17世紀の絵。下段の向かって右の食卓には魔女たちが喰うばらばらにされた子供の肉がある

を殺すといわれていた。その様子を描いたのが二三九頁の8の絵である。一人の子供が殺されようとしており、切られた子供が流す血を容器で受けている。テーブルの下にはすでに殺された五人の子供の死体がある。

ユダヤ人は儀礼的殺人として子供を殺すといわれたが、魔女も子供を殺して喰うといわれた。だから9のような絵が描かれている。9は、一六一〇年にフランスの異端審問官ツィルアルンコ・ド・ランクルが書いた『悪魔の無節操一覧』と題する著書に載る、ヤン・ジャルコの銅版画の一部だが、牡山羊の姿をした魔王の前に、悪魔と魔女に両手をとられた幼児がいる。この幼児が食べられるのである。その饗宴が向かって右下に描かれている。グリヨ・ド・ジヴリは、『妖術師・秘術師・錬金術師の博物館』で、9の絵の食卓の上の「恐ろしい皿にのっているのは、子供のばらばらになった体」と書いている。また9の絵を自著に載せたド・ランクルは、ばらばらにされた子供の肉だけでなく、「死刑になった者の肉、洗礼を受けなかった子供の心臓、その他キリスト教徒が普通は売りも買いもしないいけがらはしい動物」などが、食卓に並ぶと書いている。彼は異端審問官である。こういう魔女観の人物が「審問」をしているのだから、魔女が子供を喰ったというのは、魔女にさせられた女性が、異端審問官に強制的にいわされた「話」であって、事実ではない。

しかしこうした「話」にもとづいて、10のような絵も描かれている。この銅版画は一七一〇年刊行のシュプランガ・ポルドロンの著書『ウルフ氏の奇想天外な空想物語』に載る絵の一部である。ド・ジヴリはこの絵も9と同じにサバトの食卓を描いており、料理された子供が食卓にのると書い

10　18世紀に描かれたサバトの絵。食卓には子供の肉が料理されてのる。

ているが（前掲書）、このように、モレクやヤハウエに捧げられた子供の生贄は、9の絵の魔王の前につれ出された幼児の姿に変わってしまったのである。

11はジュール・ミシュレの『魔術』（一八六三年）に載る絵だが、煮るために鍋に入れようとしているのか、煮られた幼児をとりあげているのか、どちらにもとれる絵である。

ヒルデ・シュメルツアーは、『魔女現象』で、「魔女が特に好んで食べたのは、自分たちが誘拐して殺した、小さな子供たちを焼いたり煮たりしたものであった」と書いているが、一六二六年初頭の北イタリアのチヴィダーレ近郊のガリアーノ村のルナルド・バダウという一五歳の少年の証言（バダウが述べたことを教区副司祭のドン・ジョヴァンニ・カンチアニスが異端審問所に出頭して報告した文書にある証言）にも、ガリアーノ村の隣村のルアッツリスの「メネガ・キアントンという女は魔女で、十一人の子供をむさぼり喰った」とある。また北イタリア

11　嬰児を料理用の鍋に入れている魔女。19世紀の絵

12　17世紀に描かれた黒焼きにした嬰児から魔女の秘薬をつくる絵

のフリウーリ地方のミケレー・ソッペという農夫はベナンダンティ（後に魔女と同一視された異端的民間祭祀グループ、バダウもベナンダンティといわれていた）として一六四九年に逮捕・投獄され、異端審問所で審問を受けたが、そのとき魔女について語ったソッペの発言を、ギンズブルグは前掲書で紹介している。ソッペは、

魔女は世界中のどこにもいて、魔術を行ない、子供を食べてしまいます。あちらまたこちらと、だれにも姿を見られず望みの家に入り、魔術をしかけ、その魔力で子供を少しずつ食べ、最後には殺してしまうのです。……フリウーリには魔女はかなりいます。百人以上でしょう。でもおれは名前を知らないから、名差しはできません。木曜ごとの魔女の集会でみな顔をあわせるのは本当なんです。

と語っている。更に彼は魔女は「魔術をしかけ、子供の生き血を吸い、嵐を呼ぶこと」なども「悪行」としておこなったといっている。一七世紀の北イタリアでは、魔女が生き血を吸い、生肉《なま》を喰うのは、いずれも子供の血であり肉であった。

12の一七世紀に描かれた絵が、「黒焼きにした嬰児から魔女の秘薬をつくる」絵といわれているのは、嬰児の指や手首には、不死の力が宿っているとみられていたから、食べるだけでなく秘薬にしたのである。シェークスピアの『マクベス』（第四章）にも、「売春婦がどぶに生み落して、すぐしめ殺した赤子の指」を魔女の秘薬にしたとある。特に嬰児なのは（11・12の絵でも嬰児である）、嬰児は生命力・成長力が凝縮しているとみられたからである。

アステカの神像は、「さまざまな穀物の種子を粉にして、子どもの血を加えて練って」作り、それを八つ裂きにして共食するとフレイザーが書いているように（二二三頁参照）、粉と血も特に種子を粉にし、子供の血を用いているのは、種子や子供に強い生命力・成長力が宿っているとみられたからである。

このような霊力をもつ肉を喰い血を飲むことで、同じような霊力を身につける、つまり一体になる「共感呪術」が、「喰う」行為である。その場合、子供の肉と血は、より強い霊力・生命力をもっているとみられていたから、子供特に初子の嬰児が生贄になったのであり、魔女が喰うのも、秘薬に用いるのも、特に嬰児といわれているのも、同じ考え方によっている。

II　魔女と吸血鬼

「吸血鬼ドラキュラ」について

「吸血鬼ドラキュラ」は、「ドラキュラ」といわれたルーマニアのワラキア地方に一五世紀に実在した君主ヴラド・ツェペシュ公と、東欧の吸血鬼伝承を合体させ、一九世紀末にアイルランド人のブラム・ストーカーが書いた小説の主人公である。

一四六四年にドラキュラの悪業について、ヴァチカンに書きおくった報告書には、さまざまな国籍と年齢の男女四万人が殺害されたとあり、その虐殺方法について、

或る者は馬車の車輪の下敷となって轢き殺され、或る者は裸にされて生きたまま臓腑が飛び出すまで生皮が剝がれ、或る者は杭に突き刺され、或いは真赤に燃える炭火の上で焙《あぶ》り焼きにされ、或る者たちは頭やら胸やら臀部やら腹部の真中やらを串刺しにされて、その杭が口から飛び出している者もありました。また、残酷の手段は一つも逃すまいとするかの如く、母親の乳房を串刺しにすると同時に赤児も一緒に其処に突き刺したのでした。要するにありとあらゆる残忍酷烈の手段を用いて殺し、世にも恐しい暴君の極悪非道が考案し得る限りの道具を用いて責め苛《さいな》んだのでありました。

と書いている。

トランシルヴァニアにいたドイツ人（ザクセン人）の多くがドラキュラ（「串刺《くしざし》公」といわれた）の犠牲

13　1500年に刊行されたドラキュラ物語の挿絵。食卓にいるのはドラキュラ侯

になったから、一五世紀のドイツ語で書かれた文献に彼の悪行が強調して書かれている。13は一五〇〇年に刊行された『ドラキュラ大将軍（ドラコレ・ヴァイデ）なる血に飢えたる凶悪漢についての物語』の挿絵である。この木版画には、「捕えた人たち全部を、クロンシュタットという市《まち》の郊外にある、聖ヤコブ教会の近くへ連れ去り、老若男女、果ては子供までも、教会の傍の丘の上や丘の周りに串刺しにして並べ、その下に食卓を拵《こし》らえて、この情景を娯《たの》しげに眺めながら食事を続けた」という説明がある。

また一四九九年にニュールンベルクで発行された『ドラキュラ物語』には、串刺し場面の上に、「これより語らるるは、人々を串刺しにし、焙り焼きにし、頭を鍋に突込ませて釜ゆでとし、人々の生皮を剝ぎ、キャベツのように切り刻んだことの次第。はたまた小児らを照り焼きにして、母親らに自分の子供を食べさせた。そのほか身の毛もよだつ恐ろしきことどもが、いかに彼の治める国で起っているか、この小冊子にて語られる」とある。串刺しにしたこと以外は、焙り焼き、釜ゆで、生皮剝ぎ、切り刻み、子供の照り焼き、自分の子を喰う、などは、当時の魔女がおこなったといわれているが、魔女狩りに魔女に対しておこなわれたことも、ドラキュラはおこなっている。妻の乳房を夫に喰わせたり、不義を犯した人妻、処女を守ろうとしなかった娘、身持ちの悪い未亡人の乳房や、乳首を切り落したり、まっ赤に焼いた鉄棒を陰唇に突き刺したり、女陰を切りとったりしたという話が、それである。

しかしドラキュラは「串刺し公」といわれたように、串刺しによる虐殺がもっとも多かった。レ

イモンド・T・マクナリー、ラドウ・フロレスクの『ドラキュラ伝説』は、

ドラキュラ得意の虐殺法は、いうまでもなく、串刺し刑であった。通常は尻の穴から腹腔まで杭を突き刺したあと、家来たちに杭をしっかり固定させておいて、犠牲者を二頭の馬に引き裂かせた。そのさい、杭の先端をまるくし、油を塗って、犠牲者を即座に殺してしまわないように注意がはらわれた。ドイツの木版画でみると、串刺し刑には他のやりかたもあったことがわかる。杭をへそに突き刺す方法、あるいは吸血鬼伝説にあるように、心臓をつらぬく方法である。後者の場合はむろん即死である。

と書いている。

串刺しが魔女や魔女狩りの「悪行」にないのは、この「悪行」は主にトルコ人がおこなったからである。ドラキュラはトルコ軍と戦っており、ある時はトルコ軍に捕われたりしているから、トルコのやり方を実行したのである。『ドラキュラ伝説』はさらに、

串刺し刑のほかに、ドラキュラは犠牲者を切りきざむこともした。鼻や耳、性器、手足を切断し、ずたずたに切りきざみ、火焙《ひあぶ》りにし、茹《ゆ》で殺し、皮を剝ぎ、釘を打ち込み、あるいは生埋めにしたり、死体を野ざらしにして野獣や野鳥のえじきにした。彼みずからは、じっさいに血を飲んだり人肉を喰《くら》ったりはしなかったにしても、他人にたいしては人喰い行為を強要した。

と書き、「こうしたドラキュラの恐怖物語は、どの程度信じてよいものだろうか」と自問し、彼らの調査した史料から、ある程度は信じてよいだろうと結論している。

彼が「串刺公」といわれていたのは事実だから、串刺しにして多くの人を殺したのも事実であり、ドラキュラ生存中の教皇使節の報告文からみても、彼の残虐行為は否定できない。しかし一五世紀の「血に飢えたる凶悪漢についての物語」には、当時の魔女たちの「悪行」や、魔女たちへの「刑罰」として語られていた話によく似た「悪行」や「刑罰」が多いから、私はドラキュラ伝説も魔女伝説と同じ次元で、民衆の間に語られていた「お話」であったとみている。

吸血鬼・食人鬼としての魔女《ストリゴイ》

こうしたドラキュラ伝説の「血に飢えた」は、残虐行為をいっているのであって、いわゆる「吸血鬼」の要素はない。「吸血鬼ドラキュラ」を書いたブラム・ストーカーは、アイルランドの作家ジヨセフ・シェリダン・レ・ファニュ（一八一四〜七三）が書いた短編「吸血鬼カーミラ」に影響を受けてドラキュラを書いたが、レ・ファニュは東ヨーロッパの民間説話の吸血鬼を参考にしていたから、ストーカーもルーマニアのドラキュラを主人公にして、吸血鬼小説を書いたのである。それだけではなくドラキュラが活躍したルーマニアのトランシルヴァニア地方は、「吸血鬼ドラキュラ」の読者である一九世紀末（この小説は一八九七年五月に初版が出版されている）の大多数のイギリス人やヨーロッパ人にとって、はるか彼方の森の国・未知の国で、吸血鬼小説の舞台として理想的であったことも一因である。

トランシルヴァニア地方は、吸血鬼が現実に出るといわれていた。フレイザーも『金枝篇』で、「トランシルヴァニア地方のルーマニア人のあいだでは、吸血鬼の蔓延が執拗な場合、死人の首を切り落し、口にニンニクをいっぱいつめこんで棺にもどすか、さもなければ心臓をぬきとって、その灰を墓の上にふりまくのがよいといわれている」と書いているが、「死人の首を切り落し」たのは、死人が吸血鬼になって、夜、生き血を求めてさまようからである。

「吸血鬼ドラキュラ」でも、トランシルヴァニア地方の吸血鬼伝承を参考にしている。ドラキュラは「不死者」になるために人間の生き血を吸ったと書かれているが、ルーマニアの民間伝承では、人間の生き血を吸う人を、「モロイ（不死者）」といっている。ルーマニアだけでなく、東欧では吸血鬼は二つの心臓をもっていて、一つの心臓は死んでも、もう一つの心臓は生きていて、夜になると墓から出てきて、人間や動物の生き血を吸い、昼間は墓の中でねむっている「不死者《モロイ》」なのである。だから、吸血鬼のモロイを退治するためには、その不死の心臓に杭を打ち込むか、死体を焼いてしまうしかなかった。

小説では吸血鬼は男だが、ルーマニアの吸血鬼モロイは主に女であった。ルーマニア人のエリアーデは、吸血鬼は死んだ魔女（魔女はルーマニア語で「ストリゴイ stregoi」という）がなると書いており（『オカルティズム・魔術・文化流行』）、吸血鬼は魔女であった。しかし魔女だけでなく、今では呪いのかかった魔術師、破門者、自殺者、犯罪者、産まれたときすでに歯がはえていたり、羊膜をくっつけていたもの、洗礼を受けなかった子供、私生児なども吸血鬼になるといわれていた。

吸血鬼は夜になると墓から出て、夜明けに墓に戻る夜行者だから、「夜行する者《ストリゴイ》」といわれたのだが、ストリゴイは日が暮れてから飛び立って人間の肉を喰い血をすする魔鳥、蝙蝠《こうもり》といわれた。

『吸血鬼ドラキュラ』でも吸血鬼は蝙蝠と猿に変身するが、主に蝙蝠になる。ルーマニアの蝙蝠は南米の吸血蝙蝠ほど大きくはないが、蝙蝠に咬《か》まれた人は気が狂って他人に噛みつき、ふつう一週間以内に死ぬ、と農民たちはいっている。蝙蝠を吸血鬼といっていたのはルーマニアだけでない。ヨーロッパの各地でそういっていた。

14は、ダンテの『神曲』の挿絵として一八四七年に描かれたギュスターヴ・ドレの「吸血鬼のいる光景」である。吸血鬼は人間の体に蝙蝠の翼をつけているが、ヨーロッパの家庭では、蝙蝠はねむっている子供の血を吸うため、夜、家の中へ入ってくるから、窓はきちんとしめておくようにいわれている。ところが魔女も夜になると寝ている子供の血を吸うため、子供の部屋へしのびこむといわれている。一六一八年に北イタリアのフリウーリ地方のラティサーナの樽職人の妻のマリーア・パンツォーナの魔女裁判でも、彼女はアロイシアという仲間の魔女が、人間の生き血、特に子供の生き血を吸うのを見たといっている（カルロ・ギンズブルグ、『ベナンダンティ』）。このように蝙蝠と魔女は同じにみられていたから、魔女は蝙蝠に変身して家の中に入ってくるといわれており、吸血鬼＝魔女＝蝙蝠とみられていたのである。

ルーマニアの魔女《ストリゴイ》は死んで吸血鬼になるが、生きているストリゴイについて、エリアーデは次のように書く。

14　ダンテの『神曲』の挿絵。吸血鬼は人間の体に蝙蝠の翼をつけている

生きているストリゴイは羊膜袋に包まれて生まれるが、成年に達するとそれを身にまとって姿を消す。魔女《ストリゴイ》は超自然的力をもつと言い伝えられている。たとえば鍵のかかった家へ侵入したり、狼や熊と危害を加えられることなく遊ぶことができる。彼女たちは魔女特有のあらゆる悪事を働く。たとえば人や家畜に疫病をもたらし、人を「呪縛」し醜い姿に変えたりする。また雨を「呪縛」して旱魃をおこし、牝牛から乳を抜き取ったりする。もっとも頻繁にやるのは邪悪な魔法をかけることである。ストリゴイ、犬・猫・猿・馬・豚・蟇、その他の動物に姿を変える。また、決まった晩、特に聖ゲオルギウスや聖アンデレの晩などに外出する。そのとき魂は肉体を離れ、箒や馬・樽に乗って飛んで行く。そして帰宅すると、三度宙返りして人間の姿に戻る（『オカルティズム・魔術・文化流行』）。

この「ストリゴイ」は、ラテン語で魔女をいう「ストリガ striga」のルーマニア語化だと、エリアーデは書くが（前掲書）、高橋義人は、「ストリガは夜、眠っている若者を襲って交わり、その血を吸う女の怪物」で、「ラミアと混同されることが多い」と書く（『魔女とヨーロッパ』）。ギリシア神話のラミアは中世の魔女の祖型である。中世のヨーロッパのラミア伝承は、ラミアは家へしのびこんで、女上位で寝ている青年を襲い、また寝ている幼児の生き血を吸うといわれていたが、ギリシア神話ではラミアは幼児をさらって喰うから、ギリシアの母親たちはごく最近まで行儀の悪い子供には、「ラミアにさらわれて喰われてしまうよ」といっていた。このラミア神話がヨーロッパでは吸血鬼ラミアになったのだが、吸血鬼伝承でも血を吸われるのは幼児であり、ドラキュラ伝承でも子供を喰っており、第一章で書いた子供を喰う魔女伝承と吸血鬼伝承は重なっている。
15は一四八九年ころ出版されたウルリヒ・モリトールの『吸血鬼ラミアと魔女について』に載る挿絵で、動物に変身した魔女たちがサバトへ飛んで行こうとしているところだが、一五世紀には魔女と吸血鬼は同じにみられており、吸血鬼は主に女であった。

15　15世紀に描かれた動物に変身した魔女がサバトへ出発する絵

第一章で書いたように(二四四頁)、一七世紀の北イタリアのフリウーリ地方でも、吸血鬼は「吸血鬼ドラキュラ」のような男ではなく女であり、吸血の対象は子供であった。喰われるのも子供で、喰うのは女であった。

フリウーリ地方は東欧寄りで、イタリアではトランシルヴァニア地方にもっとも近い地域だが、ルーマニア人はラテン系であり、彼らは「ローマニア」といっていた。したがってローマ時代の「夜行する女」としてのストリガが、キリスト教化されても「ストリガ」「ストリゴイ」といわれて、民衆の生活に浸透していたのであろう。ルーマニアはキリスト教といってもギリシア正教だから、他の東欧のギリシア正教会に属していた地域と同じに、異端審問所にあたる機関をもたなかったし、統制のとれた大規模な魔女狩りもおこなわれていなかった。したがってエリアーデが書くようなストリゴイは、最近までいるといわれており、吸血鬼もひんぱんに農村にあらわれたのである。

魔女がサバトに行く時の絵は、ふつうは全裸または着衣で、箒の柄などに乗って飛んで行くが、動物などには変身していないから、15の絵は珍らしい。この絵の魔女はルーマニアのストリゴイ的魔女である。このストリゴイ的魔女が「不死者《モロイ》」といわれる吸血鬼・食人鬼なのは、墓に入ったストリゴイの再生のためには、生きている人たちの血と肉が必要だったからである。不死者になるための条件が吸血・食人だったのである。

吸血・食人のカーリー女神

ブラム・ストーカーの吸血鬼小説では、主人公は男になっているが、前述したように民間伝承では吸血鬼は主に女である。ヨーロッパでは吸血鬼といわれる魔女も、インドでは女神になっている。

立川武蔵は『女神たちのインド』の「血を飲む女神」の章で、カーリー女神のような、犠牲の血を要求する女神のことを書き、「ネパールでは、今日も『血の儀礼』は生きている。定められた曜日

16　現在インドで市販されているカーリー女神の絵

に、ヒンドゥー教の寺院、とくにカーリーなどの女神を祀った寺院では、ニワトリ、ヤギ、あるいは水牛などが神に捧げられる犠牲として殺される。犠牲獣の血は神像や祭壇にふりかけられ、血で赤い角切りの肉を糸にとおした環が花環のかわりに神像にかけられる」と書いている。

16は、現在インドで市販されているカーリー女神の絵である。この絵は寺院や家庭で彫像の代用にする絵だが、犠牲獣の「血で赤い角切りの肉を糸にとおした環」は、人間の生首になっている。犠牲獣は本来は人間であったことは、二本の左手は上の手で生首を持ち、下の手には生首からしたたる血を受ける髑髏盃を持ち、腰には切られた手がスカート状にぶらさがっている表現からもいえる。

カーリー女神についてウォーカーは、エリッヒ・ノイマンの『グレート・マザー』に書かれている、「カーリーは飢えている大地であり、自分が生んだ子供たちを貪り喰い、彼らの屍によってわが身を肥やす、『恐ろしい母親』という体験は、インドの地でカーリーという最も壮大な姿を与えられた。……しかし忘れてはならないのは、以上のようなカーリーの姿が単なる『女性』のイメージではなく、何よりもまず『母性』のイメージであるという点である。誕生と生は、つねに深いところで死と破壊につながっているからである」という文章を引用し、「カーリーは、誕生と死をもたらす母親の根源的な元型イメージであり、子宮であると同時に墓であり、生命を与える者であると同時に子供らを貪り喰う者だった」と書いている(前掲書)。

このようなカーリーと同じ考え方がヨーロッパにあるから、東欧のストリゴイも中欧・南欧の魔女が、人を喰い血を飲むといわれても、主に子供であり、ギリシア神話のラミアの食人、吸血も子供なのである。しかしキリスト教国では火あぶりにして殺すべき魔女は、インドやネパールでは、今も人々から強い崇拝を受けている女神であることがちがう。このちがいは、食人・吸血のもつ意味を、キリスト教徒のように一元的に解釈していなかったからである。したがって「鬼」でなく「神」としてあがめたのである。中世のヨーロッパの農民たちも、魔女狩りがさかんになる前は、ヒンドゥー教徒ほど徹底してはいなかったが、魔女を「白い魔女」「黒い魔女」といって、善い魔女と悪い魔女に分けていた。その民衆の理解を無智といい、悪い魔女しかいないといって、教会は魔女狩りに狂奔したのである。

立川武蔵は「ヒンドゥーの母神のイメージは、いささか乱暴に言えば、マリアであり魔女である。マリアが頭蓋骨を杯にして生き血を飲むなどとは考えられない。ヒンドゥーの母神はそれをする。おそらくは、インドの恐ろしき母神の方が『母神の元型』を伴っている」と書くが、前著『魔女はなぜ空を飛ぶか』で書いたように、魔女の元型は太母なのだから、太母の二面性の恐しい母のイメージを、キリスト教会は魔女にみて、魔女を吸血鬼・食人鬼にした。しかしウォーカーがノイマンの文章を引用して書くように、太母には二面性があるから、ヨーロッパの民衆は、「白い魔女」「黒い魔女」といって、キリスト教以前の信仰の太母のイメージを魔女にみたのである。

ノイマンも『グレート・マザー』で、

テリブル・マザーの暗黒の側面は、エジプト・インド・メキシコ・エトルリア・パリ・ローマ

17　シヴァ神をむさぼり喰うカーリー。17〜18世紀の造形

など、どこでも怪物の形をとる。いろいろの国のさまざまな時代のさまざまな民族の神話や物語でも、われわれが夜みる悪夢の中でも、魔女・吸血鬼・食屍鬼・妖怪は一様に恐ろしいやり方でわれわれの身をすくませる。たとえ産み・養い・保護し、暖める女性として経験されてきたとしても、その反対極もまた女性のイメージとして知られる。

と書いて、「テリブル・マザーの体験が最も壮大な形をとったのは、インドにおいてで、カーリーがその姿である」と書き、17の北インドのカーリー像（一七〜一八世紀）を例示して、「むさぼり喰うカーリー」と書いているが、むさぼり喰われているのはシヴァである。16のカーリーの足の下に横たわっているのもシヴァである。

18　17世紀に描かれた「破壊者としてのカーリー」

18は一七世紀に描かれた「破壊者としてのカーリー」だが、長い舌を出して左右に八つ裂きにされた手足があり、死体を両足でふみつけている。左手の皿の上には生首があり、生首をつなげた首飾りをしている。

19はインドのカトマンドゥのタレジュ寺の入口に彫られている「人の生肉《なま》を喰うカーリー」の石彫りだが、「生肉を喰う」は生き血を吸うことが前提にあるから、左手には生き血を入れた杯をもつ。今もカーリー女神の像には、生贄の血がふりかけられるが、この吸血は食人とセットの供儀である。

19　インドのタレジュ寺の入口にある「人の生肉を喰うカーリー」

吸血伝承と血と女性

20はアスラの王を打倒したドゥルガーを描いた絵である。ドゥルガーはいつもライオンを従えた戦いと破壊と死の神だが、顔はカーリーのような恐しい顔ではない。カーリーは、ドゥルガーが怒りによって顔色を黒色に変じたときにあらわれたといわれているから、ドゥルガーの怒りの面を示す分身として黒色であらわされている。黒は破壊・死を意味するから「黒い魔女」のイメージであり、カーリーもドゥルガーの黒い面を強調している。しかし太母としての魔女の二面性が「白い魔女」「黒い魔女」といわれていたように、黒いカーリーにも21のような白いカーリー像もある。

20　アスラ王を打倒したドゥルガー

カーリーがドゥルガーの顔から生まれたのは、ドゥルガーが魔神ラクタビージャ(血を種とする者)と戦っているときである。ラクタビージャは傷ついて血を流すと、その血

21　ニューデリー博物館にある「白いカーリー」

から自分と同じ魔力をもった分身を次々に生み出したので、ドゥルガーは苦戦していた。そこでカーリーは巨大な口を開け、血を種とする者（ラクタビージャ）や血から生まれた者たちを呑み込んでしまった。そのことを描いたのが22の絵である。18のカーリーは長い舌を出しているが、22の絵ではこの長い舌に呑み込むものをのせているから、長い舌を出している18・22の表現は、吸血・食人の表示といえる。

22ではラクタビージャを呑み込んでいるが、別伝ではカーリーが呑み込んだのは血から生まれたラクタビージャの分身たちで、分身たちを次々に生み出さないように、ラクタビージャの傷口にカ

22　ラクタビージャを呑み込むカーリー

ーリーは口をあて、彼の血をすべて吸いとって殺したという。いずれにせよカーリーは、血を種とする者や血から生まれた者を呑み込み、相手の血を一滴も残さず吸いとって殺す、吸血女神である。

ノイマンは「今日でも、カルカッタのカリグハートにあるカーリー寺院は、毎日血の犠牲が供せられる所として有名である。疑いもなく、それは地上で最も血なまぐさい寺院である」と書き、カルカッタで秋におこなわれるドゥルガー祭・カーリー祭には、八百頭ぐらいの山羊が三日の間に殺され、血の海の中に山のように生贄の生首がつみあげられたと書く（前掲書）。

生贄の頭部以外は祭りの参加者たちが家に持って帰り食べられたが、本来の生贄は人であった。そのことを23の一八世紀のドゥルガー像が証している。この写真を紹介した立川武蔵は、

23　ドゥルガーに自分の首を斬って捧げる造形。18世紀

「ここでは、一人の供養者が自分の首を斧で切り落さんとしている。これはドゥルガー女神に対する人身御供が実際に行なわれたことは多くの資料が証明するところである。南インド、ウーツローレー地方のマッラムで見つかった石には一人の人間が切り落した自分の首を捧げ持った姿が彫られている」と書いている（前掲書）。八百頭の生贄の山羊は供養者が捧げた山羊だが、この山羊の生首が女神に捧げられるが、山羊は供養者の形代であり、本来は供養者が23の「切り落した自分の首を捧げ持った」人物なのである。南太平洋や中南米の生贄供儀では頭部は神に捧げられ、残りの体を共食したというが、イン

ドの場合も同じである。
ノイマンは生贄の首が切られていることについて、「首を切り落とすことが供儀の形式になっているのは、その首を切れば血が一挙に流れ出るからであり、その血を女神にそそぐのは、あらゆる生き物の生命の血は、女神が与えたもうたからである」と書いているが(前掲書)、女神像にそそがれる生贄の血は、女神が生き血を吸うという神話と重なっており、血を求める女神は生命の象徴としての血を与えてくれる太母だから、血は太母から出て太母に回帰するのである(血と共に生首が捧げられるが、なぜ生首なのかについては、第五章で詳述する)。

吸血鬼伝説の吸血鬼は本来は女性であったのも、血を求めるのは子供を生む女性だったからである。男性は体を傷つけなければ出血しないが、女性は出産のとき出血するし、毎月出血している。この月経は子供を生める体になったときにはじまって、子供が生めない体になって出血がとまる。血はこのように出産にかかわっているから、特に女性が求めるのである。

ウォーカーは月経について、「人類の最古の時代より、月の朔望と明らかに一致して生じ、ときには子宮に滞留して『凝結』し、嬰児となる血は、創造の神秘的魔力があると考えられて来た。男性は聖なるおそれを抱いて、男性の経験とは全く関係のない、不可解にも苦痛を伴わずに流されるこの血を、生命の精髄とみなした。したがって月経を表わす多くの語は、不可解、超自然的、神聖、精気、神性をも意味した」と書く(前掲書)。

月と血がかかわっているから、吸血鬼を意味するギリシア語はsarcomenos(月によって作られた肉体)であり、月経のある女性が吸血鬼であった。中世になってもまだ妊娠の生理学をまったく知らないフランスのブルターニュ地方の人々は、月光に裸体を曝した女性は妊娠して吸血鬼の子供を生むといっていた。

『吸血鬼ドラキュラ』を書いたブラム・ストーカーと同じアイルランド人のブーシコート(一八二二~一八九〇年、劇作家・俳優)が書いた『吸血鬼』の主人公は、昇る月の最初の光がさす高い山に、自分の遺体を運ぶように召使いに命じ、高い山で月光をあびて息をふきかえした吸血鬼は、月にむかって「我が生命の泉よ、汝の光が再び我をよみがえらせた」といっている。

このような月と血と吸血鬼伝承のかかわりは、女性の月経にあるが、女性は男性とちがって毎月血を流すし、血を流している間は妊娠する。血が生命の源泉であるから、血を求めるのは女性であり女神なのである。したがってカーリー女神には大量に生贄の血がそそがれるのである。吸血伝承にある死のイメージは、新しい生命を生むためである。

血をなぜ吸血鬼は求めるか

ノイマンは、「原始人の考えでは月経の停止によって胎児が形成される。この関連づけは直観的なものであるが、これが妊娠に対する血の関係の核をなしている。つまり血が妊娠と生命を決定し、同様に流血が生命の喪失と死を意味する。それゆえ血を注ぐことは元来つねに宗教的な行為である」

と書いているが（前掲書）、「生命の喪失と死を意味する」流血も、単なる死の流血ではなく、再生のために流す血である。

ローマの詩人プルデンティウスは、キュベレに捧げるタウロボリウム祭の血の供儀（「血の日」という）を、三九〇年〜四〇〇年頃書かれた「殉教者の冠について」で、次のように書く。

24　タウロボリウム祭の血の供儀の場面

神官は、穴が無数にあけられ、裂け目や割れ目のある厚い木の板で蓋をした穴ぐらに入ると、厚板の上で牡牛が殺される。穴や裂け目からしたたり落ちる血を、彼は吸い、なめ、ごくごく飲み込む。……厚板の上の牛の屍体がとりのぞかれると、全身に血をあびた神官が穴ぐらから出てくる。すると遠まきにしていた群集の喝采をあび、礼拝される。彼は墓（穴ぐら）の中から再生したのである。

この儀礼を絵にしたのが24だが、血は再生のためであることは、旧石器時代の遺体に塗られている赤いオーカー土からもいえる。デュルは『再生の女神セドナ』で、赤いオーカー土が新石器時代の氷河期にしばしば死体にまぶされたり塗られたりしたのは、「この赤土が生命の液体、つまり死者の再生を保証する血の再現」とみられたからだと書き、「アフリカ南部スワジランドでは、血石《ハエマタイト》＝赤鉄鉱から取り出したオーカー土は、地母神の血とみなされた」と書く。

新石器時代に入って「命の再生手段」として赤い顔料が用いられていることをデュルは書き、古代エジプト人が護符として用いている赤い顔料を塗った動物の骨をミイラの上に置いたのは、赤色が「太母イシスの血を意味し、失せていく生命液を補うものと見なされた」と書く。そして、「オーストリアのアランダ族は、男が病気になると、女陰からとった血を病人に塗ったし、ニューギニアのイマル族は病人と新生児に、血や赤いオーカー土を塗った。ボルネオでは妊娠したいと思う女は、赤い粘土を塗った。……現代においてもなお地中海圏内では棺桶が鉛丹色や朱色に塗られることがよくあった」と書いている。

このように石器時代から現代まで、血は生命力・再生力と見られていたから、赤色を血と見て病人や死者・新生児に、赤い土や顔料または血そのものを塗ったのであろう。

わが国の古墳時代の石棺・木棺にも朱が塗られているが、血が生命力・再生力であることは、『古事記』や『日本書紀』が、イザナギがカグツチを斬った血のなかから、多くの神々を生んだと書いているように、わが国の神話にもある。

『播磨国風土記』の讃容《さよ》郡の条にも、「玉津日女命《たまつひめ》、生ける鹿を捕《と》り臥《ふ》せて、その腹を割《さ》き、其の血に稲種《ま》きき。仍《よ》りて、一夜《ひとよ》の間に苗生ひき」とあり、賀毛《かも》郡の条には、大水《おおみず》の神が、「吾《あ》は、宍《しし》の血を以《も》ちて佃《たつく》る。故、河の水を欲《ほっ》せず」といったとある。「宍」は動物の肉のことだから、「宍の血」は猪の肉というより動物の血の意で、大量な血を用いて田作りをしたから、河の水はいらぬ、といったのである。似た話はアメリカインディアンにもある。ウイチョール族はトウモロコシを植える前に鹿を殺して、その血を大地に注いだという。

『播磨国風土記』の血の話に登場するのは女神だが、ウイチョール族の血の話でもトウモロコシの母ケアムカムが登場する。デュルは「インドの女神ドゥルガーの春祭りのとき、一九世紀になっても毎日二十頭の野牛が屠殺され、大地にしみる血で地母神を孕ませようとした。カトマンズの谷に生きるネワル族の儀礼では、切られた頸動脈から吹き出す生暖かい動物の血を、女神タレイユはじかに口で受ける」と書いているから（前掲書）、『風土記』やウイチョール族の女神も、地母神としての太母であろう。女は毎月血を流し、また出産の時も出血するから、血を求めるのも女であり、母である。

前述したタウロボリウム祭の生贄の牡牛の血をあびる儀式の祭壇には、「永遠に再生する」と刻まれていることからも、血は万物を生み、育て、死から再生させる力をもっている。東欧の吸血鬼の魔女が「不死者《モロイ》」といわれるのも、血が再生力の源だからである。カーリーは「不死者」としての魔女である。

死と再生のための血の儀礼

『旧約聖書』でも、罪の赦しをえるためには、祭壇に血をそそがねばならなかった（「ヘベル人への手紙」九：二二）とあり、「血は生命なり」（「申命記」一二：二三）とある。

マヤの生贄儀礼でも、生贄の新鮮な血を神像の顔に塗る儀式がある。その後で生贄の若者の胴部は祭りの参加者に喰われたが、手足や首は神官のものとされたのは、手足や首がカーリー女神に捧げられたのと似ている（18のカーリーの絵では、生首を手に持ち、左右にばらばらの手足が描かれている）。

長野県の諏訪大社の御頭《みかしら》祭（旧三月酉の日）は「千《ち》鹿《か》頭《とう》祭」ともいうが、そのとき供えられる鹿の頭について『官国弊社特殊神事調』は、「当日社頭に持来るものの中には、生血の滴るものもあるを、其《そ》の俣《まま》を奉《たてまつ》るなり」と書いている。血のしたたる鹿の生首は、カルカッタの祭りの山羊の生首や、カーリー像の人間の生首と通じる。「千鹿頭」は「血方」とも書くから、「ち」は数の多さを示す「千」の意味だけでなく、「血」の意味もあった。

鹿の血については、アメリカインディアンのウイチョール族も、トウモロコシを植える前に鹿を殺して、その血を大地に注いだという。最初のトウモロコシは、トウモロコシの母ケアムカムの夫パリカタが最初に殺した鹿の血がそそがれた大地から生えたといわれているから、たぶん原伝承は鹿ではなくパリカタの血を大地（地母神ケアムカム）にそそいだのである。それはシヴァの血や肉がカーリーに飲まれ喰われるのと同じである。パリカタがケアムカムの夫になっているようにシヴァもカーリーの夫である。

千鹿頭祭をおこなう諏訪大社の伝承から、柳田国男は、「ずっと昔の大昔には、祭の度ごとに一人づつの神主を殺す風習」があったのではないか、と推測しているが（「一目小僧」『柳田国男集』第五巻）、藤森栄一は千鹿頭祭の神使について、「神使に選ばれた御頭郷の十五歳の童男のうちに、祭後、ふたたびその姿をみたものがない例がある。密殺されたものらしい。そこで、その選をおそれて逃亡したり、乞食または放浪者の子をもらい育てておいて、これにあてたことがある」と書いている（『諏訪大社』）。

こうした記述は、血のしたたる鹿の頭の供儀や、鹿の血を大地にまくことと無関係ではないだろう。「童男」は鹿に代る前の生贄であり、23の供養者や24のタウロボリウム祭の神官と重なる。

動物の生贄の前は人間であったことは、カーリー、ドゥルガー祭が盛んにおこなわれるベンガル地方のドラヴィダ族のコンド人の供儀からもいえる。その供儀では「メリアハ」といわれる生贄が大地の神（「タリ・ペンヌ」または「ペラ・ペンヌ」といわれる）に捧げられるが、生贄は、かつて生贄になったことのある両親の子（特に男の子）、またはその家の男性が選ばれる。生贄の男子はバターとキョウオウを塗られ、花で飾られ、行列を組んで森の供儀場へ運ばれる。それからのことを、エリアーデは次のように書く。

彼に捧げられる尊敬はほとんど礼拝というにふさわしい。群衆は彼のまわりで音楽に合わせて踊り、大地をよんで叫ぶ。「おお神よ、われら汝にこの犠牲をささげたてまつる。われらによき穀物と、よき天候と、よき健康を与えたまえ」と。……夜中一時オルギーは中止されるが、朝になるとまた始められる。そしてすべての人々がこの供儀を見ようと、もう一度メリアハのまわりに集ってくる正午ごろまでつづく。メリアハを殺す仕方は、阿片を飲ませて縛り、その骨を砕いたり、または締め殺したり、ばらばらに切断したり、あるいは大火鉢の上でゆるゆると炙ったりする。重要なことは、そこに出席するすべての人、従ってこの祭に代表を送ったすべての村は、この犠牲に供された肉の一片を頒《わか》ち与えられる、ということである。司祭者は注意ぶかくその肉片を分配し、それは直ちにすべての村に送られ、畑に華美な行列を立てて埋葬される。のこされたもの、特に頭と骨は焼かれ、その灰は同じ目的――よき収穫を確実なものとするために――耕地にまかれる。イギリス当局が人身供儀を禁止して以後、コンド人はメリアハの代りに特定の動物(牡山羊とか牡の水牛)を用いるようになった。

このように書いてエリアーデは、人身供儀は「『力』の再生を目的とした儀礼」と書くが(『大地・農耕・女性――比較宗教類型論――』)、この再生儀礼の生贄はイギリス当局が禁止するまでは人(男子)であった。ところが前述した牡山羊を生贄にするカーリー祭・ドゥルガー祭も、同じベンガル地方のカルカッタの祭りであるから、かつては牡山羊でなく人間であったろう。

諏訪神社の生贄の「童男」はメリアハにあたるが、マヤの生贄も心臓が神に捧げられた後、メリアハと同じに参加者によって喰われているから、第一章で述べたわが国のカニバリズム伝承や儀礼

25　カーリーの死と再生と聖婚を表現した18世紀の絵。横たわるのはシヴァ

からみて、諏訪の場合も生贄の肉と血を喰い飲んだであろう。

諏訪の「童男」は2(二一九頁)のマヤの生贄と同じで、再生力を秘めており、神の形代であるから、「喰われる神」である。17のカーリーに喰われるシヴァも「喰われる神」である。

カルカッタのカーリーやドゥルガーの祭りには、生贄の血が母なる大地に多量に流されるのは、カーリー像に血を塗ったり注《そそ》いだりするのと同じで、流される生贄の血は「喰われる神」の血である。血を吸う母なる大地をケレーニイは「テリブル・マザー」とみて、

受胎する大地の子宮は、冥府の貪り喰う死の口となり、地獄の奈落・深淵の暗い穴・墓・死・光のささぬ暗黒・虚無の貪り喰う子宮として、大きな口を洞穴の形で開けている。なぜなら、太母は、地上の生きとし生けるすべ

26　18世紀に描かれたチンナマスター

てを産み出すが、同時にそれらの生命を自らの中に連れ戻し、犠牲を求めるからである。したがって、あらゆる民族で、戦いや狩りの女神は生命と血を求める女性として体験され、表現される。テリブル・マザーは、自分の子を喰ってふとる飢えた地球である。飽食すると、彼女はまた新しい誕生を吐き出すが、それはいつも殺すためである。

と書いている（『グレート・マザー』）。

　血を飲み肉を喰うこと、つまり殺すことは、再生のためである。そのことを25の一八世紀に描かれたカーリー女神の絵が示している。体からふき出た血はカーリーの切られた首の口と、両脇の女性（再生したカーリーの分身）の口に流れている。横たわっているのはシヴァだが、カーリーとシヴァの関係は、26の一八世紀に描かれた絵ではっきりする。こうした表現のカーリーを「断頭女《チンナマスター》」といい、「偉大な女神《マハーヴィディヤー》」の聖なる行為として25・26の「断頭女」は描かれている。

自らの首を切る「断頭女」は、流れる血を吸って再生するから、「偉大な女神」というが、26ではチンナマスターの下にはマハーヴィディヤーとシヴァの性交が描かれている。チンナマスターもマハーヴィディヤーであるから、この絵は死と再生を示しているが、再生のための性交も女上位である。

生首《なま》を皿にのせた25・26の絵は、次頁の27のオウブリイ・ビアズレーがオスカー・ワイルドの『サロメ』の挿絵として一八九三年に描いた「踊りの報酬」を連想させる。サロメは踊りの報酬として、ガラリヤの王妃であった母のヘロデヤから、ヨハネの生首を得た。切られたばかりの生首から血がしたたっているのは、16や25・26に描かれている生首の絵と同じである。28は「クライマックス」と題されているビアズレーの絵である。サロメがヨハネの生首の口に接吻しようとしているのは、ワイルドの一幕劇『サロメ』では、サロメはヨハネに恋心をもっていたことになっているからである。聖ヨハネの首を切ったサロメとヨハネに、愛情関係を設定したワイルドの作品は、ロンドンでは上演できなかった。なぜならキリスト教社会では、サロメは悪徳の象徴として魔女とみられていたからである。

27　ビアズレーの描いたワイルドの『サロメ』の挿絵

28　ワイルドの『サロメ』の挿絵のビアズレーの「クライマックス」

ワイルドは、聖書物語では善（ヨハネ、男）と悪（ヘロデヤ・サロメ、女）の代表として、対立関係にあるヨハネとサロメを、愛で結びつけたから、この劇は異端とみなされ、イギリスでは上演できなかった。聖ヨハネと魔女サロメの愛の物語など、キリスト教社会では許せることではなかった。しかしインドでは、生首を持ったサロメ王女と同じイメージの女神は、「偉大な女神《マハーヴィディヤー》」としてあがめられていたのは、死と再生の象徴としてサロメ的表現がなされていたからである。

ルーマニアの吸血鬼伝承とアイルランド

『吸血鬼ドラキュラ』の作者のストーカーも、『サロメ』の作者のワイルドも、なぜかアイルランド人である。アイルランド人はケルトの血をひくが、拙著『十字架と渦巻』で書いたように、アイルランド人はドルイドの輪廻転生観をもち、十字架に輪をつけた特異な十字架を立てる、異教的性格の強いカトリックである。直線的思考の十字架では、魔女と聖女は対立の構図で、魔と聖・悪と善は交わらない。しかし円環的思考の輪では対立は一体になる。魔女も吸血鬼も悪や死の象徴ではない。善や生を内包している。そうしたケルト的十字架の思考をワイルドやストーカーはもっていたが、魔女狩りのなかったギリシア正教のルーマニアにも、同じ思考がみられる。

吸血鬼ドラキュラは男だが、本来の吸血鬼は女であったことは前述したが（ヘロデヤ・サロメも女であり、インドでも女神である）、吸血鬼になるストリゴイといわれる魔女が、動物に変身して飛行するのは、聖ゲオルギウスの夜（四月二十三日）と聖アンデレの夜（十一月三十日）の二回に限られている。

聖ゲオルギウスの夜の魔女の行動について、ヨアン・P・クリアーノは、「この夜は彼女らは飛翔して集会に赴くだけでなくて、魔術の実践をすると思われているのである。とりわけ、彼女らは近隣の者の播種の『能力』を自分のうちに蓄え、それを自分の畑に移すために、裸体で畑に赴くと信じられている。自分の畑は豊かな収穫となり、他人のそれは貧しくなるのである。さらにまた、彼女らは同じことを近隣の牛舎でおこない、牛の『能力』を自分の家畜に移し、多量で上質の乳が出るようにするのである」と書いている（『ルネサンスのエロスと魔術』）。

本来は太母の能力である生命力・成長力・豊饒力を、教会が魔女の能力にしてしまったから、自分の畑や家畜のみに生命力・成長力・豊饒力をもたらすエゴイズムの能力になって、悪行の能力に変えられてしまったのである。聖ゲオルギウスの日に「播種の能力」が発揮されているのは、この祭りは本来はローマの復活祭であり、太母信仰によっているからである。ローマ人の祭りが聖ゲオルギウスというキリストの聖者の名をとって、キリスト教の春の豊饒祭になっているのである。

キリスト教の聖ゲオルギウスは、本来はローマ人の救世主としての春の精であった。ゲオルギウスの英語的発音がジョージだから、イギリスでは「緑のジョージ」といった。ドラゴン殺しの聖ゲオルギウスは、この緑のジョージと実在したアリウス派の司教の話が合体して作られた伝説といわれているが、聖ゲオルギウスの表象はウェシカ・ピスキスである。ウェシカ・ピスキスは29のような形だからキリスト教会は盾と解釈しているが、ウェシカ・ピスキスは本来は女陰表象だった。し

29　ウェシカ・ピスキス

たがって子宮表象ともなり、胎児としてのイエスを包む形としてあらわされた太陽神の添え名であったが、ルーマニアの魔女が動物に変身して飛行する聖アンデレの夜のアンデレも、本来はギリシアのパトラス地方で祀られた太陽神の添え名であった。ギリシア正教会がそのアンデレを、ローマ教会の聖ペテロに対抗して、パトラスで殉教した聖者にしたのである。聖アンデレの日も収穫祭であり、播種祭の聖ゲオルギウスと聖アンデレの日は、農民にとっての最大の祝日であった。したがってこの祭りの夜にのみ魔女《ストリゴイ》が飛行するというのは、播種と収穫にかかわる太母の飛行を、彼女たちが代行したからである。したがって太母が求める血が、ストリゴイの吸血鬼伝承となっているのである(二五四〜二五八頁参照)。聖ゲオルギウスが幼児と仔羊を喰うドラゴンを退治したというのも、聖ゲオルギウスがウェシカ・ピスキスに包まれた胎児イメージをもっていたからである。ウォーカーも、聖ゲオルギウスのシンボルのウェシカ・ピスキスは「女神の女陰をあらわす原初の肥沃のシンボル」と書いているが(前掲書)、聖ゲオルギウスは胎児つまり種のイメージをもっていたから、「緑のジョージ」であり、魔女《ストリゴイ》は「播種の能力」を発揮するのである。

ストリゴイが飛行するもう一つの祭、聖アンデレの夜の「アンデレ」の語源も、ギリシア語の「男性」「男性生殖能力」の意であり、聖ゲオルギウスとかかわるから、ウェシカ・ピスキスが太陽神の添え名になっているように、古代ギリシアではアンデレも太陽神の添え名になっていたのである。

東欧の吸血鬼伝承では、吸血鬼には二つの心臓（あるいは二つの魂）があり、人間と同じ心臓（魂）は死んでも、もう一つの心臓（魂）が動きまわる不気味な不死者《モロイ》であった。夜、血を求める吸血鬼は、もう一つの人間と同じ心臓の再生を願って血を吸うのだが、後になると普通の人も死んで吸血鬼になるとみられたから、東欧では埋葬後三年から七年のあいだに死体を掘りだして、もし腐敗していない場合は、心臓に杭を打ち込んだ。こうした風習は、死体が腐敗していないのは母なる大地・子宮に帰っていないとみたからである。わが国で「成仏」していない人は幽霊となって夜あらわれるといわれているように、吸血鬼となって夜あらわれるといわれたのであり、これはキリスト教的ではない。このように東欧（この場合はルーマニア）には、十字架に輪をつけるアイルランド人と同じような非キリスト教的考え方があったのである。

吸血鬼としての日本の山姥・鬼女

ルーマニアの吸血鬼は「魔女《ストリゴイ》」だが、日本の吸血鬼も「鬼女」といわれる女性である。その鬼女の中でも吸血鬼は山姥の例が多い。山姥が人に会って笑ったら、これから人間の血を吸うぞ、という知らせだから、必ず逃げ出せ、といわれているが、熊本県の山中で山師の母親が塩を買って帰る途中、山犬落しというところで、バッタリ山姥にあった。山姥の髪の毛は長く伸びて地面にとどくほどで、その毛には節があった。彼女は笑って母親の血を吸ったので、母親は大声をあげ、その声におどろいて山姥は逃げたが、山師の母親は血を吸われたのが元で、まもなく死んだという。熊本県と宮崎県の県境の山中では、山仕事をしている者が小屋で寝ていると、山姥が入ってきて血を吸っていく、という話が伝わっている（今野円輔『日本怪談集』）。

磯女も吸血鬼である。九州の有明海に面した西郷という漁村で一人の相撲取りが、夜、砂浜を通っていると、長い黒髪を砂浜にまで垂らした美女がいた。こんな夜更けに何をしているのだろうかと思い、近寄って声をかけようとしたとき、女は鼓膜が破れるような鋭い声を出した。驚いて立止まると、女の髪の毛が彼の身体に触れ、彼の血はその髪の毛を伝わって、すべて吸われてしまった、という。長い髪を地上にまで垂らしている点では、山姥と磯女は同じである。

『日本書紀』に応神天皇の妃として迎えられた九州の日向の髪長姫が、角のついた大鹿の皮を着て、船に乗って来たとあり、髪の長い姫は山（鹿）と海（船）にかかわっており、吸血鬼としての山姥も磯女も九州の女だが、髪長姫も九州である。髪の長い女性は特別な女であり（だから天皇の妃に召されている）、太母的性格の髪長姫の性格をもつのが血を吸う山姥・磯女だから、彼女たちも長い髪を垂らしているのであろう。

宮田登は『ヒメの民俗学』で、吸血鬼伝承は山姥・磯女以外に、雪女には生血を吸ったという話はないが、彼女に会うと血の気がなくなり、精気を失うといわれているから、雪女も吸血鬼イメージだと書き、「吸血鬼ドラキュラは、永遠不滅の生を保つために俗人の血を吸っていたが、いったい磯女や山女の吸血の目的は何であったろうか」と問い、「山女や山姥には出産の影がまとわりついており」、海の妖怪の濡れ女が子連れであることから、「海辺の濡れ女や山中の山姫がいずれにせよウブメ＝産女の系譜に位置づけられることは明らかである。妊娠中に死んだり、出産中に大量出血して死んだ若い女の霊が、赤子だけでもこの世に戻したいと念じて、赤子を抱いて、四辻や橋のたもとに出現するという話は、海辺の濡れ女に限定されるものではなく、女の妖怪として、もっとも普遍的なフォークロアの対象となっている」ことをあげ、「山女や磯女の吸血性についていうならば、恐らくは出産に伴う大量出血を補おうとして、女の妖怪は、通行人を襲ったことになるのだろう。ドラキュラの目的と、日本の吸血女の目的の相違は、ここにも歴然としてくるのである。」と書く。

　実在のドラキュラ公は前述したように多量殺人をおこなったが、吸血鬼ではない。吸血鬼伝承の吸血鬼は本来は不死者《モロイ》になった魔女《ストリゴイ》である。宮田の書く「出産に伴う大量出血を補おうとして」吸血女になったという考え方は、吸血鬼が女性であったことと重なる。特に女性が生き血を求める伝承が多いのは、出産・月経などで大量に出血するからである。しかし女性の吸血鬼伝承は大量出血だけが原因ではない。宮田があげる出産・産女《うぶめ》・子連れ伝承をもつ山姥・山女・山姫は、一方で人を喰う伝承をもち、吸血は食人と結びついている。吸血・食人と妊娠・出産の両方の伝承を彼女らがもっていることは、くりかえし書いている太母の二面性の反映である。そのことでは、日本の魔女的女性の伝承も、基本的にはヨーロッパやインドの太母及び魔女伝承と同じであり、宮田の書くように相違が歴然とあるとはいえない。

　吸血・食人にともなう死は、出産という生に結びついているから、流した血は新しい生命にかか

わる。そのことをデュルは、
　大地に撒かれた血から植物が芽吹くという観念は、世界の至る所に見られる。たとえば、インカ族では播種の時期になると、大地の母パチャママに子供が捧げられた。これは子供の血は大地を強くするという信仰のためだった。今日もなお各地で種を播く時には投石器や投げ縄を使って競技が行なわれ、死者や負傷者の血を耕地に飲ませるが、それは「良い一年となり、豊作であるように」するためである。北米の南東部インディアンの神話では、トウモロコシの田は殺され、その死体は畑を引きずり回された。その血が大地に落ちたところから新しいトウモロコシが生えた。一八三八年四月、ポーニー族はスー族の娘をさらって殺し、その遺体をトウモロコシ畑に運んだ。彼らはそこで植えられたばかりのトウモロコシに血を擦り付けていった。スキディ族が明けの明星に捧げる娘の血は、殺したバッファローの頭と舌に垂らされ、その獣の多産を確実なものにしようとした。イングランド北東部ノーサンバーランドの王オスワルドが七世紀のある戦闘で致命傷を負って倒れ、血を注いだ地点には、特別に背が高くみずみずしい草が生えたと言われている。こういう観念は栽培するようになって初めて出て来たように見えるかもしれないが、そうではない。たとえばセマンダ族のような狩猟民は果樹の花を咲かせようと自分たちの血を捧げ、コードファン地方の狩人は獲物の血を流す償《つぐな》いに、それらの再生を願って自分の血をお返しとした。
と書いている（『再生の神セドナ』）。

日本でも柳田国男の「日本の昔話」(『定本柳田国男集26』所収)には、熊本県天草郡に伝わる話として、母が三人の子に留守番をさせて寺参りに出かけた後、山姥が母に化けて帰って来て一番ちいさい子を「ガリガリと喰べてしまった」ので、二人の大きな子は家の外の桃の木に登った。山姥も登ってきたので、空を見上げて「天道《てんとう》さん金《かな》ん綱」と大声をあげると、天から鉄の鎖が下りてきた。子供たちはその鎖で天に登ったので、山姥も同じように大声をあげたら、天から腐れ縄がおりて来て、それにつかまって蕎麦畑に落ちた山姥は、石で頭を打ち割って死んだ。そのとき流した血によって、畑の蕎麦の茎は真赤になった、とある。高木敏雄の『日本伝説集』の天草地方の伝説にも同じ話が載るが、赤くなったのは蕎麦の葉になっている。大林太良は山姥が死んで流した血が蕎麦の茎・葉を赤くしたというのは、「死体化生型の作物起源神話につらなる性格をもっている」と書いているが(「生活様式としての焼畑耕作」『日本民族文化大系・5』所収)、デュルがあげる諸例も同じである。天草の昔話と同じ話でも、血で赤くしたのは蕎麦でなく黍(佐賀県神崎郡・長崎県北高来郡)、ほうれん草の根(大分県宇佐郡)、唐黍の根(熊本県玉名郡)という昔話もある。

また、牛車の積荷の魚を山姥が喰い、さらに牛を喰い、牛方《うしかた》まで喰おうとしたので、牛方が山姥をだまして釜ゆでにした。山姥の体はとけたが、釜にいっぱいになった赤い血を捨てると、蕎麦の茎が赤くなった、という昔話もある(愛知県西尾市、山口県大島郡、徳島県名西郡)。広島県安佐郡の類話では唐黍の茎が赤くなったとあり、宮城県栗原郡の類話では、山姥の血をそそぐと人参がいっぱい生《は》え出た、とある。

このように日本の吸血鬼や血の伝承も、基本的には同じだから、吸血鬼や食人鬼的な山姥・山女・磯女は、いずれも女性であり、作物を育てるために血を流すのも山姥になっている。血を求め、自からも血を流す「偉大な女神《マハーヴィディヤー》」と山姥は同じ性格であり（そのことは第三章でくわしく述べる）、吸血鬼である魔女《ストリゴイ》も「偉大な女神」なのである。

III　魔女と人を喰う山姥・鬼女

魔女と山姥の共通性

わが国の民間伝承の山姥も人を喰い、魔女と同じに空を飛ぶ。30は江戸末期から明治初期に活躍した画家月岡芳年が描いた新潟県の「鬼女」で山姥の弥三郎婆である。この弥三郎婆と魔女について、宮田登は、

ヨーロッパの魔女たちを、いちがいに日本の女性史の中に持ち込むことはできない。あきらかにかれらの宗教風土とは異質なものだからである。しかし恐し気な魔女に類するイメージは、日本の民俗に皆無であったわけではない。たとえば新潟県越後平野の西端にそびえる弥彦山にある弥彦神社に行くと、弥三郎婆の像がある。……弥三郎婆の伝説によると、弥彦山麓に弥三郎という孝行息子がいた。母一人子一人であるが、母親は残忍な性格で人肉を好んで喰っていたため、村人は鬼婆として恐れていた。……ある年の夕暮、弥三郎が家に帰る途中、突然怪物に襲われたので、とっさに持っていた鎌で怪物の手を切り落した。弥三郎はこの腕をもって帰宅すると、母親は具合が悪いと臥していた。そして、その腕をみると、とたんに起き上がって、これは私の腕だと奪いとり、家の煙出しから飛び去り、弥彦山にこもってしまった。そして時折、山麓に出てきては人肉を喰って二〇〇〇年間も生きた。一二世紀半ば、宝光院住職典海によってこの鬼婆は罪を悔い、沙陀羅天に祀られた。神になると、今度は善人を保護し、悪人をこらしめるようにな

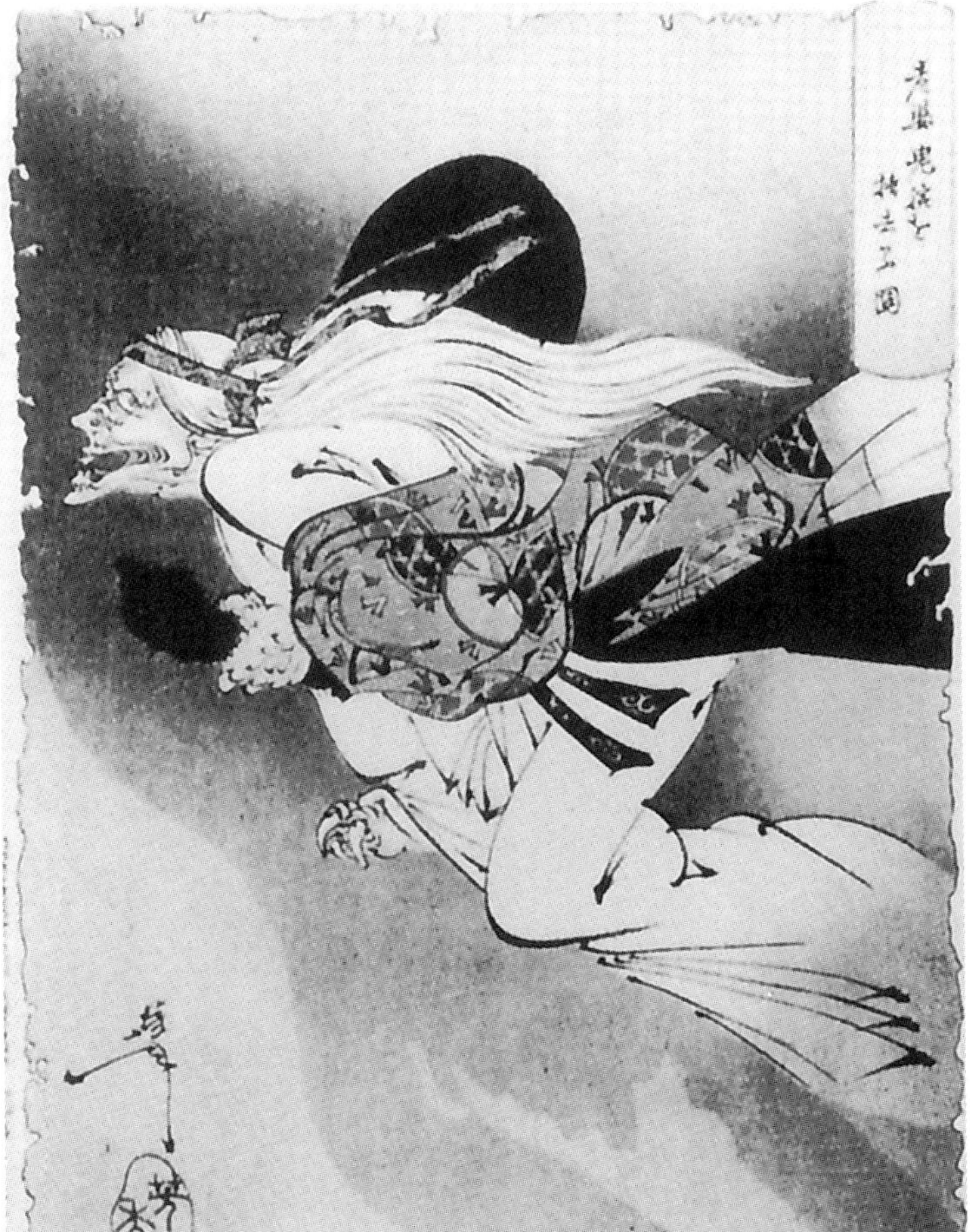

30　月岡芳年が描いた「弥三郎婆」

ったという。

と書き、「こうした鬼女伝説は、山中に住む山姥の伝説をベースにして、日本の山間部でよく語られている。……妖術を使ったり、人肉を食ったりする鬼女として位置づけられ、やがては中央の仏教の管轄下に置かれたが、その際、鬼女が神に転生して、霊験あらたかな存在になるという民俗になったことは、日本の鬼女の特色の一つだろう。彼女たちは魔女のごとく悪魔の眷属として徹底的に排除されなかったのである」と書く（『ヒメの民俗学』）。

宮田のいう「魔女」は中世ヨーロッパの魔女だが、日本の山姥・鬼女が「悪魔の眷属として徹底的に排除されなかった」のは、人肉を喰うヒンドゥー教のカーリー女神の恐しい像や絵が、崇拝の対象として、今もインドやネパールの人たちによって礼拝されているのと同じである。キリスト教社会の魔女のような扱いをうけなかったのは、これらの神話・伝承のある地域の信仰が、キリスト教のような一神教でなかったからである。

平安時代末期の一一一〇年代から一一二〇年代に成立したとみられる『今昔物語集』（巻二十七、二十三話）に、「猟師の母、鬼となりて子を喰はむとすること」と題する話が載る。昔、二人の兄弟がいて、いつも山に入って鹿を弓矢で射っていた。あるとき高い木の上で鹿を待ち伏せしていたが、鹿はこなかった。そのうちに兄のいた木の上から、なにやら手がのびてきて、兄の髪の毛を持って上の方へ引き上げた。兄が不思議に思って髪の毛をもつ手をさぐってみると、よく枯れて老いさらばえた人の手であった。これは鬼が自分を喰おうとして引き上げているのだと思った兄は、向う側の木の上にいる弟にむかって、自分の頭の上を射れ、と命じた。弟が兄の言うとおりにすると、兄の髪の毛をつかんだまま切れた手がぶら下がってきた。その手を持って自宅へ戻ってみると兄弟の母がうめき声をあげていた。兄弟は切れた手が母の手によく似ていたので、母の部屋の戸を開けると、母が起き上がって、つかみかかってきた。兄弟は切れた手を母の部屋へ入れて立ち去った。母は間もなく死んだが、母の手は手首から切られてなかった。そこで切れた手が母の手であったことがわかった、という話である。

怪物に襲われ、切り落した怪物の手が母の手であったという弥三郎の話の原話が、この『今昔物語集』の話だが、弥三郎の母は山へ入って鬼婆に変身しているのは、山のサバトへ行って魔女に変身した話と似ている。

新潟県の柏崎市に伝わる話では、鬼女になった弥三郎の母は、山犬や狼を連れて弥三郎を追いかけ、弥三郎が大木にのぼると、つづいてのぼってきて弥三郎をつかみ落そうとしたから、持っていた鉈で弥三郎が額をなぐると、悲鳴をあげて逃げていった。弥三郎が家へ帰ってみると、母が額を柱で打ったと言って、額に傷をうけており、弥三郎の子供が見えないので、母に所在を聞くと、味噌だと思って嘗めて喰ってしまった、といい、鬼の正体をあらわして、暴風雨をおこして八石山の方へ逃げて行った、という。鬼女が山犬や狼を連れていることからみても、鬼女は本来は山女・山姥である。

弥三郎婆は暴風雨をおこして、山にむかって、空を飛んで行くが、魔女も嵐を呼んで、山のサバトへ空を飛んで行く。家から山へむかうときには、魔女になった女性は煙突から出て行くが(31)、鬼女になった弥三郎の母も、家の煙出しから飛び去って、山にこもった。弥三郎の母は片手を切り落されるが、ヨーロッパの魔女伝説でも、猫に化けた魔女の前足を農夫が切り落したところ、その前足は自分の妻の手だったという話があり、母と妻のちがいがあっても、共通性がある。このよう

31　サバトへ向かう魔女。16世紀

32　人肉を喰い生血を呑む荼吉尼天

な共通性は、河合隼雄が『昔話と日本人の心』で山姥に太母イメージをみているように、いずれも太母にかかわる伝承だからである。

鬼子母神の食人と産育

弥三郎の母は弥三郎を喰おうとしたが、その前に孫を喰っている。このような小さな子を喰う伝承は、鬼女や山姥の人喰い話に多い。大分県の宇佐郡や西国東部の山姥伝承では、山姥は赤ん坊を喰ったとあり、長崎県の天草や壱岐では、山姥は三人兄弟のうち一番ちいさな弟を喰っている。福岡県宗像郡の昔話では三人姉妹の末の妹が山姥に喰われている。

東北や新潟では、山姥が鬼婆になっているが、福島県いわき市の話では、七人兄弟のうち一番ちいさい末子が喰われており、新潟県では三人兄弟の末子が喰われたという話になっている。山姥・鬼婆が兄弟姉妹のなかでも特にちいさな末子を喰うというのは、大分県の赤ん坊を喰う話と同じ意味である。魔女が喰うという子供も、魔女伝承では赤ん坊が多い。なぜ嬰児が喰われるかについては前述（二三八〜二四五頁）したが、喰うのは女性である。インドでも人喰い神話はシヴァを喰うカーリーのように女神である。このカーリーの分身・使《つか》い女《め》のダキニは、わが国では「荼吉尼天《だきにてん》」といわれているが、32のように人を喰う女神である。

32の絵では、中央の荼吉尼天が人の手と足を喰い、左右の荼吉尼天が生き血の入った髑髏盃を持っており、前に横たわるのはシヴァである。このシヴァは、カーリーにむさぼり喰われるシヴァ(17)、生首《なま》を持ったカーリーの足元のシヴァ(16)と重なるが、喰われるのは男で喰うのは女である。

鬼子母神も子供を喰うといわれているが、荼吉尼天と同じに仏教と共にインドから中国を経由して入ってきた女神である(インドでは「ハーリティ」というが、漢字で「珂梨帝」と書くから「珂梨帝母《かりていも》」という)。

鬼子母神(珂梨帝母)は、鬼子母経によれば、彼女には千人の子がいた。五百人は天上、五百人は地上(世間)にいたが、その中で千人目の末子を愛奴(経によっては「嬪加羅」)と名づけ、特に愛情をそそいでいた。しかし彼女は他人の子供を殺して食べていたから、仏《ほとけ》は彼女を教化するため愛奴をかくした。愛奴を探し求めたがみつけることができず悲嘆にくれている鬼子母神の前に仏があらわれ、「汝は千人中ただ一人の子を失なって悲嘆懊悩しているが、汝に喰われた親たちは、汝以上に悲嘆にくれている。その胸中を察したことがあるか」、と説いて子を返した。以後、彼女は子供を喰うことをやめて、仏に帰依し、誓願を立て、子授け・安産・子育ての女神(ときには、盗難除《よけ》の守護神)になった、というのである。

恐しい太母(テリブル・マザー)の一面(テリブル・マザーについては、二六一・二七七頁参照)と共に、太母は生命を生み育てる豊饒神、大地母神の一面をもつ。鬼子母神伝承は仏教説話になって変質はしているが、食人と産育の説話があり、本来の太母伝承を残している。

33　鎌倉時代の鬼子母神像

34　14世紀のマリア像

鬼子母神は手に吉祥果として柘榴《ざくろ》を持っている。33は鎌倉時代の鬼子母神（訶梨帝母）像だが、手に柘榴を持ち子供を抱いている。ところが、34の一三四〇年頃に作られた聖母マリア像でも、マリアは柘榴を持っている。柘榴はキリスト教では、永遠の生命、豊饒の象徴であり、多くの種子が集まっているので、信徒の集まる教会の象徴になっている（教会を「マリア・エクレシア」という）。ウォーカーは、「ザクロは、女神の生殖器を表わす礼拝堂に対する呼び名として、聖書の中で用いられており（『列王紀』下五：一八）、リム（「生む」）を語源とする。赤い果汁と多くの種子を持つザクロは、豊饒な子宮の原始的なシンボルであった。したがって、再生をもたらすために、霊魂は冥界でザクロを食べた。救世主アッティスの処女母であるナナは、ザクロの種子、もしくはアーモンドを食べて、彼を懐胎した。アーモンドもまた女陰のシンボルであった」と書く（前掲書）。アーモンドは「ウェシカ・ピスキス」（二八四頁参照）の形であり、「ウェシカ・ピスキス」は「アーモンド型」と呼ばれている。

鬼子母神も聖母マリアも、女陰・子宮を象徴する柘榴を持つことで、太母《グレート・マザー》であることを示している。グレート・マザーの鬼子母神は33では子供を抱いているが、聖母マリアもイエスを抱く母子像が多い。このような母子像の太母を表の面とすれば、テリブル・マザーとなって子を喰う太母は裏の面である。この表裏が、鬼子母神では子供を喰った話と安産・産育の女神の信仰という、二面性になっているのである。鬼子母神や聖母マリアが手にする柘榴は、その二面性（死と生）を表現している。

ウォーカーが書くように、柘榴は豊饒表現であるが、冥界の果実でもある。デュルも、「インドのザクロは明らかに地下冥界の神と結びついていた。ギリシアでもザクロは死と冥界に関連していた。ザクロの木は両性具有のプリュギアの太母神アグディスティスが去勢されたとき流した血から生じた。ペルセポネが冥界に囚われの身となったのは、この実を食べたからである」と書いている（前掲書）。このように柘榴は死・冥界とかかわるが、柘榴の裂け目は陰唇とみられており、性交・出産を表象しており、26の「断頭女」の絵の性交図の二面性を柘榴は示している。

太母アプロディテ（ヴィーナス）は魔女の祖型であることは、前著（『魔女はなぜ空を飛ぶか』）で書いたが、35のように紀元前六～五世紀のキプロス島出土のアプロディテも柘榴を持っている。ギリシア

35　紀元前 6〜5世紀のアプロディテ像

の太母、キリスト教の聖母、そして鬼子母神がいずれも柘榴を持つのは、太母という根でつながっていることを示している。わが子を喰う母は、死と再生の太母の一面の表現だから、食人伝承に出産伝承がある。子を喰う鬼子母神も太母だから、安産・産育の女神になっているが、山姥も太母だから食人・吸血伝承と出産・産育伝承をもっている。

子供を「喰う」と「生む」が一体の山姥伝承

山姥崇拝の一つの中心地である静岡県佐久門町西渡の明光寺には、この地の山姥伝承にもとづいて丸木位里が描いた山姥の扁額があるが、36の絵のように空を飛んでいる。しかし老婆でなく、笹を口にくわえ、豊満な乳房を出し、三人の赤ん坊に乳をのませて山上を飛ぶ、若い母の姿である。三人の子は山姥の子供だが、柳田国男は「山姥奇聞」(『定本柳田国男集』所収)でこの絵の元になった山姥伝説について、『遠江国風土記伝』を引用して、三人の子が里に降りて子供を害したために、秋葉山へ母子は逃れて祀られた、と書き、大護八郎は『山の神の像と祭り』で、地元の人から聞いた話では、山姥が赤ん坊を喰ったので、秋葉山へ三人の子と共に逃げて、そこで祀られたと書く。子供を喰って祀られるというのもおかしな話だが、丸木の絵でも子供を育てる母のイメージである。

山姥が赤ん坊を喰ったといわれている地元では、「後世に至るまで毎年子生《こうみ》たわの岩の上で山姥を祀った」と柳田は書いているが、大護は「明光寺の前を尾根沿いに百メートル程行ったところに巨岩に幾つかの凹みがある。山姥が出産の苦しみに岩に爪を立てた跡と伝えられて、この辺を『子産みタワ』といっている」と書いている。子供を喰った山姥を、子生み子育ての山の神として祀っていることからも、山姥は前述した二面性をもつ太母である。したがって山姥は、30や37(山形市立石寺姥堂)のようなおそろしい容貌である一方、38(群馬県利根郡片品村花咲)のような聖母マリア的イメ

36 丸木位里の描いた飛行する山姥

37 山形市立石寺の姥堂の山姥

38　聖母マリア的な山姥像

39　歌麿の「山姥と金太郎」

ージの母子像もある。

　こうしたイメージはカーリー女神にもあるから、16のような恐しいカーリー女神象が崇拝の対象になっているが、21のようなカーリー像もある。30・37の山姥が16〜19・22のカーリー像なら、36や38の山姥は21のカーリー像である。

　39は歌麿の「山姥と金太郎」の絵であり、40は江戸時代の画家長沢蘆雪の「山姥図」だが、子供は金太郎である。画家のもつ山姥イメージもこのように正反対なのは、山姥にある二面性による。

　41は江戸時代の画家鳥山石燕が描いた謡曲「黒塚」の鬼女が人肉（手）を喰おうとしている場面だが、元の

40　長沢蘆雪の山姥図

41　鳥山石燕の鬼女図

話は福島県の安達《あだち》が原の昔話であった。その昔話によれば、天皇の正妃に迎えられるほど身分の高い姫は、うまれつき目と耳が不自由だったので、姫の乳母は陰陽師に相談した。陰陽師は姫の目を見えるようにし、耳がきこえるようにするには、母の胎内にいる胎児の生き肝を食べさせればいい、といった。乳母は都では役人の目がきびしいので、陸《みち》奥《のく》の安達が原にまで来てあばら家に住み、そこで妊婦を待った。ある日、明日にでも子供が生まれそうな妊

42　芳年の「安達が原ひとつ家」の絵

婦とその夫が宿を乞うた。老婆は夫に産湯を沸かす薪を集めてくるように頼み、夫がいなくなるのをみはからって、妊婦の腹を包丁で切り裂こうとした。

この話を、切られた腕をかかえて空を飛ぶ弥三郎婆（32）を描いた月岡芳年が、「奥州安達が原ひとつ家の図」と題して、42のような絵を描いている（一八八五年〈明治一八年〉に描かれたこの絵は、風紀紊乱の罪で発禁処分になっている）。

妊婦は腹を切り裂かれる前に、息もたえだえに自分の名前を明かすが、その名を聞いて老婆は長い間別れていた自分の娘であることを知るという話だが、この昔話も、山姥伝承の一つである。主人公は乳母であるが、「姥」は「乳母」の意もあり、金太郎を育てる山姥も乳母である。胎児の「肝《きも》」を喰うというのは嬰児を喰う話が変化したのであり、殺したのがわが子であったというのも、わが子を喰う山姥譚の変型である（「キモ」に漢字の「肝」をあてるから肝臓と解されているが、わが国では心臓も「キモ」といった。特に猟師は心臓と肝臓を「キモ」といった）。

この話にも太母の二面性があらわれている。姫とその乳母の関係は妊婦とその母の関係と重なり、妊婦の腹を裂いて出した胎児の「キモ」を姫に食べさせようというのは、わが子を殺してわが子を助けようという話であり、善の動機と悪の行為が結びついている。弥三郎婆の話ではわが子を喰うという悪の面のみが強調されているが、安達が原の話は両面が語られているから、食人と共に出産を示す妊婦を登場させている。妊婦の腹を裂くのは出産イメージだが、この話では殺害であり、生むと殺す（喰う）が一体になっている。

なぜ嬰児を喰い胎児を薬として用いるか

43は山東京伝（一七六一～一八一六）の『優曇華《うどんげ》物語』の「黒髪山の鬼女妊婦を殺して胎児を奪う」場面を描いた、喜多武情の挿絵である。京伝の「黒髪山の鬼女」は、「黒塚の鬼女」を参考にしてい

43　喜多武情の「黒髪山の鬼女」の絵

るから、黒塚の鬼女と同じに妊婦の腹を裂いて胎児をとり出している。魔女は胎児を喰い、胎児の黒焼は万病の薬として魔女が用いたといわれているが、黒塚の鬼女の話でも、母が娘の腹を切り裂いて胎児をとり出し、胎児の生肝を薬として用いようとする話であり、魔女伝承と共通性がある。

『今昔物語集』の巻第二十九は「悪行」の話を集めた巻だが、この巻の第二十五話に、昔、平貞盛（平将門の乱を平定した武将）が丹波守（貞盛は九七二年に丹波守に任ぜられ、九七四年に陸奥守に転じている）であったとき、矢傷によってそのままにしておけば死ぬといわれた「悪しき瘡《かさ》（悪性のできもの）」になったので、胎児の生き肝を薬に用いた話が載る。都から呼びよせた名医から、「『児干《じかん》』という胎児の肝で作った薬を手に入れて治療しなければなおりません。日がたてばききめがなくなるから、すぐに探しなさい」といわれ、貞盛は妊娠中の嫁の胎児の生き肝を薬にしようと思い、息子に、「胎児をくれ」という。息子の佐衛門《さえもんのじょう》尉は医師と相談して、医師から「同じ血筋の胎児は効目《ききめ》がない」と言ってもらい、ことわったので、孫の生き肝をあきらめた貞盛は、妊娠六カ月の炊事女の腹を裂いた。しかし胎児は女だったので、あらためて他の妊婦の腹を裂いて、男の胎児の生き肝を得た。貞盛はその生き肝を食べて瘡で死なずにすんだ、という話である。

日本古典文学全集『今昔物語集・四』の解説は、「本話は事実を説話化したものか、まったくの作り話かは即断できないが、話末に伝承者を貞盛の随一の郎等館諸忠《たてもろただ》の娘としていることは注目すべく、火のない所に煙は立たぬの諺通り、何か類似の事件があり、それを核として本話のごときが生まれた可能性もなしとしない」と書いている。

このような胎児や嬰児の生き肝取りを「児肝《こかんと》取り」というが、一二世紀初頭に書かれた『今昔物語集』は、一五〇年ほど前の平貞盛の「児肝取り」の話を「昔」と書いて昔話にしているが、森谷尅久の『京医師の歴史』によれば、一五世紀に書かれた『看聞御記』の応永三十二(一四二五)年三月二十日と永享五(一四三三)年四月四日の条、『建内記』の嘉吉二(一四四二)年四月五日の条に、「子を取る」記事があり、実際に「児肝取り」があったのである。永享五年の記事には「悪瘡の薬の料に取る」とあるから、『今昔物語集』の話と同じである。嘉吉二年の記事には、「良薬の為に小児を奪い取る」とあり、応永三十二年、永享五年の「子を取る」記事も胎児でなく小児である。

森谷の例示する文献より古い『園大暦』の文和二(一三五三)年三月二十六日条には、子供を数十人もさらってきて殺した尼がつかまったという記事が載る。柳田国男はこの尼は「罪無き童児の血や油を、何かの用途に供する」ために殺したのだろうと推測しているが（「山の人生」『定本柳田国男集4』所収）、この血や油も生き肝と同じに薬として用いたのであろう。魔女も嬰児の血や油を飛び軟膏の材料にしたり、麻薬に混ぜて用いたといわれているが、『園大暦』に載る子取りは尼僧である。『満済准后日記』の応永二十（一四一三）年二月十五日条にも、「男女を分かず十歳の内」の「子を取る尼、搦《からめ》取らるる」とあり、やはり子取りは尼僧である。なぜ尼僧なのか、理由ははっきりしないが、山姥や黒塚の乳母や弥三郎婆など、子取り、子喰いは女性であることと無関係ではないだろう。なお魔女伝承でもギリシア神話でも、子取り、子喰いは女性であり、インドでも同じである。こうした一致は、地域、時代はちがっていても、根に共通するものがあったからであろう。私はその共通項を太母の二面性、両義性にみている。

洋の東西を問わずこうした話は、薬になるから殺した話がほとんどなのも、その二面性を語っているが、特に人間の肝臓・心臓や血・油でも、子供であり、子供といっても胎児になっているのはなぜだろうか。

『今昔物語集』だけでなく同時代の『観音利益集』にも、妊娠八カ月の産婦の腹を裂いて胎児の生き肝を取ろうとした話が載っている。また江戸時代の滝沢馬琴の『南総里見八犬伝』（第七輯・巻之六十五回）に、

眼瘡には妙薬あり。百年土中に埋れし木天蓼《またたび》の真の細末と、四《よ》月《つき》己上の胎内《はらごもり》なる子の生膽《いきぎも》と、その母の心の臓の血を取て、彼《か》の細末に煉合して、屢《しばしば》これを服すれば、刺《つき》破られたる目子《めのたま》の、再《また》

故《もと》のごとく愈《いえ》て、物を見ること鮮明《あざやか》ならん。
とある。この記述と同じようなことを魔女狩りの盛行した一五〜一七世紀のヨーロッパの医者・学者たちも言っている。ユーリヒ＝クレーヴェ＝ベルク公の侍医のヨハネス・ヴァイアーは、魔女たちがつくる薬は、「子供の脂、セロリ汁、ウマノスズクサ、宵闇草《ソラヌム》、煤」を混合したものと書き、哲学者のフランシス・ベーコンは、「墓から掘り出した幼児の脂、セロリ汁、狼毒草《ウルフ・ペイン》、キジムシロを小麦粉と混ぜてつくるといわれている」と書く。ハンガリーの魔女の用いた薬について、デュルは「洗礼を受けていない幼児の内臓、胎盤、宵闇草、煤」と書き、一五世紀にフランス北部のアラノスの異端審問所の魔女裁判のときに、幼子の血、死刑になった人の粉砕した骨、ヒキガエルの脂を混ぜたものが、「魔女の薬」といわれたとも書いている（『夢の時』）。

このように日本でもヨーロッパでも、子供の内臓や脂・血が、妙薬といわれているが、日本では特に胎児が登場する。43の挿絵の載る『優曇華物語』で山東京伝は、「産出したる子は用にたたず。いまだ胎内にある子を胎子といひて、高き価を得る妙薬なり。ゆえに腹籠《はらごもり》が望みぞかし」と書いているが、笹間良彦は、腹籠の子について、「現在でも、腹籠りの子は栄養高いものとの観点から、鮭《さけ》・鱈《たら》・鰊《にしん》の子などは好まれている。……無から有を生じるように、腹中における特別な働きによって胎児が形成されて育ってゆく不思議さは、女体に神秘的な力が籠っていることを思わせ、生まれ出て女体から離れた胎児より神秘の霊力を体内で吸収している胎児に特別のパワーが宿っているものと考えられた。こうした観念から、昔の人は動物の腹籠りの子を黒焼きとして難病の特効薬とした。

人間の腹籠りの胎児であれば、より以上の効き目ある高貴薬と認識されたこともあったろう。俗に胆といわれる肝臓や心臓についても、同じ観念を持たれていた。生きた胎児、つまりこの世の空気を吸っていないのに育ってゆく生命力のある体内の子は、生命力の源泉であり、いかなる難病にも効き目があると考えられたのであろう。ゆえに、昔の物語にしばしば記されるように、腹中の胎児を欲しがるのであった」と書いている（『鬼女伝承とその民俗』）。

第一章で穀物の種子を粉にし、子供の血を混ぜて練った神像をばらばらにして喰う、アステカの祭儀などを例にして、食人・吸血といっても特に子供の肉を喰い血を飲む儀礼が多いのは、子供に種子的要素つまり強い生命力・成長力を見ていたからだと書いたから、笹間の見解に賛成するが、子供の腹を切り裂いて胎児を取り出す話は特に日本に多いのは、切腹の風習と関係があると私は思っている。

「喰う」は生かすために殺すこと

堀田吉雄は『山の神信仰の研究』で、山の神は民間伝承の中でしばしば、異常なほど妊娠しやすく多産であることを強調しており、一年に十二人の子を産むとか、一度に十二人の子を産んだので、夫の男神が恐れて逃げてしまったなどという伝承があることを述べている。徳島県那賀郡沢谷村の伝承では、山の神はたった一度、男の肌に触れただけで、八万ぐらい子が生まれたので、自分の女陰を嫌ったという（多田伝三「山の神とオコゼ」『民間伝承』五巻五号）。また松山義雄は『山国の神と人』で、長野県下伊那郡上村の程野で聞いた話に、山姥は七万五千人の子供を生んだ、と書き、「このためか、現在でも程野では、山の神様は一度のお産で七十五人の子供を産むといわれ、山神多産説が流布されています」と書く。

高知県香美郡香北町西川の大城谷にある神社は、祭神は山の神の大山祇《おおやまつみのみこと》命だが、その御神体は青かびの生えた見るからに気味の悪い、大人の頭ほどの大きさの頭蓋骨で、その由来について次のような話が語られている。山姥がお産をしているとき村人が山焼きをしたので、山姥は焼け死んだ。その後、山姥のたたりで不幸や災難がつづくので、山姥の頭蓋骨を山の神さまとしてあがめるようになったら、災難はおこらなくなったという。神体は「山姥の頭蓋骨」で山の神＝山姥なのに、祭神が男神の大山祇命なのは、民衆にとって山の神は女なのに、記・紀神話が山の神を男神に変えたからである。

しかし、民間伝承では、山の神の出産の話があり、山の神は女である。山姥の多産譚も山姥が出産する話と関連しているが、高知県の話では、「山姥の頭蓋骨」が登場しており、死と出産が一体になっている。

野本寛一は『焼畑民俗文化論』で、高知県土佐郡佐山村の「山姥の滝」近くに稗畑を持つ家の話を書いている。この家の稗畑に突然畑いっぱいに二股穂が実るようになり、刈り取ればさらにその後に新しい二股穂が実り、数年たたぬうちに倉も住まいも稗米で満ちあふれ、家運は目に見えて栄えた。しかし当主はこの不思議な稗畑を恐れて畑に火を放った。すると燃えさかる畑の中から、老いた山姥が激しい火に焼かれ傷つきながら出てきて、滝の上方に飛び去り、以後、その家の運もつきたという。

この話と似た話が、『日本伝説大系・第十二巻』に載っている。昔、高知市旧秦村三谷に住む貧しい百姓が、「山姥田」といわれる田を耕作していたが、毎年刈っても刈ってもすぐ穂が出て、刈り尽すことができず、家に帰ると米櫃にいつも米がいっぱいになっていたので、裕福な百姓になった。暮らしがよくなると刈り取ることがいやになって、ついに稲田に火をつけた。すると火焔の中から白髪の老婆が山へ飛んで行くのが見えた。その後、この家はだんだん暮らしも悪くなり、昔通りの貧乏人になったが、老婆の飛んで行った山には、老婆を「山姥さま」として祀ってある、という。

焼畑の山姥の話が稲田の話に変わっているが、山の神としての山姥は、山の焼畑や山の狩猟だけでなく、稲田の豊作の神にもなっている。前述した(二八九頁)ように、山姥が流した血から、さまざまな野菜が生えてきたとあり、万物を生み育てる豊饒女神・太母として、山姥・山の神伝承は伝えられている。

山姥は畑や田の作物を豊作にするだけでない。島根県邑智郡桜江町の山姥伝説では、山姥は不思議な生産力・魔力を持つ宝物として、飯がいくらでも増える杓子を一人の子供に授けたという。また、高知県高岡郡日高村の昔話では、山姥の餅米で一升搗いたら五升になり、三升搗いたら五斗になり、搗けば搗くほど餅米の量がふえ、その家は裕福になったという。岩手県水沢市の山姥伝承では、山姥からもらった粟を臼に入れて、「粟三つく」と唱えたら、粟が臼いっぱいになったという。

大分県東国東郡の昔話では、忠兵衛・おさんの夫婦は、自宅でお産をさせてやった山姥から、お礼に二つの桐の箱をもらったが、忠兵衛の箱は一生使っても使いきれないほどのお金の入った箱、おさんは一生織ってもあまるほどの糸の入った箱だったという。別伝では打出の小槌をもらい、忠兵衛は一生使いきれないほどのお金、おさんはいくらでも必要なだけの糸を、打出の小槌を使って出すことができたという。

人を喰う山姥には、このような伝承がセットで伝えられているのは、喰うことは他を殺すことだが、そのことが自分を生かし、また新しい生命を生み出す力になるからである。

妊婦の腹を裂き、とり出された胎児の腹を切って「キモ」を取り出すのは、母と子を殺害することだが、「キモ」は薬であり、黒塚の話も一人の生命を救うために、妊婦と胎児の生命を奪っている。私たちは生きていくために、毎日他の生命を奪っているのである。食事の時の合掌は、生きとし生けるものの生命を奪って、私たちは生きており、生かされていることへの感謝と、生命を奪われたものへの供養としてである。

「料理」は「殺生」だが、「殺生」が私たちの生命を支えているのは、黒塚の残酷物語と重なっている。このように山姥は人を喰う恐しい母だが、豊饒をもたらす母でもある。

山姥の二面性・両義性と魔女

山姥（太母）の二面性を示す食人と出産は、別々に語られている場合と、食人と出産が一つの話として語られている話とがある。第二章で述べた死んだ山姥が流した血が、蕎麦や唐黍・野菜を大地から生育させた話は、まず山姥の食人譚が語られ、その後に山姥が木から落ちて傷つき血を流して死ぬか、釜ゆでになった山姥が血だけ残して死ぬ話がつづき、その血が母なる大地に流れて赤い根をもつ食物を生む。つまり山姥の死が新しい生命を生むという出産譚になっている。新しい生命を生むために山姥は人を喰い、自分も殺される。新しい生命は死の犠牲によって生まれる。そのことが山姥の血が赤い根をもつ食物を生んだという話になっているのである。食人鬼の山姥は、ルーマニアの吸血鬼の魔女《ストリゴイ》が、豊饒をもたらす魔力をもつ女性であったように、死んで豊饒をもたらす女性であった。

日本の山姥伝説では、山姥は死んで金貨や銀貨をもたらしたという話もある。栃木県塩谷郡の昔話では、山姥は熱湯をかけられて殺され、金貨に変わったというし、島根県仁多郡の昔話では、鬼婆を焼き殺したら、釜の中で銀貨に変わったという。岩手県二戸市や九戸郡の昔話でも、山姥は熱湯をかけられて殺され死体は銭になったという。鹿児島県の甑《こしき》島の昔話では、白銀と黄金の山に山姥が変わっているが、こうした昔話は作物の豊饒から変化した話だから、宮城県栗原郡の昔話では、馬方が馬車につけていた米俵をいつも山姥にとられるので、山姥の住む家に行って、山姥が入っている湯釜に蓋をして、三日かけて煮殺し、残った血を畑に流したら、沢山の人参が生えたという。

山姥を釜ゆでにして、山姥が残した血を畑にまいた話は、第二章で書いたが(二八九頁)、釜の中で黒焼になったという話もある。岡山県真庭郡の昔話では、牛方《うしかた》でなく馬方の馬車に積んだブリを山姥が喰い、さらに馬の足を喰い、馬を喰ってしまい、馬方も喰おうとしたが、馬方が山姥をうまくだまして釜の中に入れて、焼き殺したという。グリム童話のヘンゼルとグレーテルに登場する魔女も、パン焼き窯のなかで焼かれている。

グリム童話では魔女は焼き殺された話でおわっているのは、悪い魔女は殺さなければならないからである。日本の場合の人喰い魔女としての山姥・鬼女も殺されるが、キリスト教社会の魔女が悪の一面性しかもっていないのに対して、殺されて作物や金・銀貨をもたらすという話になっており、ヨーロッパの中世の魔女の単純な性格とはちがっている。だから岡山県真庭郡の昔話でも、焼き殺されて黒焼になった山姥の死体を粉にして、当時流行していた天然痘の妙薬として売ったところ、よく売れて金持になったという話になっている。

香川県丸亀市の昔話では、岡山県の馬方が牛方になっているが、同じように山姥の黒焼を粉にして万病に効く薬といって売り、大もうけしたとあり、宮城県登米郡の昔話でも、山姥の黒焼を「万病の薬」として売り、大金持になったという。こうした話は「児肝取り」の「キモ」を「万病の薬」とするのと同じ発想である。こうした二面性・両義性は山姥にあるから山姥と金太郎の絵を、歌麿

44 『グリム童話集』1900年版より。A・ラッカム画

45 『ヘンゼルとグレーテル』より。S.O.セーレンセン画

は山姥は若い美女として描き(39)、蘆雪は老いた醜女に描いている(40)のである。この二面性はカーリー女神にもあるから、16と21のような醜と美のカーリー像がある。

魔女もグリム童話集のヘンゼルとグレーテルの挿絵の魔女と、ヘンゼルとグレーテルを喰おうとする魔女は、44(『グリム童話集』一九〇〇年版、A・ラッカム画)、45(絵本『ヘンゼルとグレーテル』S・O・セーレンセン画)のように、老いた魔女になっている。しかしヘンゼルとグレーテルには、食事を出

46　1512年にブルクマイヤの描いた魔女

47　1497年にデューラーが描いた四人の魔女

し、ベッドを用意する親切な魔女もいる。フランスのペロの『親指小僧』では、七人の子供を喰おうとしているのは、人喰い鬼だが、高橋義人は、「『ヘンゼルとグレーテル』における魔女は、『親指小僧』では人食い鬼とその妻の二人に役割が分担されている。子どもたちの身を憐れむ人喰い鬼の妻は、ヘンゼルとグレーテルに食事を出し、ベッドを用意してあげる親切な魔女である。他方、人喰い鬼は、子どもたちを食べてしまおうとする恐ろしい魔女である。魔女は善悪の両面を有しているのだ」と書いている（『魔女とヨーロッパ』）。

44〜45と同じにブルクマイヤが一五一二年に描いた魔女も46のように老いた醜女だが、47はアルブレヒト・デューラーが一四九七年に描いた「四人の魔女」の銅版画、48はデューラーの弟子のハンス・バルドゥング・グリーンが一五二三年に描いた「二人の魔女」の銅版画だが、47・48は44〜46

48　バルドゥング・グリーンが1523年に描いた二人の魔女

49　ブラッツイが1670年頃に描いた若い魔女

50　一八世紀にサントベールが描いた「魔女の巣窟」の一部

の醜い老婆でなく、肉感的な若い女性として描かれている。このような表現は一七・一八世紀になっても変わらない。49は一六七〇年頃に描かれたフランド派のブラッツイの絵だが、壺の中の媚薬を魔女が塗っているから、「愛の魔術」「恋の魅惑」などといわれている。50は一八世紀にアントアーヌ・フランソア・サントベールが描いた「魔女の巣窟」の一部だが、ドラゴンにのって浮遊している二人の魔女が描かれている。この絵の魔女は若い美女と老いた醜女である。

このように魔女の描き方にも二面性がうかがえるが、若く美しい魔女も性欲をもって誘惑する女として、若さ・美しさを「悪」として一面的に描くことで、若くて美しい魔女の絵も、老醜の魔女の絵と共に魔女狩りの全盛期にも公開できたのである。しかし描かれた魔女は老醜の魔女イメージとは相反するイメージで見られていることからも、教会とはちがった画家の魔女イメージがうかがえる。

山姥や山の神も絶世の美女だったという話がある。秋田県北秋田郡阿仁町(野添憲治編『阿仁昔話集』)、山形県最上郡真室川町(野村敬子編『真室川昔話集』)の昔話にあるが、岩手県花巻市の昔話では、ある古寺に魅力的な美女があらわれ、小坊主を山の中の一軒家の自分の家に案内したが、真夜中に恐しい顔の鬼婆となってあらわれ、逃げる小坊主を追いかけたとあり、山姥は若い美女にも、老いた醜女にも、変身している。また山姥・山の神が変身した蛙女が、恩を受けた娘に、その皮をかぶると美女にもなり、醜い老婆にもなり、自由に変身できる「姥皮」を授けたという昔話も、各地にある。

こうした昔話は、山姥・山の神が、若い美女、老いた醜女の両面性をもっていたことを示している。人を喰う恐しい鬼女も、若い美女としてあらわれて、突然、鬼の形相になるのは、鬼女も山姥と同性格だからである。このように山姥も鬼女も魔女と同じに太母の二面性をもっている。

箒の二面性・両義性と魔女

太母の二面性を二人の女性であらわした神話が記・紀に載る。醜女はイワナガ姫、美女をコノハナノサクヤ姫というが、二人の姉妹も山の神の娘とあり、山姥の二面性が二人の姉妹によって示されている。

コノハナノサクヤ姫は三つ子を生んでいるが、山姥の出産にも三つ子を生んだ例が多い（36の丸木位里の絵も山姥の三つ子伝承による）。コノハナノサクヤ姫が生んだ三つ子のうち、火照命《ほでりのみこと》は海幸彦《うみさちひこ》、火《ほ》遠《を》理《り》命を山幸彦という。山幸彦は海神の宮へ行き海神の娘豊玉《とよたま》姫を妻にする。豊玉姫は山幸彦の作った海辺の産屋で出産する。

『古語拾遺』に、豊玉姫が海辺で出産したとき、掃守《かもり》氏の祖が箒で蟹を掃《は》いたので、「蟹守《かもり》」といったとある。小林茂文は、「脱皮し生命力を象徴する蟹を掃き集めた箒は、産神の依《よ》り代《しろ》なのであろう」と書く（『周縁の古代史』）。「掃」を「掃き集め」と書き、蟹を生命力の象徴とみるが、北九州の漁村に伝わる話では、吸血鬼の磯女は蟹の化身で、磯女に襲われると人の血は吸いつくされて死んでしまう、といわれており、蟹は血を吸う鬼女になっている。

　このように蟹は生命力の象徴とみられ、また吸血鬼ともみられている。こうした両義性は箒にもある。箒は「掃き集め」るとともに「掃き散らす」。こうした二面性から魔女の持物に箒はなっているが、箒持の「掃守《かもり》」が「蟹守《かもり》」なのは、蟹も箒と同じ二面性をもつからである。

　箒は「産神の依り代」といわれているが、佐賀県対馬の志々岐《しき》神社の祭神は豊玉姫である。志々岐神社は安産の神として有名だが、近在の女性たちは、昔は手作りの箒を奉納していたが、最近は市販の箒を献上して、安産を祈願する。また名神大社の海《わたつみ》神社は豊玉姫が出産した所といわれているが、この神社では宮司が安産祈願に箒を奉納する（永留久恵「対馬・嶽神と安産の神」『探訪神々のふる里・二』所収）。このように箒は出産にかかわるが、葬儀にもかかわっており、生と死の両義性をもつ。

　記・紀には、天若日子《あめのわかひこ》（天稚彦）が死んだときの殯《もがり》に鷺（川鴈《かり》）が箒持として参加したとあり、箒を持つ人が葬儀に関与していたことを示唆している。たぶんこの箒持は彼岸に行く道を掃き清める役であったのだろう。平安時代前期の弘仁一三（八二二）年ころ成立の『日本霊異記』下巻（第二十二）に、生存中法華経を書写して善業を積んでいた人が突然死んだが、七日後に蘇生して、冥界でのことを語った話に、彼の行く路を多勢の人が箒で掃い清めているので、なぜかと問うと、「法華経を写したてまつりし人、この路を往くが故に、われら掃《はら》い浄《きよ》む」といったという。閻羅《えんら》王から現世へ帰るようにいわれて帰る路も、多勢の人が箒で路を掃除していたとあり、箒の掃《はら》いは死出と生還の両方にかかわっている。また中巻（第七）には、僧智光が死んで九日目に蘇生した話が載るが、冥界で熱い鉄柱を抱いて身を焼き、骨だけになったとき、閻羅王の使者が箒で、その柱を撫でて「活《い》きよ、活きよ」といったら、「故《もと》の如《ごと》くに身生きたり」とある。地獄の釜ゆでにあったときも、箒で釜の端をたたいて「『活きよ、活きよ』といへば、本《もと》の如くにまた生く」とあり、箒は再生の呪具になっている。

「安産の呪に箒で産婦の腹を撫でる」（柳田国男監修『民俗学辞典』）とあるのも、死産にならず無事に生まれてくるよう、「活きよ活きよ」と箒で撫でるのであり、撫でるは掃くだが、掃くは死霊を排除し（掃き散らす）、生霊をとり込む（掃き集める）ことである。こうした生と死の両義性・境界性を箒はもっているから、出産と葬儀にかかわるのである。

魔女は箒の柄に乗って空を飛ぶが、吸血鬼になるルーマニアのストリゴイや北イタリアのストリガも、箒に乗って空を飛んだり、箒を武器にして戦っている。ヨーロッパの昔の結婚式では箒の柄を飛び越える風習があり、ジプシーの結婚式でも同じ儀式がおこなわれていた。この風習がアメリカ移民にも受けつがれていたから、白人の風習が黒人奴隷に影響し、一九世紀のアメリカの黒人たちは、教会に属さないで結婚式をあげるときには、箒を飛び越えることをもって結婚の儀式とした。フリーズもヨーロッパの民間伝承では、「花嫁の家、または嫁ぎ先の家の開いた戸にカバの木の庭箒を立てかけ、公式の立会い人の出席のもとに花嫁と花婿が箒を飛び越えて、初めてこの結婚式は教会での挙式と同等の効力をもった」と書いている（『イメージ・シンボル事典』）。

わが国でも、結婚式の司祭的意味をもつ高砂の尉《じょう》と姥は、箒を持っている。この絵の描かれた掛軸が、結婚式場の床の間にかけられるが、箒の登場はヨーロッパの民間伝承と同じである。

箒の柄は独身と夫婦の境界であり、こちら側にいた独身の男女は、飛び越してむこう側に行くことで夫婦になる。箒の柄を飛び越すことで、教会の司祭の立ち会いがなくても夫婦になれるのは、箒の柄は境界表示だけでなく、教会の司祭の役割も果しているからである。司祭が神と人を結ぶように、異なる二つを一つにするのが箒である。箒に境界性があるのは、箒に両義性・二面性があるからである。箒の「掃く」は、「散らす」と「集める」、「出す」と「入れる」の相反する意味をもっており、それが『日本霊異記』の死者を再生する箒の話になっているのである。

マーガレット・A・マレーは『魔女の神』で、魔女の箒に関連して、「もともとの箒は、家事のためであれ、魔術のためであれ、端に葉の房をつけたエニシダの茎であった。植物と結びついた信仰やことわざの数を見れば、それが魔術的性質をもつと考えられていたことがわかる。この性質は、豊饒を恵んでくれたり、枯渇をさせたりすることにかかわっていた」と書き、箒に、豊饒と枯渇の両義性・境界性があることを述べているが、豊饒と枯渇は生と死である。ドイツ語の魔女（Hexe）は、八〜一一世紀に南部ドイツで使われていたhagazussaによっているが、この言葉は、「垣を越える女」の意である。垣は内と外、生と死の境界である。

キリスト教神学では人は垣の内にいる存在で、死んで垣の外へ出るが、出たら戻ってこない。戻ることは再生・復活だが、垣の内と外を自由に行き来できるのは、神と神の子イエスのみであった。

ところが「魔」は内と外を出入りしていたから、神と対立する存在であった。そうした存在の魔女だから、彼女たちは「垣を越える女」たちであり、垣も箒と同じに境界である。したがって「垣を越える女たち」は、箒の柄に乗って空を飛ぶのである。

51はゴヤが描いた箒の柄に乗って空を飛ぶ魔女である。鬼女・山姥も箒の柄にまたがってはいないが、30・36のように空を飛んでいる。52の絵は51と同じに、裸女が箒の柄にまたがって空を飛ぶ

51　ゴヤが描いた「空を飛ぶ魔女」

52　空を飛ぶ
アステカの魔女

絵だが、説明がなければ、この裸女もヨーロッパの魔女の絵とみるのが普通である。しかしエリオットはこの絵の説明に、「コロンブスに発見される以前の新大陸アステカの魔女」と書いている（『神話』）、この「アステカの魔女」は太母トラソルテオトルである。彼女は子供を生んで死ぬが、死んだトラソルテオトルは空中を飛行しているといわれている。52はその姿である。彼女の持物はヨーロッパの魔女と同じに箒である。

ウォーカーは、トラソルテオトルについて、「中世における魔女たちの女王としてのヘカテに似たアステカ族の女神、女神のシンボルは箒の柄であり、月、蛇、コノハズクとも関連があった。女神の集会は四つ辻で催された。女神に仕える聖なる女たちはシクテテオ（いとも高貴な母）、またはシクピピルティィン（王女）と呼ばれた」と書くが（前掲書）、トラソルテオトルは死と再生をくりかえす太母である。ウォーカーは、トラソルテオトルを魔女たちの女王のヘカテに似ていると書くが、ヘカテも箒をシンボルとし、十字路の女神であり、アステカとギリシアの女神は一致する。

収穫祭の月にトラソルテオトルの祭儀はおこなわれるが、真夜中にトラソルテオトルになる女性は、盛装して神殿に昇ると、待っていた「女呪医たち」によって首をはねられ、素早く皮を剝ぎ取られる。この生皮《なま》を神官が着る。越川洋一は「アステカ帝国における人身供儀」（『縄文図像学・II』所収）で、「生皮を着ることでトシ＝テテオインナン（トラソルテオトル）となる」と書くが、このトラソルテオトル役の神官は、盾を持った族長が高位の神官を伴って太陽神であるウィッツロポチトリの神殿に向かうが、そのとき血まみれの箒で道を掃いた。人々は血まみれの箒を見て恐れおののいた

53　アステカの太母トラソルテオトルの出産

が、この祭儀のおこなわれる月を「オチュパニストリ」という。「オチュパニストリ」とは「道を掃き清める」という意味である。

トラソルテオトルは53のような出産の姿で表現されているが、トラソルテオトル役の神官は太陽神殿ウィッツロポチトリに向かい、そこでトウモロコシの神（アステカの主食はトウモロコシ）を出産する。53のトラソルテオトルは、生贄の皮を着ており、死と再生を示している。この死と再生の儀礼に血まみれの箒が登場するように、アステカでも箒は死と生の両義性をもっている。但し魔女や山姥と同じで箒は女神（トラソルテオトル）の持物である。

箒と産婆と魔女

岩手県の紫波郡・上閉伊郡では山の神は箒神だといわれており、山から箒神が産婦の家へ来ないとお産ができないという（牧田茂「産神と箒神と」『海の民俗学』所収）。柳田国男は天竜川上流では片手に箒をもった案山子《かかし》を山の神とみていると書いている（「年中行事覚書」『定本柳田国男集21』所収）。

柳田国男監修の『民俗学辞典』は、

箒をまたいだり、踏んだりすると罰があたるということは方々でいう。……長居の客を帰らせる呪法に箒を逆さに立てる風はどこでも見られることである。安産の呪に箒で産婦の腰を撫でるとか、産婦の足許に箒を逆さにして立てておくなどという風もある。産と箒との関連は甚だ密接で、ウブ神が腰をかけられるからとして箒で戸の桟を掃くという所もあり、出産の時産室の一隅に箒をたて燈明をあげたり酒を供えたりする風は熊本県・山口県・長野県など方々につたえられている。岩手県などでは箒神が山の神や厠の神などと一緒に産になくてはならない神とされている。……箒の関連するのは単に産神だけにとどまらない。山の神の祭に箒をたてるという所もあるし、伊豆では刈上の頃屋敷神の小屋に箒をたてるという。箒の素朴な姿は藁など束ね縛ったものので、神の座の標《しるし》ともいうべきシメの一種と異ならない。そういうことから箒が神聖なものとして尊とばれ、更に掃き出すというその作用も考えられて種々な呪いの材料につかわれるようになったのではあるまいか。

と書く。

この記述でも、箒が山の神とかかわることを記しているが、箒は特に出産にかかわっている。産神は箒神とみられているが、ギリシアの産神で産婆たちの守護神であるヘカテ女神も、箒がシンボルであり、わが国の産神＝箒神と同じである。

ウォーカーは、「箒の柄は、長い間、魔女と関連があるとされた。それは、異教の結婚と生誕の祭式、すなわち女性たちの秘儀に箒の柄が登場したからであった。古代ローマでは、箒はヘカテに仕えた巫女＝産婆のシンボルであった。子どもが生まれると、悪霊がその子に害を加えないように、その家の入口をその巫女＝産婆が箒で掃いたのであった」と書き、産婆のシンボルを箒としている。ヘカテ女神と同性格のアステカのトラソルテオトル女神も、52のように箒の柄に乗って空を飛ぶが、この女神も53のような産神の姿で表現され、前述したように箒がシンボルである。箒をシンボルにする産婆の女神ヘカテは、魔女たちの女王・女神といわれていたから、魔女も箒の柄に乗って空を飛ぶが、箒をシンボルにする産婆が魔女にされたことについては、『魔女はなぜ空を飛ぶか』で詳述した。

ジュール・ミシュレは『魔女』で、「千年にわたって民衆のための唯一の医者は『魔女』であった。彼らは『産婆』にしか診察を求めなかった。彼女が病人を癒すことができないとき、人びとは彼女を非難し、『魔女』と呼ぶのだった。しかし一般的には恐怖の混った畏敬の念から、彼女は『善き奥方《ボンヌ・ダーム》』または『美しき婦人《ベル・ダーム》』（ベラ・ドンナ）という名で、ほかならぬ『妖精たち』にあたえられていた名で呼ばれていた」と書くが、昔は今のように生きて生まれるのが当然のような出産ではなく、出産の際に子が死ぬか、子は無事に生まれても母が死ぬか、出産と死は紙一重であった。また産婆は母胎保護のため薬を用いて流産させたり、経済的理由のために生まれてきた子を殺したりした（日本では「間引き」という）。このように母と子の生と死を支配するのが産婆であったから、一四八九年に書かれた魔女裁判の最大のマニュアル書の『魔女の鉄槌』では、特に産婆を魔女とみなして、産婆は避妊薬を使い、堕胎をし、あるいは生まれたばかりの子供たちをデーモンに奉献すると書き、「カトリックの信仰にとって産婆以上に有害なものはない」と攻撃している。したがって産婆は魔女狩りの最大の犠牲者であった。ドイツを舞台とした一六一八〜一六四八年の三十年間、ヨーロッパ諸国を巻きこんだ、いわゆる「三十年戦争」のとき、ドイツのケルンではほとんどすべての産婆が魔女として処刑された。

ヨーロッパでもわが国でも、避妊薬を使うのも、堕胎・間引きをするのも、貧しい民衆にとってはやむを得ぬことであり、それをおこなう産婆は「善き奥方」であった。しかし教会や指導者にとっては「悪行」であった。『優曇華物語』の挿絵(41)の老婆について、山東京伝は「もとは穏婆《とりあげばば》なり」と書き、「表は子をとりあぐる事をなりはいとし、或は堕胎の薬を売り、或は人の子をまびき、又は人の子を養ひて金をむさぼり、その子を縊り殺して病死といつわり、門近き古井のうちに屍《しかばね》を隠すこと幾人《いくたり》といふ数を知らず。たぐひ稀なる老婆なり」と書く。

トリアゲババは職業としての産婆(助産婦)ではない。天明三(一七八三)年ころ完結した伊勢真丈の『安斎随筆』一三巻には、穏婆《とりあげばば》について、「産になれたる常の老女、此事をせしなるべし」とある。出産に慣れた普通の老女がトリアゲババであったことは、ごく最近までの農村の習俗であった。そのことは鎌田久子が「産婆——その巫女的性格について——」(「成城文藝」第四十二号)でくわしく書いているが、一例として、「山形県西置賜郡小国では、産婆は近年のものであって、昭和の初め頃までは、難産でもなければ産婆に診てもらうものではなかった。奥地では、現在でもトリアゲババだけですます所がある。産婆を頼んだ家でも、別にトリアゲババに依頼しておく。各部落には特に分娩に巧者な年寄がいて、何時でもトリアゲババに頼まれるという。即ち、この村には産婆とトリアゲババの両者がいて、産婆は明らかに、医学的な知識をもつ職業的助産婦をさしている」と書き、「トリアゲババアサンには、その名称の如く、生児の霊魂、あるいは産の忌との関連など、職業的助産婦とは異なるいくつかの要素がある」と書く。そして全国各地のトリアゲバアサン（ヒキアゲババ、ボコウマセ、コトリオヤ、ヘソババなどの名称もあるが、性格は同じである）の諸例をあげて、彼女たちは、「生児の霊魂、生児の生命を守護してくれる」、「産神の司祭者あるいは産神の憑代《よりしろ》となる巫女的性格をもつ者」と結論している。

中世ヨーロッパの産婆についても、デュルは、生と死の「二つの世界を仲介する女」であり、乳児の守護者で、「子宮内の胎児に魂を注ぎ込む役割を持っていた」と書く。また産婆は「シュタンペ」といわれ、チロル地方では子供はシュタンペがもたらすといわれていたと書く（『夢の時』）。「二つの世界を仲介する」とは、境界性、二面性をもつことであり、「巫女的性格」も神と人の仲介者の性格である。「垣根を越す女」とは「二つの世界を仲介する女」のことだから、魔女＝産婆とみられたのである。こうした境界性・二面性は箒にあるから、箒は洋の東西を問わず、産婆・産神のシンボルになったのである。

山の女としての魔女と人喰い

柳田国男監修の『民俗学辞典』は、箒は「神の産の標《しるし》ともいうべきシメの一種と異ならない」と書くが、「シメ」の一つに「シメナワ」がある。こうした箒の「シメ」の性格は、ヨーロッパの民俗例でいえば、マレーが書くように箒の「魔術的性質」である。『民俗学辞典』は「箒が神聖なものとして尊とばれ」た理由として「掃き出す」作用をあげるが、ヨーロッパの箒に境界性・二面性があるように、「掃き出す」だけではなく「箒き集める」作用もある。この二面性が箒にあるから、「箒神」といわれ、「神聖なものとして尊とばれ」、「箒をまたいだり、踏んだりすると罰があたる」といわれたのである。

『万葉集』に、

玉箒　刈《か》り来鎌麻呂《こかままろ》　むろの木と　棗《なつめ》が本《もと》と　かき掃《は》かむため（三八三〇）

という歌が載る。「玉箒を刈って来い鎌麻呂よ、むろの木と棗の木の根もとを、掃除するためにという意だが、棗は食用または薬用になるから、この「掃かむため」は「掃き集めるために」である。石上堅は『日本民俗語大辞典』の「箒《ははき》」の項でこの歌を載せ、「……ムロの丸い実とナツメの楕円形の実とを、掃き集めて、サァ幸運になるんだ」と解し、「箒神は、霊魂・物をよせ集め——集中させる呪力を持つもので、箒の呪具としての呪力と同じなのだ」と書く。そして、『万葉集』の

初春の　初子《はつね》の今日の　玉箒　手に取るからに　揺《ゆ》らく玉の緒（四四九三）

という大伴家持の歌、「今日、初春の初子の日に、祝いにいただいた神秘な箒を、手にすると、その玉のふれあう響きで、心おちつき幸せそのものだよ」と解している。

歌の題詞に天平宝字二（七五八）年正月三日の初子に、聖武天皇の近臣たちが玉箒を賜ったとあるが、家持も玉箒の下賜を受けて、この歌を詠んだのである。54は正倉院に現存している天平宝字二年初子の玉箒だが、玉箒には色とりどりの玻璃（ガラス）玉がついている。「揺らく玉」の「玉」はこ

54　正倉院にある玉箒

の玻璃玉のことだが、玉を魂に重ねて、玉箒を賜った幸福感の躍動を「揺らく玉」と表現しているのである。

中国の制に倣って正月初子に辛鋤《からすき》と玉箒を宮中に飾るが、辛鋤は天皇の農耕、玉箒は后妃の養蚕をあらわしている。玉箒は蚕室の蚕を掃き集める用具だが、蚕は玉（卵）である。折口信夫も、玉＝卵（蚕）＝魂とみている（「石に出で入るもの」『折口信夫全集・第十五巻』所収）。このように箒は、「タマ」を「集める」用具であり、また「散らす」用具でもあり、境界性・二面性をもっている。この呪具としての箒を用いるのは女性なのだから、境界性・二面性をもつ産婆のシンボルとなったのである。箒をシンボルとするギリシア神話のヘカテ女神も、十字路の境界神である。

箒はヨーロッパでは魔女の持物になっているが、彼女たちが箒の柄に乗って飛んで行くところは山または森であり、人喰いの魔女がいるのも、そうした人の住まない場所である。わが国の人喰いの魔女である山姥・鬼婆も人里離れた山に住むのは、山は象徴としての他界・冥界だからである。したがって、山の神は単なる「山」の神でなく、他界・冥界の女神である。ヘカテはあの世とこの世を自由に行き来するといわれているが、ヘカテと同一視されるアルテミス（ディアナ）も産神である。しかしアルテミスの他界は、ヘカテが地下なのに対し、地上の森であった。ヨーロッパの森は日本の山と同じであり、魔女の集まる山や森のサバトの女王はアルテミス（ディアナ）であった。この他界と人里を自由に行き来するものを、「魔」といったのであり、日本の山の神やヨーロッパのヘカテ、アルテミス（ディアナ）が女神であるように、「魔」も女であり、ヨーロッパでは魔女、わが国では山姥・鬼女として、語られたのである。

ギリシアの女たちも山に入って「狂乱の女《マイナス》」になり、子供を八つ裂きにしてむさぼり喰う（このことについては第四章でくわしく書く）。魔女も山のサバトに集まって子供の血をすすり肉を喰う。グリム童話の「ヘンゼルとグレーテル」の子供を喰う老婆は、山の中に住む「山婆《やまんば》」であり、同じグリム童話の「赤頭巾」で、子供を喰う狼も、森の中の家で老婆に化けている森の住人である。わが子や孫を喰う弥三郎婆が連れていたのも狼と山犬であり、山に逃げ去っている。

人を喰うカーリーはドゥルガーの忿怒相の顔から生まれたといわれているが、ドゥルガーの柔和相がウマー（母）と呼ばれるパールヴァティーである。太母の二面性のうち柔和相がパールヴァティー（ウマー）、忿怒相がドゥルガー、カーリーとして表現されているが、パールヴァティーは山に属するもの（パールヴァタ）の女性形で、「山姥」の意である。『ケーナ・ウパニシャッド』には、「雪山の娘であるウマー」とあり、パールヴァティーはシヴァの第一神妃となって、ヒマラヤのカイラーサ山で愛の生活に入った、といわれている。パールヴァティーはヒマラヤ山岳地方の土着的な女神であったろうといわれているが、ドゥルガーもヴィンディヤー山の住民に崇拝されていた女神である。

このように「魔」としての女・女神たちは、山を原郷としているが、人里にとって山は他界である。この他界と人里を自由に行き来できる女たちが、空を飛んだのである。

ヨーロッパの魔女も箒の柄に乗って空を飛ぶといわれているが、アメリカ大陸の魔女も箒の柄に乗って飛ぶ。わが国の山姥・鬼婆も空を飛ぶ（堀田吉雄は『山の神信仰の研究』で「山姥は飛行することのできる妖物」と書いている）。

人を喰う魔女・山姥・鬼女が空を自由に飛ぶのは、この世とあの世、生と死の境界を自由にとびこえる「魔」だからであり、「垣を越える」ことである（魔女が「垣を越える女」といわれていることについては、『魔女はなぜ空を飛ぶか』で詳述した）。人を喰うダキニも（九八頁参照）、「空行女」といわれ空を飛ぶ。このように空を飛ぶ魔力を持つ女たちは、洋の東西を問わず人を喰う伝承をもつことは無視できない。

ネリー・ナウマンは、「むさぼる死と人喰い」（『哭きいさちる神＝スサノヲ』所収）で、「日本の昔話で人喰いの魔女を演じる鬼婆や山姥は、私たちの魔女観（引用者注――この文章はドイツの学会での講演を文章化したもの）とすべて重なるとはかぎりません。けれどもこうした者たちが例外なく人喰いであるところに唯一共通点があります」と書いているが、人喰いが唯一の共通点になってしまったのは、キリスト教社会では、「人喰い」の死が再生を内包していることを排除したからである。

次章でくわしく述べるが、ギリシアのディオニューソス神話の心臓喰いや、八つ裂きにした人肉喰いは、再生譚に結びついており、インドのカーリーがシヴァを喰うのも、死と再生であり、わが国の山姥や鬼女の食人譚も、出生・豊饒譚と一体になっている。したがって「日本の昔話で人喰いの魔女を演じる鬼婆や山姥」と、キリスト教社会の魔女は、人喰いだけが「唯一の共通点」ではなく、本章で述べたように、いくつかの共通点をもっている。それは一神教と多神教という違いがあっても、人々の死生観・自然観の根は、つながっているからである。

IV

魔女と「歯のある膣《ヴァギナ・デンタータ》」

下の口としての陰唇

「魔女はなぜ人を喰うか」は、正確には「魔女はなぜ子供を喰うか」だが、喰うのは口である。口は一つだが、女には上の口のほか、もう一つ下の口がある。日本では「陰唇」という。ウォーカーは、下の口について次のように書く。

口と陰門は、エジプトの多くの神話で同一視された。太陽神が日ごとに母神のもとに入って行く西方の門ヌーは、あるときは「裂け目」(女陰)であり、あるときは「口」であった。「口 (mouth)」は「母 (mother)」と同じ語源から派生した。陰門には唇があり、多くの男性は唇のうしろには歯があると信じていた。中世のキリスト教の権威たちは、魔女たちは月と魔術の呪文の助けを借りて、膣の中に犬歯を生やすことができる、と教えた。彼らは女性の生殖器を、地獄の「大きく開かれた」口にたとえた。もっともこれは彼らの独創とは言い難かった。冥界の門はつねに母神へルの女陰であったからである(引用者注、ヘルは北欧の冥界の女王。ヘルから英語の hell〈冥界・地獄〉が派生した。ヘルは死後における再生の子宮としての墓であった。ドイツではヘルはホレといわれているが、「女王ホレの井戸」は、子供たちが生まれてくる源泉としての冥界であった)。それはつねに『大きく開かれて』yawned いた——yawn は「女陰 yoni」から発生した中世英語の yonen を語源とする。ドイツ語の「女性の外陰部」を意味する下品な言葉 Fotze は、バヴァリアの一部の地方では単に「口」を意味している（前掲書）。

このように口と陰唇が同一視されたのは、女性の場合、上の口も下の口と同じような役割（模擬性交）をもっているからである。55は「妖閨《ようけい》」と題された佐伯俊男の絵だが、陰部が女の顔になっているのは、上の口と下の口をダブルイメージでみたからである。

上の口と下の口の話は、沖縄の昔話にもある。昔、琉球本島の金城嶽に鬼の兄妹が居り、兄の鬼が人を喰うので、村人の願いで妹の鬼が兄を懲らしめることになった。

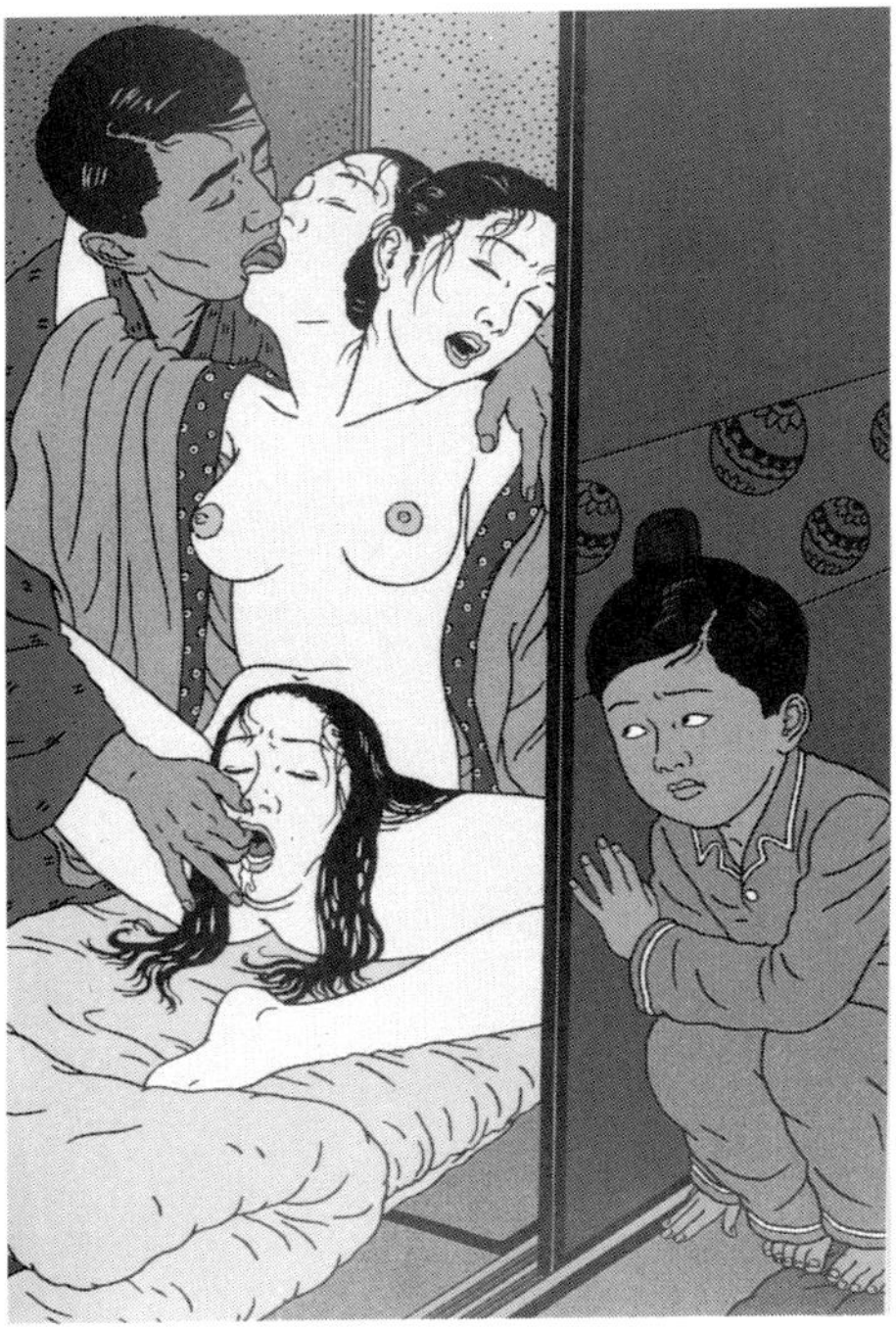

55　佐伯俊男の「妖閨」

妹は同じ餅だといって、自分は米餅を食べ、兄には鉄を入れた餅を食べさせ、裾を開いて陰唇をあらわにしたので、兄の鬼は、「血を吐くその口は何か」と聞いた。妹は「下の口は鬼を喰う口、上の口は餅を喰う口」といったので、兄の鬼は驚いて崖下に落ちてしまった、という話が、『琉球由来記』に載っている。「血を吐くその

56

57

56・57　ケルトの「シーラ・ナ・ギグ」

口」といわれているのは、下の口は月経の血を出すからである。

　このように下の口は恐れられていたが、それは沖縄だけではない。アイルランドのケルト神話には、ルグ神の生れ変わりの半神的戦士のク・フーリンが、戦いの熱によって体を灼熱させ、都に向かってすさまじい勢いで突進してくる面前へ、王妃を先頭に、百五十人の女たちが、女陰を露出してあらわれたので、灼熱したク・フーリンの体は冷え、攻撃をくいとめたという物語がある。このような物語をもつアイルランドには、56のような「シーラ・ナ・ギグ」がある（一二世紀、カヴァン教会）。

　ケルト人はイングランドにもいたか

58　ミラノのトサ門の上の12世紀の石像

ら、イギリスのセント・メアリ＝セント・ディヴィド教会にも、57のような、56と同じ一二世紀の頃のシーラ・ナ・ギグ像がある。シーラ・ナ・ギグの言葉の由来は不明だが、ウォーカーは「陰唇―女」の意味があるとみている（前掲書）。シーラ・ナ・ギグは、一六世紀以前に建立されたアイルランドの教会には、普通にみられた石像である。一九世紀になっても、多くは原型をとどめていたが、ヴィクトリア朝時代に大部分は破壊されるか、埋められた。埋められた像のうち偶然に発見されたのが、56・57である。

ギリシア神話には、英雄ペレロポンが怒ってリュキアの地を不毛にしようとして出かけたとき、リュキアの女たちは、女陰を露出してペレロポンを押し返したとあり、デュルは「フランスの百姓女はスカートを高くまくり上げることによって嵐を追い払った。陰門の形に裂目を入れた貝殻は、南イタリアでは邪視へのお守りである」とも書く（『再生の女神セドナ』）。

このようにケルトのアイルランドだけでなく、ヨーロッパ各地に女陰の呪力についての伝承や習俗はあるから、イタリアのミラノのトサ門の上にも、一二世紀に製作された58のような石像があった。スカートを持ちあげ、陰毛を剃って陰唇をはっきりと露出した表現である。陰毛を剃っているのは、陰唇露出効果を狙ってであろう。

ジャクリーン・シンプソンは、「シーラ・ナ・ギグ像は、教会や城塞外壁にたぶん魔除けとして置かれたものである」と書いている（『ヨーロッパの神話伝説』）。58も門の上に置かれており、魔除け的要素がある。ウォーカーも、シーラ・ナ・ギグに関連して、「ケルト人の間では、一般に戸口を守るのに女陰の形に似た呪物を打ちつける習慣があった」と書いている（前掲書）。

谷川健一は、「沖縄では『女《いなぐ》は戦《いく》さのさちばえ（魁《さきが》け）』という諺がある。琉球王府が八重山を侵略したとき、その先頭に建ったのが久米の君南風《きみはへ》という巫女であったことは有名である。それどころか、明治十年の西南戦争のときにも、鹿児島の女性たちは、厳冬の候に双肌をぬいで先頭に立ち、出征する夫や兄を見送ったという」と書いているが（『女の風土記』）、この「双肌をぬいで」は陰唇露出と関係がある。吉野裕子は、「沖縄の歴史にみえる陣頭巫女の記録を、記紀の猿田彦に対する天鈿《うず》目《め》の陰部露出神話と、女は戦の先がけ、という沖縄の俚諺に照し、恐らく陣頭にたった沖縄の巫女もそのようにしたであろう」と書いているが（『日本古代呪術』）、「そのようにした」というのは、「陰部露出」のことである。

ケルト神話では陰唇を露出して敵の攻撃をふせいでいるが、沖縄の「陣頭巫女」は敵陣に攻《せ》めこむ時に陣頭に立っており、守りと攻めの違いはあるが、敵に恐怖を与えていることでは同じであり、その恐怖は陰唇・下の口にある。ケルトの女たちの先頭に立って陰唇を露出した王妃と、沖縄の陣頭巫女の先頭に立った君南風（琉球王の王女がなっている）は、同じである。また王妃王女（君南風）と共に下の口を露出した多くの女たちは、リュキアの地を不毛にしようとして攻めてきたペレロポンを追い返すため、下の口を露出したリュキアの女たちと重なる。

沖縄の八重山群島の武富島では、嵐になると女たちは出漁した夫や兄弟の安否をきづかって、浜辺に草を集めて女体像をつくり、芋を女陰の形にして股に挟み、天候の回復を祈ったというのは、スカートを高くまくりあげて嵐を追い払ったフランスの農婦たちと同じである。

吉野裕子は、前述の記述と関連して「沖縄には、『火開《ほうはい》、々々《ほうはい》』（又は火拝《ほうはい》・々々《ほうはい》）といって火に向かって女陰を見せると火が鎮まる、という呪《まじな》いがある。本土でも火事のときには女の腰巻を火に向いて振るのがいい、ということになっている。これは多分本物《ほんもの》の代りを腰巻がつとめたのであろう」と書いている（前掲書）。藤林貞雄は、「ホーハイ」の「ホーは女陰のことです。村の入口などに病気や災厄除けのために、このホー（女陰）の形を彫った石が立っていたのも沖縄ですが、ホーハイはつまり、女陰をあけひろげて見せるということです」と述べている（『性風土記』）。

「陰唇《ホー》」を「開《ハイ》」することについて、藤林は陰唇露出の意味で「あけひろげ」と書いているが、56・57のシーラ・ナ・ギグ像との陰唇開示と同じ下の口の「開け拡《ひろ》げ」がホーハイであり、下の口を拝する意味で、「陰唇拝《ホーハイ》」なのである。陰唇の呪力は、入れて出す口の呪力だから、開いていなくては意味がない。したがってシーラ・ナ・ギグ像の多くは、陰唇（下の口）を両手で大きく開いた造形になっているのである。

「歯のある膣《ヴァギナ・デンタータ》」の伝承

シーラ・ナ・ギグ像の大きく開いた下の口には歯はないが、魔女の陰唇には歯があるといわれていたように、イメージとしてはシーラ・ナ・ギグ像の下の口は「歯のある膣《ヴァギナ・デンタータ》」である。「歯のある膣」の伝承の分布については、石田英一郎がくわしく述べているが(「桃太郎の母——母子神信仰の比較民俗学的研究序説」『石田英一郎全集』六巻所収)、日本、朝鮮、樺太、シベリア、北米から、南は沖縄、海南島、台湾、インドネシア、ポリネシア、ミクロネシア、さらにインド中部からも採録されている。特に台湾に豊富にある。金関丈夫は台湾の話を二十四話ほど例示している(「Vagina Dentata」『木馬と石牛』所収)。金関は膣の歯を抜くことで正常な性行為ができたという話があるので、東アジアの抜歯文化が歯のある膣の話を生んだと推論するが、小松和彦は、抜歯の風習のないところにも歯のある膣の話があるから、金関説に賛同せず、「恐しい母(呑み込む母)」と「善い母」の太母の二面性のうち、「恐しい母」が歯のある膣伝承だとみて、ミクロネシアのウリシー環礁のモグモグ島で小松自身が採集した民話を例示する。

モグモグ島の三人兄弟のうち、長男と次男は「無人島」といわれる島に行き美人に会って欲情を抱き、性交し男根を切られて死んだので、末弟は性交するふりをして刀を女陰に突き刺して、逆に歯のある膣をもつ美人を殺したという。この美人を「ンギ・パラン」という。小松は「ウリシー語

（トラック語の方言）で『ンギ』は〝歯〟を、『パラン』は〝鉄のように固いもの〟を意味し、したがって、『ンギ・パラン』を文字通り訳せば〝鉄の歯〟ということになる。すなわち、この女の妖怪は『鋭く固い歯の生えた膣』をもっており、男を誘い込んでは性交に及び、その歯で男の一物を切断して殺してしまう食人鬼なのであった」と書く（『異人論』）。

「息絶えた彼の体はバラバラにされて、料理鍋のなかに放り込まれ、女陰のなかから吐き出された彼の一物もそこに投げこまれた」とも小松は書くが、体がバラバラにされること、大鍋で煮られることは、中世の魔女がおこなったといわれている行為と、同じであり、小松が食人鬼と書く歯のある膣をもつ女性は、ヨーロッパの魔女と重なる。

デュルは、ムンドゥルクー・インディアンは、「ヴァギナを『ワニの口』つまりペニスを脅かす歯のある膣《ヴァギナ・デンタータ》と見なしていた」と書き、次のような例をあげている（『再生の女神セドナ』）。

マオリ族はヴァギナを「不幸の場所」「死の家」と呼んだが、ホースト・ケインの教えてくれたところでは、本来は「霊に満ちたところ」と呼んだ。これは明らかに「すべてを産む女《ヒネ・タイ・テ・ポ》」の陰門に嚥み込まれたマウイの男の運命を記憶に刻んだものである。ビーヴァー・インディアンでは、「股の間で人間を殺す」という名前の女が、男たちを巨大なヴァギナでおびき寄せて押しつぶした。ヨルバ族は春になると、つまり新たに農耕サイクルが始まる最初の雨期の直前になるとエフエノゲレデ祭を催し、そういう危険で破壊的な特長をそなえた大いなる母イヤンラの歌をうたう。イヤンラは見てはならぬ存在なので、その面貌は常に覆いがかけられている。

そのヴァギナはあらゆる恐れをかきたてる　母よ
その恥毛はきれいに編んで結んである　母よ
罠をしかける　罠をしかける　母よ

デュルは、この「歯のある膣」以外の例もあげて、ヴァギナが恐しい口、恐しい母であることを述べている。

沖縄にも歯のある膣をもつ話があるが、女のヴァギナには歯があり、男のペニスが巨大なため、新婚の夜に性交ができず離婚したという話になっている。沖縄以外にも日本の昔話には、歯のある膣と巨大な男根をもっていたため、性生活ができず離婚した話が五例ほどある。

江戸時代に書かれた根岸守信の「耳袋」（巻二）には、歯のある膣をもつ女性と結婚した聟が結婚初夜に次々に即死するので、聟は銅製の男根を用意して、婚礼の夜にまずその男根を膣にさし込み、歯を砕いて正常の女にし、金銅製の男根を「カナマラ大明神」としてあがめた、という津軽の話を記している。太田頼資の『能登名跡志』にも、能登の男が観音のお告げで唐に渡った頃、唐の国王の一人娘の王女は、国王の後継者を夫に迎えても、相手は初夜に死んでいくので、王は王女と性交しても死なかった者に、位を譲るといった。能登の男にまた観音があらわれて、「勝木《かつき》」をもって男根を作り王女の陰唇に入れよ、と告げたので、その通りにすると、王女の歯はくだけて普通の陰唇になったので、彼が王位を継ぎ、多くの「太子」をもうけた、という話が載る。こうした日本の説話は、台湾のヴァギナ・デンタータでも同じである。

金関が前掲論文で例示する台湾のヴァギナ・デンタータの例の過半数は、膣の歯を抜きとるか削りとって妻になって、子を生んだという話である。だから金関はヴァギナ・デンタータを抜歯の風習とみているが、抜歯は性交し子供を生むという記述のためにつけた話であって、台湾の歯のある膣の話は、子供を喰う話(嚙み切る男根、呑み込む男根を子供イメージでみている)と子供を生む話が一体化した話である。子供を生んだという後日譚のない話は、極端に短い話になっているのは、結婚・出産の後日譚を採録の際に欠落したのであり、台湾のヴァギナ・デンタータも、日本の話と同じに、ヴァギナ(下の口)の二面性を示している。

台湾の原住民(カラポル社)の伝える「歯のある膣」の話にこういう例がある。昔、カタグリヤン、バクリヤンという男二人が、狩猟の帰りに海岸を通ると渚《なぎさ》に漂着した箱があり、箱を開けると美女があらわれた。二人は無理矢理に彼女の腰布をまくると、歯のある膣であることがわかったので、犬で試《た》めすと、犬はたちまち男根を切り取られて死んだ。そこで砥石で歯をすり減らして、もう一匹の犬で試したところ異常がなかったので、二人は妻にしようとして争った。争いを聞いて首長のシハウシハウが海岸にかけつけ、君たちはまだ若いが、私は妻を失って淋しい生活をしているから、君たちはあきらめて私にゆずれといった。そしてシハウシハウが妻にして、彼女はバサカラ、ルアサヤウ、ラリヘンの三子を産んだとある。

この話は海岸に箱が漂着していたという話からはじまっているが、チョアチョコ、タマリ、タナンの社に伝わる話では、婿にした男が一夜にして死んだので(チョアチョコの話では四人の婿を死なせたとあり、タマリ、タナンの話では一人)、歯のある膣をもつ女性を箱に入れて流したとあるが、箱が海岸に漂着した後の話は、カラポル社に伝わる話とほとんど同じである。

箱舟漂着譚と死と再生

箱など密封された容器に入れられて流される話を「箱舟漂着（流）譚」という。三品彰英は「箱舟漂流神話その他」（『神話と文化史』所収）で、日本・朝鮮・台湾の沿岸地域と東南アジアの諸島の箱舟漂着神話を例示しているが、日本・朝鮮・台湾の説話のほとんどは、始祖神話である。台湾のルカイ族の「歯のある膣」の話も始祖神話である。

昔は女陰を額《ひたい》につけていた。月経のとき血が顔にかかるので、頸後《うなじ》へ女陰を移したが、性交のときにすぐにわからないので、踵《くびす》へ移した。すると歩くときに草や土が女陰にあたるので、臑皿《ひざさら》に移したが、歩くときに草が刺すので、股の間へ移した。すると歯が生えてきて、結婚しても夫が死んでしまい、子供が生まれないので、歯をとった。それから人間は子供をたくさん生むようになった。

このように箱舟漂着譚だけでなく、歯のある膣の話にも始祖神話があるのは、初源の人間の誕生に二つの話がかかわるからである。ヴァギナ・デンタータは、人を喰う話と、喰う歯をとって人を生むようになった話であり、始源の太母《グレート・マザー》の両義性・二面性を示しているが、箱舟漂着譚の「箱」

は密封された容器である。この容器は母胎・子宮イメージであることを、ノイマンは『グレート・マザー』で詳述して、「女性の基本性格は、子を包みこみ、守り、養い、出産することにあるのだが、その中心に、女性的存在の象徴であり属性である容器がある」と書いている。

ノイマンの友人のカール・グスタフ・ユングは、一五二四年に刊行された『受胎の祝福を受けた処女マリアの祈り』に載る絵(59)を、『心理学と錬金術』に転載し、この絵を「神の子の容器としてのマリア」と説明し、「子宮は中心、すなわち生命を供給する容器。……『ロレトの連禱』において、マリアは三度『容器』と呼ばれている(霊の容器、誉れ高き容器、献身の容器)」と書く。

59　1524年に刊行された『受胎の祝福を受けた処女マリアの祈り』に載る絵

この容器としてのマリアの母胎にイエスが描かれているが、「歯のある膣」にかかわる箱舟漂着譚の「箱舟」は、日本では「うつぼ」「うつぼ舟」といわれている。「うつぼ」は「空」「虚」などの漢字があてられているが、「うつぼ」について柳田国男は「内が空虚」、折口信夫は「中が中空」のもので、密封されたなかに神霊が宿るものとみているが(柳田国男「うつぼ舟の話」『定本柳田国男集9』所収、折口信夫「石に出で入るもの」『折口信夫全集・第十五巻』所収）、神霊が59の絵では29（八六頁）のウェシカ・ピスキスの中に入っているイエスである。

喜多路は、「うつぼ舟漂着神話」（『母神信仰』所収）で、八十四例のうつぼ舟漂着神話のうち、五十八例が女で、女のうち三十六例が母であること。その母のうち三十例は漂着後出産していると書いている。三品彰英は前掲論文で、漂着するのは女性で、漂着後に出産するのが基本型と書き、その変化したのが母子漂流と書く。八十四例のうち男は二十六例だが、十八例は子供で、男・父の存在は希薄である。

喜多は、このような「うつぼ舟」の神話は、「まず母神が存在し、万物を産んだ母神から総てが始まったとする『父性無くして孕む大母神』の世界がまざまざ浮き上がってくる」と書いているが、箱舟・うつぼ舟は、母胎・子宮イメージの容器だから、女とくに母と、出産の事例が多いのである。しかし喜多の書くように、万物の始源の太母の神話なら、子宮イメージの「箱」「うつぼ」だけでいいのに、なぜ、その「箱」「うつぼ」を漂流・漂着させるのだろうか。

柳田国男は、「海を越えて浮び来る異常の物は、例えば死人を納めた木の箱の如きもの迄、我々の祖先は一括して、常に之を『うつぼ舟』と呼ぼうとした」と書いているように（前掲論文）、箱・うつぼは棺でもある。密封された闇の中にとじこもっている間は、死の期間であり、それが漂流の期間である。わが国の古墳から木製・石製の舟形棺が出土するのも、死出の旅には、箱舟・うつぼ舟が必要だったからである。漂着した海岸で箱（うつぼ）が開けられて出てくるのは、再生または新生である。出産表現が多いのも、そのことを示している。

　三品や喜多の分類には入っていないが、『古事記』にもうつぼ舟漂着譚が載る。神功皇后《じんぐうこうごう》・応神天皇の母子が、九州から難波津に着いた船は、幼いホムダワケ（後の応神天皇）を乗せた「喪船《もふね》」である。『古事記』は敵をあざむくために「喪船」に乗ったと書くが、難波津に待ちぶせていたオシクマ王の軍が、その「喪船」を攻撃したときの記事に、「喪船に赴《おもむ》きて空船を攻めむ」とある。「空船」は本居宣長の『古事記伝』では「空船《むなしふね》」と訓むが、岡田精司は「空船《うつぼふね》」と訓む。理由はこの記述のある神功皇后伝説の後半の部分は「明らかに海の彼方から訪れる母子神信仰を核として成立している」が、母子神は「密封された容器に籠《こも》って来臨するという信仰」だから、喪船を空船と書いたのだとみる（『古代王権の祭祀と神話』）。

　喪船を空船といったとしても、なぜ空船は喪船なのかについては、岡田はふれていない。海の彼方から訪れるうつぼ舟は、死者が再生するための母胎であると共に、死者を入れる容器（棺）だから、喪船（棺）なのである。海の彼方の「沖」を『万葉集』は「奥」と書き、墓を「奥墓《おくつき》」という。「奥（沖）」は死者の行く所であり、そこから依り来る舟は、死者が再生して乗る舟とみられていた。山上憶良《やまのうえのおくら》は海上で嵐にあって死んだ海人《あま》が再生して来る歌を、『万葉集』に載せている。

　奥《おき》つ鳥　鴨といふ舟の　帰り来《こ》ば　也良《やら》の防人《さきもり》　早く告《つ》げこそ
　奥つ鳥　鴨といふ舟は　也良の崎　廻《た》みて漕《こ》ぎ来《く》と　聞こえ来《こ》ぬかも

「奥つ鳥」は鴨の枕詞だが、鴨は奥（沖）からくる渡り鳥だから「奥つ鳥」なのである。その奥は死者のいる所だから、「鴨といふ舟」は「奥墓《おくつき》」の棺であり喪船である。その沖から「帰り来ば（再生して戻ってくれば）」、「也良《やら》（福岡市能古《のこ》島の北端の岬、荒崎のこと）」にいる防人よ、すぐ知らせてほしい、という歌であり、次の歌は、再生して帰り来る人が船を漕ぐ音がきこえてくるだろう、という歌である。

このような歌からみても、箱舟・うつぼ舟は棺である。「歯のある膣」をもつ女が入れられた箱は棺だが、棺はまた子宮だから、箱から出された女性は、歯をとられて再生するのである。再生が新生であることを、出産神話が示している。

わが国の古墳には埴輪が置かれているが、60（栃木県鶏塚古墳出土）、61（茨城県大和村出土）の埴輪は、女陰を露出しているが、シーラ・ナ・ギグ像と同じに開いており、61はクリトリスまで強大化して示している。60は陰唇部分が朱で塗られているから、陰唇の呪力を強調するために作られた埴輪であることがわかる。62（大阪府豊中市出土）も陰唇露出の埴輪である。

このような埴輪がなぜ墓に置かれたのか。陰唇は男根を入れ、子供を出す口だが、子宮につながる出入口だから、死者が母胎（墓）に戻って再生することを願って、こうした埴輪を置いたのであろう。

佐喜真興英は、沖縄の「墓の構造は、全体として女子の陰部に象《かたど》っている。庭をかこむ石垣は両脚であり、墓は腹部でその入口は陰門であると話された。それ故に人が死して墓に入るのは、もとの所へ帰ることで、始源の意味があるのだと信じられた」と書いている（「シマの話」『佐喜真興英全集』

61

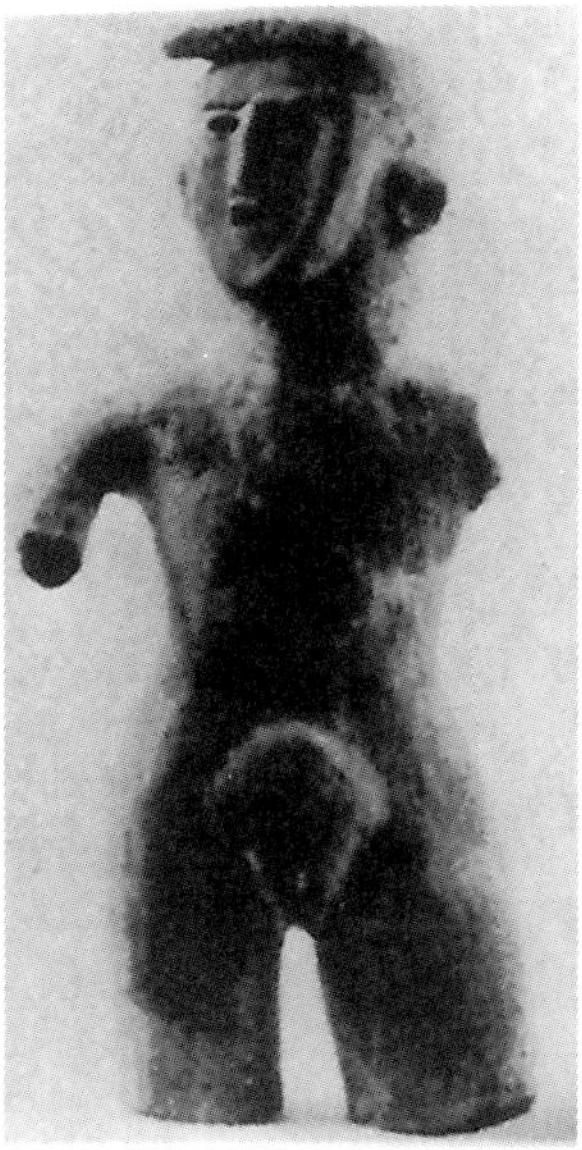

60

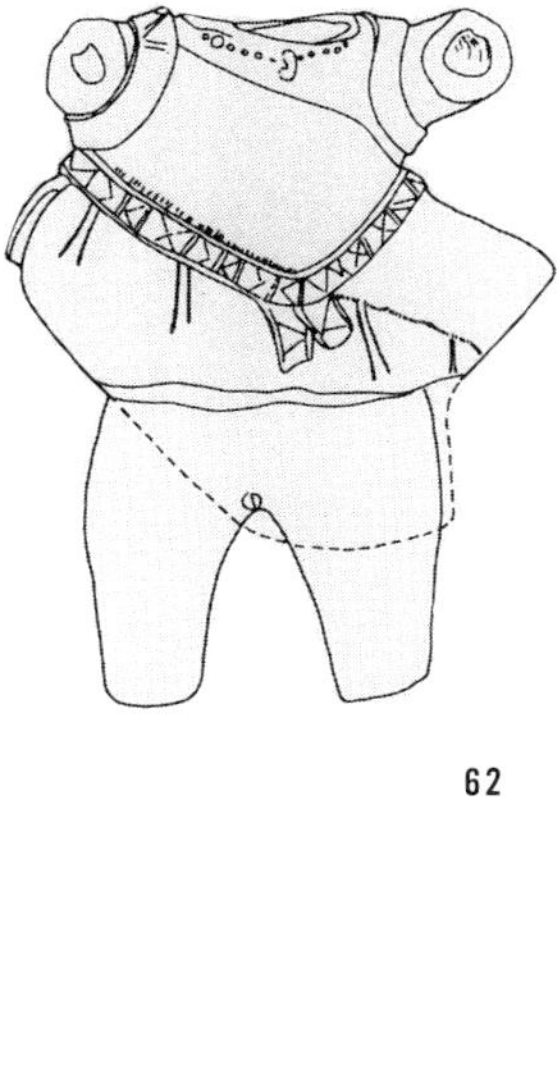

62

60・61・62
女陰を露出した埴輪

63
沖縄・朝鮮の墓

(1) カーミーヌク墓　前景

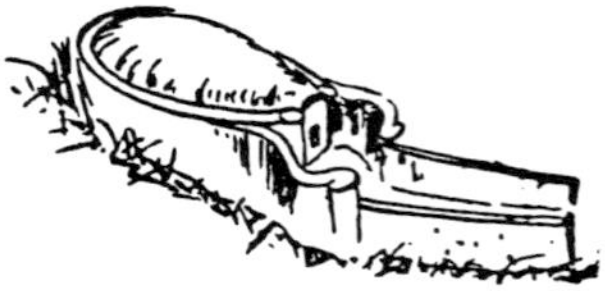

(2) カーミーヌク墓　側景

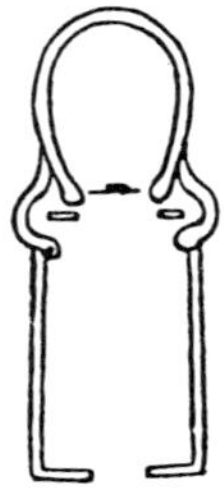

(3) カーミーヌク墓　平面図

(4) 鳥致院付近にある母性墓、
青龍白虎は両腿の如く墓は
下腹部の下方に定めてある。

(5) 黄海道長壽山驛の東方にある母性墓

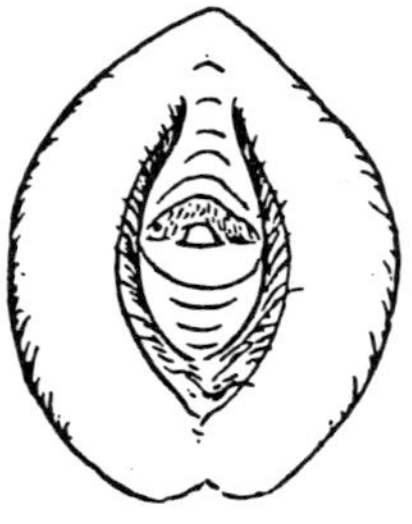

(6) 京城付近にある母性墓

(7) 全義付近にある
處女型墓、寶珠形

所収)。
村山智順は、沖縄と朝鮮の墓地の図の63を示して、沖縄の墓地について、「前方に長方形の前庭があり、その後方に、前庭に面して一小口を開くのみの無花果《いちじく》形の暗室がある」と書く。そして、「一小口」を膣、「無花果形の暗室」を子宮とみて、「まったく母性の胎室をそのままの形に於て象徴している」と書き、朝鮮の墓は風水思想によって築造されているが、女陰表現は沖縄よりリアルだと書く。そして、こうした造形は「再生信仰」によっていると書いている(『朝鮮の風水』)。村山は沖縄の墓を「無花果形」と書くが、無花果の割れた形を女陰とみていたことは、東洋も西洋も共通している(くわしくは拙著『十字架と渦巻』で書いた)。

墓地を女陰とみたてていた例は古代日本にもある。『古事記』は三代安寧《あんねい》天皇の陵を、「畝火《うねび》山の美富登《みほと》にあり」と書き、『日本書紀』は「御陰《みほと》井上陵」と書く。ところが平安時代の『延喜諸陵式』では、「御《み》蔭《かげ》井上陵」とあるから、本居宣長は『古事記伝』で、天皇の墓を「陰《ほと》」というのをはばかって(「御《み》」は美称)、「蔭《かげ》」にしたのだろうと書いている。

陰唇が生命力の象徴であることは、次頁64の一八世紀の南インドの木彫りを、フィリップ・ローソンが「女行者《ヨーギニー》の女陰から蛇形のエネルギーが現れている」と『タントラ』で書いていることからもいえる。このエネルギーは生命力だが、彼女たちは超能力をもち、空を飛び、人間を動物の姿に変える「魔女」だから、死者のいる「屍林」に住むといわれており、陰唇と死は結びついている。ヨーギニーの陰唇も「歯」をもっているヴァギナ・デンタータといえる。

60のような埴輪が出土した古墳を鶏塚古墳というのは、鶏の埴輪が多く出土したからだが、鶏の埴輪は全国各地の古墳から出土している。鶏は夜明けを告げる朝の鳥で、再生の象徴であり（朝は太陽の再生と古代人はみていた）、卵をたくさん生むことから、生命力の象徴であった。

このように、「歯のある膣《ヴァギナ・デンタータ》」にかかわる箱（うつぼ）舟漂着（流）譚は、死と再生の始源の太母神話なのである。

64　18世紀の南インドの木彫

ギリシア神話の箱舟漂着譚と「歯のある膣」

箱舟漂着譚はギリシアのディオニューソス神話にもある。カール・ケレーニイは『ディオニューソス』で、「ディオニューソスは死んだ母親のセメレーと一緒に匱《ラルナクス》に収められプラシアイ（ペコポネス半島の海岸にあった町）に流れ着いた。この話は非常に蒼古なモティーフであり、もしかしてペルセウス神話から採られたのかもしれない」と書いている。私はケレーニイとは逆に、ペルセウス神話の箱舟漂着譚は、ディオニューソス神話から採ったとみている。なぜなら、箱舟漂着譚は始源の死と再生神話だが、ディオニューソス神話には、死んだ母とその母から生まれた子が箱舟に入っていたとあり、死と生の例示があり、ケレーニイのいうように「非常に蒼古なモチーフ」なのに、ペルセウス神話にはそれがないからである。

ペルセウス神話では、ペルセウスと母のダナエが匱に入れられて流されている（匱は箱の大きいもの）。流された理由についてギリシア神話は次のように書く。ダナエの父のアルゴス王アクソシオスは、娘のダナエが生む男の子は祖父を殺すという神託を受けたから、ダナエが男と接触しないように閉じ込めた（地下に青銅の部屋をつくってとじこめたという神話と、塔にとじこめたという神話がある）。しかし、ダナエの魅力にとりつかれたゼウスが、黄金の雨になってダナエに近づき妊娠させ、彼女はペルセウスを産んだ。そこでアクソシオンは母子を匱に入れて海に流したというのである。この箱舟はポリュデクテース王の弟が魚をとるためにしかけた網にかかって、母子は助けられたとあり、死んだ母と生まれたばかりの嬰児が漂着したというディオニューソス神話とはちがうが、いずれも箱舟漂着神話である。

匱は棺であり、箱舟・空舟は「喪船」であることは前述したが、三品彰英が例示する箱舟漂着神話（前掲論文）には、生きながら棺に入って漂着したという中国とフィリピンの話が二例あり、別に死体をタバラン（死体の棺または神への供物を入れた容器）に納めて流したというフィリピンの神話もあり、いずれも死と結びついている。「歯のある膣」をもつ女性を箱舟に入れて流したのは、死をまねく恐しい女性を箱に入れて海に流し再生させるためで、箱（容器）は墓であり子宮である。死んだセメレと生まれたばかりのディオニューソスが入った箱舟漂着譚の箱は、そのことをはっきり示しているが、ペルセウスの話にはそれがないから、私は前者のほうが古いとみるのである。

しかし、ペルセウス神話で匱に入れられて流される話も、死と再生を意味しており、その前に閉じ込められた話があるのも、匱に入れられたのと同じである。フェリックス・ギランは『ギリシア神話』で、「地下にとじこめられたダナエにまで滲透したゼウスの金の雨は、地中に埋もれた種子を発芽させる日光を意味すると考えることは容易である」と書いているように、ダナエとペルセウスの母子の神話にも、二つの死と再生譚があり、古いディオニューソス神話の発展した話といえよう。

このダナエがディオニューソス神話ではセメレになるが、死んだセメレのあと、幼いディオニューソスを育てたのは、セメレの姉妹（イーノ、アウトノエー、アガウエー）たちである。

紀元前三世紀初頭のオッピアーノスの『狩の歌』には、

女たち（イーノ、アウトノエー、アガウエー）は、ゼウスの妻の怒りとエキーオーンの息子なる僭王ペンテウスをひどく恐れていた。そこで樅の匱の中に神の子（ディオニューソス）を入れ、仔鹿の皮を着せ、木の葉をかぶせ、洞窟の中に置いた。それから赤子を囲んで秘儀の踊りをおどり、赤子の泣く声が外に聞こえないよう、タンバリンを叩き、手に持った鉦《かね》を打ち鳴らした。この隠された匱のまわりでの出来事がオルギアの始まりである。

そして彼女たちは山を下り、信女たちを引き連れ、ボイオティアの地から外に進出しようと決めた。今や、悲しみを癒すディオニューソスの力で、これまで荒れていた土地も植物に覆われる時が来たのだから。聖なる合唱隊は素晴らしい匱を取り上げて、それに花を飾り、ろばに乗せた。女たちはエウリーポスの浜辺にやって来て、年老いた船頭とその家族に出会う。老人は、自分を囲むその女たちが、漁師たちに舟に乗せて海を渡してくれるよう頼んでいるのを見て、その聖なる女たちをうやうやしく自分の舟に乗せる。(中略)舟は陸に着く。女たちは神をエウボイア島のアリスタイオスのところへ連れて行く。アリスタイオスは、イーノの匱から出た幼子ディオニューソスを我が岩屋に迎え入れ育てはぐくんだ。

とある。

匱を乗せた舟は箱舟である。セメレの姉妹のうち、特にイーノがディオニューソスの乳母といわれているので、「イーノの匱」といわれている。母セメレと乳母イーノは同じ子宮としての容器(匱)

であるから、姉妹になっているのである。

　ギリシアの「エレウシスの秘儀」も死と再生の儀礼だが、参加者は現世と冥界の両方を兼ねる女王の胎の中へ入る秘儀をおこなう。その秘儀は「女王の胎」といわれる「聖なる箱《キスタ・ミュスティカ》」の中にある女陰を描いた絵または女陰の模造品を見ることであった。キスタ・ミュスティカと女陰・子宮は容器としてはイコールであり、「イーノの箱」も死と再生の秘儀の「聖なる箱《キスタ・ミュスティカ》」であり、この箱は冥界の女王の胎でもあるから、中に入っている女陰は、箱舟の中の「歯のある膣《ヴァギナ・デンタータ》」の娘と同じに、歯のある女陰の絵であり模造品ということができる。

人を喰い自らも喰われるディオニューソス

　ディオニューソスは生まれてまもなく、ティタン神族に喰われようとしたので、父のゼウスは仔山羊に変身させた。しかしティタン神族に捕えられて八つ裂きにされ、大鍋に投げこまれ、彼らにむさぼり喰われようとしたが、喰われる前にアテナ女神がディオニューソスの心臓を大鍋からとり出してゼウスに渡し、ゼウスはその心臓をセメレに食べさせ、セメレは妊娠してディオニューソスを再び生んだという。

　このようにセメレはわが子の心臓を食べて再び子を生んでいるのは、膣に歯があることと同じで、喰うこと（死）は再生のためである。喰われたディオニューソスは神として生贄を求めている。

アンリ・ジャメールは、大著『ディオニューソス』の中の「生肉喰い《オーモパギア》と八つ裂き《ディアスパラグモス》」の章で、生きた人や獣を八ツ裂きにし、その肉を喰い血を飲む儀礼が、ディオニューソスの神話や祭儀に反映していると書き、子供を喰った供儀が「子供の衣裳をつけた若い子牛を生贄」にする供儀にかわったと書く。そしてエーゲ海に面した小アジアの都市では、ディオニューソスは、「生肉を喰う者」（オーマディオス、オーメステース）の名で知られる」と書き、この「生肉」が仔山羊、仔牛になっているのは、「これらの動物の生贄の生肉食は、より野蛮な供儀形式の代替物であった」と書く。また「肉食者ディオニューソスは人間の肉に飢えていた」（傍点引用者）と書き、「デルポイの神託によってディオニューソスの生贄として少年を捧げることになったが、しばらくして、デルポイの指示によって山羊になった」と書いている（前掲書）。

フェリックス・ギランも、『ギリシア神話』で、「ディオニューソスは、ギリシア全土で崇拝された。最も古い祭りの一つのアグリオーニア祭では、ディオニューソス信仰の女神官たちは、少年を犠牲に供した。少年の生贄はキオス島やレスボス島でもおこなわれた」と書いている。

救世主《メシア》は生贄を求めるが、自らも生贄になって、メシアとして再生しているから、ディオニューソスは母親に心臓を喰われているのである。エリアーデは、ディオニューソスを「幼児神」と書き、幼児神が喰われる「密儀の挙行」は紀元前四世紀にはひろく知られており、幼児神が喰われるのは再生のためだと書く（『世界宗教史・1』）。

ディオニューソス神話を、古代ギリシアでおこなわれていた秘儀の神話化だとみるケレーニイは、

「ティタン神族の食事の準備では、切り刻んで煮ることのほかに、焼くあとで煮ることもまた重要であったし、さらにその順序そのものが重要であった。この順序については、その手順のすべてが秘儀の儀礼行為であったという、明確な証言がある」と書いて、その証言としてアリストテレスの『問題集』の「煮たものを焼くのが禁じられているのに、なぜ焼いたものを煮る習慣は禁じられていないのか？　それは秘儀に述べられた事柄のためなのだろうか？」という言葉をあげている（前掲書）。

原始人は生《なま》のものを食べていた。次に発火法を知って焼いて食べた。更に土器を作って煮て食べた。この順序を秘儀でおこなっていたから、煮たものを焼くという逆の順序は禁じられていたのであろう。四六頁の12の絵は子供を焼き煮ているが、こうした行為も古代秘儀に源流がある。八つ裂きにしたというのは、生《なま》で食べるためである。したがって「生肉喰い《オーモパギア》と八つ裂き《ディアスパラグモス》」は、もっとも原初の「喰い方」を示している。

肉を「喰う」ことは、八つ裂き→焼く→煮るという行為によっていたが、この「喰う」行為そのものが、古代人にとっては儀礼であり、喰う儀礼は、他の生命の死によって別の生命が生きること、また新しい生命を生むこと、再生であった。そのことを母と子の関係がもっともはっきりと示しているから、母が子を喰うという話が、日本でもギリシアでもあり、魔女が子供を喰う話になっているのである。

「歯のある膣」をもつマイナデス

ディオニューソス神話でも、ディオニューソスの母のセメレだけでなく、セメレの姉妹でディオニューソスの乳母たちも、子供を喰っているのは、墓が子宮であるように、喰うことは再生だったからである。

ケレーニイはセメレの妹でディオニューソスの乳母イーノについて、「デルポイの祭祀に明らかのように蘇生を行う者でありながら、子供の殺害者になる乳母たちの代表者であった」と書いているが（『ディオニューソス』）、イーノは、次男のメルケルテスを大鍋で煮て殺したあと、遺骸を抱いて海へとびこんだ。または海岸へわが子を誘って海へ突き落とした後、自分も飛び込んだといわれているが、イーノは海神レウコテア（白い女神）となり、メルケルラスは再生してバライモンと名乗り、ともに海にかかわる人たちを守ったという。ローマ神話ではバライモンは港と門の神ボルトゥヌスと同一視されており、レウコテアは出産と成育の神マテル・マトゥタと同一視されている。わが子を殺す恐しい母は、出産と成育にかかわる神でもあるのは、カーリー女神や山姥・山の神と同じである。

65はテパイの王ペンテウスを、彼の母（イーノの妹アガウェー）か伯母（イーノ）・叔母（アウトノエー）が殺そうとしている場面を描いた一世紀のローマの壁画である。ケレーニイは「ペンテウスは、元

65　ペンテウスを殺す母や伯母・叔母たち。1世紀のローマの壁画

来はディオニューソス自身のことであった」と書いているが、ペンテウスを八つ裂きにした母アガウエーや妹のアウトノエーも、イーノと一緒にディオニューソスの養育にかかわった乳母で、ディオニューソスが金太郎なら、金太郎の乳母が彼女たちである。ペンテウスはディオニューソスの分身とケレーニイは『ディオニューソス』で書いているから、乳母が育てた子を殺したのであり、わが子を喰う母と同じである。この恐しい女たち、テリブル・マザーは、『狩の歌』では匱に入ったディオニューソスを乗せた舟で漂流しており、「歯のある膣」をもつ女の箱舟漂着譚とよく似ているのは、彼女たちもヴァギナ・デンタータの持主であり、シーラ・ナ・ギグ像のイメージがあったからである。

イーノ、アガウエー、アウトノエーの姉妹は、ディオニューソスの信女（マイナス）の祖型だが、ディオニューソスの信女（マイナス）になることをこばんだアルゴスのプロイトス王の娘たちは、ディオニューソスによって発狂させられ、自分たちが生んだ嬰児を八つ裂きにして、生肉をむさぼり喰って、山々をさまよい歩いた。

プロイトス王の娘たちと同じにオルコメノスのミニュアース王の三人の娘も、マイナデス（マイナスの複数）の狂乱の踊りに参加するのを拒否したので、ディオニューソスの狂気を得て、ミニューアス王の長女のレウキッペは、わが子を八つ裂きにしてしまい、三人の姉妹はマイナデスの仲間に加わり、他人の子供たちも八つ裂きにした。レウキッペはわが子を喰ったとはないが、八つ裂きはジャンメールが『ディオニューソス』で書くように、「生肉喰い《オーモパギア》」に連動しているから、ペンテウスの

「八つ裂き《ディアスパラグモス》」と同じに、八つ裂きにした肉を喰ったのである。このようにディオニューソスにかかわる者が人を喰うが、喰うのはすべて女性である。

魔女が子供を喰うというのも、ギリシア神話でディオニューソスの狂気を得て、人肉をむさぼり喰った女たち（マイナデス）と同じに、ディオニューソスの狂気を共有するものといえる。「狂気」といわれるようになったのは、カニバリズムがタブー視されていたからだが、「狂気」の別の表現が「歯のある膣」神話である。この神話にある箱舟漂着（流）譚や、ディオニューソス神話の根、元型は、始源の太母神話だから、わが国の箱舟漂着譚や歯のある膣の話と結びつき、マイナデスの神話は子供や人を喰う山姥・鬼女伝説と重なるのである。

「歯のある膣」をもつマイナデス・魔女と性交

「歯のある膣」は食人と出産を意味するだけではない。もう一つ性交がある。

エウリピデスの『バッコスの信女たち』（「バッコス」は「バッカス」のこと）に書かれているキタイローン山のディオニューソスは、「黄金の髪に香をただよわせ、頰に薄紅、アプロディテの魅惑的な目付をし、夜昼の別なく、手当り次第に娘たちと交わる、バッコスの秘儀をおこなっている」と書くが、娘たちは「バッコスの信女たち」つまりマイナデスである。

エウリピデスは、ディオニューソスが手当り次第にバッコスの秘儀を餌に、娘たちと交わっているように書いているが、この発想はギリシアの市民社会の男性優位の視点によっており、バッコスの秘儀の実態は逆である。そのことは、バッコスの秘儀をおこなっていた紀元前二世紀のローマの例からもいえる。

ローマのテヴェレ河畔のスティムラの聖林で秘かにおこなわれていた女たちだけのディオニューソスの祭「バッカス祭」について、ケレーニイは『ディオニューソス』で、「バッカス（ディオニューソス）に憑かれた女たちの凌辱」のため二十歳未満の若者が選ばれたが、若者もその家族も名誉のこととして参加させていた。だが紀元前一八六年にこの秘儀に参加した若者の恋人が、ローマの元老院に訴えたので、バッカス祭は禁止されたと書く。

この秘儀ではディオニューソスの代行者として選ばれた二十歳未満の若者を「凌辱」している。古代ギリシアでもバッコスの信女である「狂気の女たち《マイナデス》」は、ディオニューソスの祭りの夜は、若者たちに挑みかかって凌辱したが、こうした秘儀は良俗に害するとしてギリシアでも禁止された。

66の紀元前三世紀の壺絵についてケレーニイは、ディオニューソス祭の夜の「神人《ヘロス》」（この夜は若者は鉢巻をするとヘロスになる。ヘロスはディオニューソスの分身である）を、若い女性が燈火を手にして出迎え、家に入れようとしている絵と、説明しているが（前掲書）、このようにディオニューソスになった若者が女性の元へおとずれ、一夜を共にするようになるが、本来は喰うのが女性であるように、性交の主導権は女性であった。マイナデスはそのように行動した。

マイナデスの祖型としての女たちは、母であり乳母だが、マケドニアの一月七日と八日の乳母・

66　ディオニューソス祭の夜の神人と若い女性を描いた紀元前3世紀のギリシアの壷絵

産婆の祭について、一四一八年の文献に「老婆や亭主持ちの女たちがまるで子供のように振る舞い、まっとうな男は通り抜けることもできなかった。というのも女たちが襲ってきて、性交を強要するからである」が、デュルはこうした女たちの源流はマイナデスだと書いている（『夢の時』）。

スイスのチロルには、牧童が女たちに襲われ、地面にひっくり返され押さえつけられ、ズボンを引き剝がされる祭があった。女たちはふぐり《ホーデン》を撫で続けて勃起状態にするが、ペニスに触れないから射精させてくれない。こうした状態の牧童を女たちは嘲《あざけ》りからかい、最後に追いたてたあと、自分たちの陰部を剝き出しにして、荒々しく体をゆすり、小走りに踊りながら互いに若枝で打ったり突いたりして騒ぐ。こうした踊りを「魔女の踊り」といっている。デュルはこのような祭のオルギーが魔女のサバトの狂宴だと書いている（前掲書）。つまりマイナデスの行動が魔女の行動に反映しているから、魔女は子供を喰い、乱交をし、膣に歯をもっているといわれたのである。

ところで性交は陰唇を開けて男根を喰うことである。したがって喰うことは性交を意味していた。ウォーカーは、「ギリシア語のsema（精液）は『種子』と『食物』の両方を意味した。多くの未開人は現在でもこのような考えを抱いている。ヤノマモ族の妊娠を表わす語は、『十分に満足する』あるいは『飽食する』をも意味する。そして『食べる』は『性交する』と同じ語で表わされた。口と女性の生殖器は、ギリシアのラミアに対する考え方では、はっきり区別されていない。彼女の名は『淫らな膣』、あるいは「『貪欲な食道』を意味した」と書いている（前掲書）。

ラミアは美しかったため、ゼウスに愛されたが、ゼウスの妻のヘラは嫉妬し、ラミアがゼウスの子を生むたびに、わが子をラミアがむさぼり喰うようにしむけた。ラミアはわが子二人を喰い、次第に野性化して、洞窟にこもって、他人の子をとらえて食べるようになった、という。このラミアの名が「淫らな膣」であることから、彼女は好色だったといわれており、魔女の「乱交」と「子を喰う」の二つがラミア神話にあるから、ラミアも中世の魔女の祖型といわれた。ラミアは夢魔となって女上位で交わり、その後、男をむさぼり喰ったといわれ、性交後オスのかまきりを喰うメスのカマキリのような魔女として中世には伝承されていた。

カマキリと同じように、クモの一種は雄を性交後に雌が喰うから（日本の「ゴケグモ」は性交のあと雄を喰って未亡人つまり後家になるクモをいう）、ノイマンは『意識の起源史（上）』で「呑み込む口というシンボルに属しているのが、呑み込む恐ろしい女としてのクモである。……クモは、性交の後で男性を呑み込む女性としてのみならず、網を張って男性を捕える女性一般のシンボルとしても、これらのシンボル集団に連なる」と書いているが、アト・ド・フリーズは『イメージ・シンボル事典』で、クモは太母・魔女と関連すると書く。精神分析学者たちは、クモの腹と毛むくじゃらな足を「醜い女性性器を暗示する」とみているので、ジャン・ポール・クレベールは、クモには女陰イメージがあると書いている（『動物シンボル事典』）。山姥もクモの怪物とみられている。

クモのやわらかい腹と毛むくじゃらの足にみる陰唇イメージは、シーラ・ナ・ギグ像の大きく開いた陰唇であり、死の口、「歯のある膣」である。クモは、マイナデスであり、マイナデス行動をするマケドニアやチロルの女たち、ラミア・魔女・カーリー・山姥・鬼女の陰唇イメージである。したがってこの下の口は鬼を喰う口なのである（三四三頁参照）。

乱交と食人と「歯のある膣」

「人を喰う」には性交がともなっているから、子供を儀礼として喰うと避難されていた初期キリスト教徒は、近親相姦の乱交をおこなっているともいわれた。ミヌキウス・フェリクスは、前述（三五頁）したように、キリスト教徒が子供を喰う儀礼をおこなうと非難されていることをあげたあと、乱交もおこなっていると、誹謗されていることについて、次のように述べている。

……祭りになると、キリスト教徒は、子どもも、姉妹も、母親も、老若男女みな一堂に会する。祭りのなかで興奮が高まり、酔いがまわって、情欲がむらむらと燃えあがると、ランプに鎖でつながれた犬の眼前に一片の肉が投げ与えられる。犬は鎖をいっぱいに引っぱって走りだす。キリスト教徒の悪行を照らしてくれるはずのランプはひっくり返され、明かりは消えてしまう。真っ暗になった闇のなかでは、いまや何をしても恥ずかしくはない。キリスト教徒たちは情欲のおもむくまま、言うもはばかられるような狂宴にふける。あらかじめすべてが計画されたとは言えないかもしれないが、ここで行なわれていることはすべては近親相姦にほかならない。

このように「乱交」が「子どもを喰う」とセットで非難されている。こうした「乱交」があかりを消した暗闇の中でおこなわれたことにエリアーデは注目して（『オカルティズム・魔術・文化流行』）、初期の魔女の証言（一三三五年に南フランスの異端審問官ステファン・ド・ブールボンが、魔女といわれた女性から聞いた話）を例示する。

彼女には女主人がいて、しばしば彼女を地下のある場所に連れて行ってくれた。そこには大勢の男女が松明や蠟燭を手に集まっていた。彼らは水をいっぱいに張り、中に一本の杖を突き立てた大きな容器の周りに集まった（豊饒儀礼か）。次に首領にあたる者が魔王《ルシファー》の来臨を乞うた。すると直ちに一匹の気味の悪い姿をした猫が杖をつたって部屋の中に入って来た。猫は尾を水に浸し、濡れたまま引き出すと灌水器のように用いた。次にあかりがすべて消され、人々は手近にいる者を捕えて相手かまわず抱き合った。

この話の「独自の要素は、地下の場所での集会、消燈とそれにつづく相手かまわぬ性交」だと、エリアーデは書き、こうした行為は一一世紀初頭から何世紀にわたって、異端グループがおこなっていたという記録が豊富にあるとして、いくつかを例示している。

例えば、一〇二二年にオルレアンで摘発された異端グループは、消燈して母親・姉・修道女と乱交し、生まれた子は生後八日目に焼いて、その灰は聖餐に用いたし、一三世紀のフランシスコ会の改革主義派も、消燈の後オルギーを開き、その結果生まれた子供は殺害し、その骨を砕いて聖餐式で使う粉にした、という。

こうした消燈後の「儀礼的オルギー」は、ヨーロッパ以外でも、「クルド族、チベット人、エスキモー人、マルガシュ人、ガシュ・ダヤク族、オーストラリア原住民といった異なった人々の間でも確認されている。……動機は多様だが、一般にこのような儀礼的オルギーは性活動のもつ潜在的力を解放し高揚することによって、宇宙や社会の危機を回避するために、あるいは何らかの吉兆の出来事（結婚、子供の誕生など）を呪術・宗教的に支援するために行なわれるのである。重大な危機やめでたい出来事に際しての相手かまわぬ奔放な性交は、集団を始源の伝説の時代に投げ込む。年の終わりや特定の神聖な期間などに定期的オルギーが行なわれる場合、このことは明白である。事実、見さかいのない集団乱交の起源的機能を示しているのは、この型の儀礼的オルギーであり、疑いなく最も古代的なものである。こうした儀礼は原初の『創造』の瞬間、性的禁忌も道徳的社会的規則も未だ存在していない幸福な始源段階を再現している」と書いている。

そして、ガシュ・ダヤク族やオーストラリアのアランダ族などが、今もおこなっている儀礼的オルギーの例を紹介し、ヨーロッパでも一四・五世紀の分派的ボヘミアン、アダム派が、アダムの堕罪以前の状態を回復しようとして、全裸で歩き、無制限に乱交したこと。一四世紀初頭のボゴミル派の分派が、アダムの「堕落」以前の状態にもどろうとして、裸体主義を宣言し、オルギー的乱交に耽ることを信者に奨励したこと。一九・二〇世紀になっても、ロシアのインノセンティ派は、「地下の洞窟の中で裸で暮らし、自らの罪の大きさによって償われることを期待しつつ、もっぱら相手かまわず性交に身を任せた」ことなどを例にあげて、「魔女のオルギーが想像上のものであろうとそうでなかろうと、異端者のオルギーと同じ」だと書き、「このような性の儀礼的放縦は、単なる肉欲の満足とは別の目的を追求していたように思われるのである。田舎の女性たちを魔女へ駆り立てたものは単なる肉欲ではなかった。それは、性的禁忌を破り『悪魔的』オルギーに参加することによって、いくらかでも自らの状態を変えることができるのではないかという漠たる希望であった。結局、こうした瀆神的冒険がたとえ想像の世界で行なわれたものであるとしても、人を魔女へと駆り立てた魅力は、禁止された性的慣行のもつ呪術・宗教的な力であった」と書いている（前掲書）。

　エリアーデは魔女の闇の中での乱交——儀礼的オルギー——を、古代的な「創造」の瞬間への回帰、幸福な始源段階の再現とみているが、この「性的オルギー」は「食人」とセットで登場している。そのことはエリアーデも認めているが、「食人」を「性的オルギー」と切り離している。しかし切り離したのでは、「喰われる人」がなぜ子供なのかの理由も解《と》けないし、古代的な「創造」の瞬間への回帰の充分な説明もできない。それはディオニューソス神話にもいえる。

　ギンズブルグは初期キリスト教徒が非難された「性的乱行」と「入会儀礼的食人」は、「当時いくつかの宗派で実際に行なわれていた儀礼の反響が作用した」と書き、「五世紀の半ばに、サルウィアヌスは『神の指導について』で、これらのことをはるか昔に終わった過去の醜行として記録している」と書いているが（前掲書）、乱交や食人は死と再生のための古代的儀礼で、「過去の醜行」ではない。そのことはディオニューソス神話やその祭儀からも明らかである。

　一〇九〇年頃ベネディクトゥス派修道士が、「オルレアンの異端者たちは、古代の異教徒のように、近親相姦的乱交で生まれた新生児を火中に投げ、灰を集めて、キリスト教徒の聖別された聖体のように、敬虔に保存した。この灰の力は強大で、少し味わうだけで宗派を抜けられなくなった、と断言している」と報告していることを、ギンズブルグは前掲書で紹介しているが、乱交で生まれたわが子を焼いて灰にし、聖餐に用いたといわれる前(一〇世紀以前)は、乱交で生まれたわが子を聖餐のとき喰った、といわれていた。そして、魔女裁判の盛んな一六・一七世紀になると、他人の子供を誘拐したり、寝ている幼児を寝室にしのびこんで奪って魔女は喰うといわれた(魔女は塩をきらっているから、幼児のベッドのまわりに塩をおいておくと、魔女が近づかないといわれていた)。このように時代とともに話は変わっているが、「子供を喰う」と「乱交」がセットなのは、口=女陰とみなされていたからだが、そのことを象徴するのが「歯のある膣《ヴァギナ・デンタータ》」の話である。

女人国の歯のある膣をもつ女と魔女

わが国の「歯のある膣」の話には、海の彼方の女人国に、そうした女たちが住んでいるといわれている。特にアイヌの人たちが女人国の女たちの膣には歯があるという話を伝えている。

アイヌのイワナイの首長が海に狩に出て難破して漂着した女人島では、女たちの膣に春になると歯が生え、秋になると歯が枯れ落ちるので、冬の間が性交の時期で、草が萌え出す春には男は島を去らねばならなかった。首長は最後の夜、刀の鞘を女の膣にさし込んだので、彼が持ち帰った刀の鞘には歯形がのこっているのを、イワナイのものは誰でも見ている、という。

またアイヌの伝承に、アザラシ猟に出た五人の漁夫が難破して漂流中、船長は食人種に喰われ、あとの四人は女人島に着いた。島の女の一人が家に招き入れるが、私と性交すると危険だからその気をおこすなといったが、二人の男が禁を破って性交したので、二人は死ぬ。第三の男は赤い砥石を用意し、性交直前に歯のある膣に差し込んだ。すると歯が砕《くだ》けて正常の膣をもつ女にもどった。よろこんだ女は残った二人を優遇し、死んだ二人とともに故郷へ送りかえした、という。

前述（三五〇頁）した能登の話も、異国に渡って歯のある膣をもつ王女と交わる話であり、女人島の歯のある膣の女と交わるアイヌの話と共通する。中国の宋の時代に書かれた『嶺外代答』の「東南海人女人国」の記事に、昔、難破した船が女人島に漂着したところ、島の女たちが集まってきて性交を強要し、多数の女たちとの過度の性交のため、男たちは数日にしてほとんどが死んだが、一人が船を盗んで逃げ帰ってきたので、その事実が伝わった、とある。石田英一郎は「女人島の話」（『石田英一郎全集・6』所収）でこの記事を「ヴァギナ・デンタータのモティーフの痕跡をとどめたものと解釈されうる」と書き、「メラネシアやポリネシアの女人島には、外から来た島の女たちが競って襲いかかり、過度の性行為で男を殺してしまうと信じられているものも多い」と書く。

女人島の女は膣に歯があって男を殺すが、「過度の性行為」で男を殺しているのは、陰唇（下の口）が男を喰う口であったからである。こうした女人島はギリシア神話にもあり、その島に住むセイレンたちは、魔女といわれた。彼女たちは顔と胸は女性だが、翼があり鳥の足をもつ鳥女であり、魔女と同じに空を飛んだ。彼女たちは美しい歌声で島の近くを通る船の乗組員をひきつけたが、島に上陸した男たちは生きて帰ることはなかった。彼女たちのまわりには、死んだ男たちの白骨がうず高く積み重なっていたという。

この話には「歯のある膣」や「過度の性行為」の話は具体的には語られていないが、船員たちが美しい歌声に惹かれて女人島に渡り、死ぬという話の「死」には、女人島の女たちと上陸した男たちの性行為が秘められている。そのことは次頁67の紀元前五世紀の造形からもいえる。ノイマンはこの造形について、「これは翼と鳥の爪をもったセイレンを描いている。この裸体の女は、明らかに夢みている裸の男に夢魔《インキブス》として馬乗りになっている」と書く（『グレート・マザー』）。このようなセイレンたちのいる島に行った男たちはすべて死んでいるのだから、「魔女セイレン」の住む女人島の話も、アイヌの歯のある膣をもつ女たちのいる女人島や、石田の書く女人島の話とつながる神話とみてよいだろう。

前述（三四八頁）したモグモグ島の島民が歯のある膣をもつ女に会ったのも、「無人島」といわれる島に上陸したときである。このように歯のある膣をもつ女性は異境にいる。歯のある膣をもつ女性と交わった台湾の話でも、すべて異境から箱に入れられて漂着した女性である。異境へ行くか、異境から来るか、のちがいはあるが、彼女たちは他界の女たちである。マイナデスも山に入り「狂気」になるが、インドのカーリーも日本の山姥も、山の住人である。魔女のサバトも山にあり、童話の魔女は森にいる。このように海の彼方、または山・森という他界・異境の女たちが、歯のある膣をもつ恐しい鬼女だから、セイレンには翼があり、カーリーの分身の人を喰うダキニ（空行女）は空を飛び、山姥も飛行し、魔女も箒の柄に乗って飛ぶ。このように空を飛べるのは、あの世とこの世を

67　翼をもつセイレンの性交図。紀元前5世紀

自由に行き来できる「魔」だからである。

このような空間上の他界観を時間の中であらわしているのが、闇・夜である。だから消燈して儀礼的オルギーがおこなわれるのであり、こうした「魔」との交流は「神」との交流でもある。なぜならば、「魔」は「神」の裏面であり、死（他界）は生の裏だからである。生命を生む下の口は、生命を喰う口でもある。そのことを「歯のある膣《ヴァギナ・デンタータ》」が示している。魔女の下の口

に歯があるといわれていたのは、魔女には古代の太母イメージがあったからだが、膣に歯があるといわれていることに、太母の二面性があらわれている。膣は入れて出す穴であり、歯はかみ殺すことで生命を得るものだが、その歯が膣にあるという伝説は、始源の太母の二面性をより強く示すためにつくられた話である。魔女の食人と乱交は、魔女が歯のある膣の持主といわれていることと、深くかかわっている。

V

喰う女と喰われる男

牡山羊にまたがる魔女

魔女は箒の柄の代りに68の熊手（または干草用三叉）の柄にも乗っている（バルドゥンク工房の「サバト」を描いた銅版画、一五一五年）。また木の棒にも乗ったといわれているが、箒の柄・熊手の柄・木の棒は

68　魔女のサバトを描いた銅版画。1515年

69　牡山羊に乗った魔女。1692年

いずれも男根象徴である。魔女が用いる「飛び軟膏」には媚薬効果があったから、68の絵のようにこの媚薬を柄に塗っている。さらに陰部または全身に塗って飛翔したといわれているが、男根としての柄、媚薬としての軟膏からみても、魔女の飛翔は性交を暗示している。

また魔女は牡山羊に乗って空を飛ぶ。69は、一六二九年にグアッツオ神父が書いた『悪行要論』に載る「牡山羊に乗った魔女」の絵である。牡山羊は悪魔とみられていた。70は、イタリアの人文学者ルードヴィコ・リッチェール（一四五〇年－一五二〇年）の著書『古代聖句集』に載る、魔女をサバトに呼びよせるために角笛を吹く悪魔である。

70　15世紀に描かれた「角笛を吹く悪魔」の絵

71　ブロッケン山のサバト。1688年

71は、ドイツのハルツ山地の最高峰ブロッケン山で催されたといわれている、魔女と悪魔の集会サバトを描いた銅版画（一六八八年）である。中央の牡山羊の悪魔の尻の穴に魔女が接吻しており、そのまわりに全裸または衣服をまとった魔女と悪魔たちが、輪をつくって踊っている。下部には翼のある牡山羊の悪魔がサバトの食卓に出す糞を壺に入れており、上部の向かって右には牡山羊または木の棒に乗って空を飛ぶ魔女が描かれている。牡山羊・木の棒を男根象徴とみれば女上位の性交図だが、フレッド・ゲティングスは向かって右の魔女と牡山羊の絵を、「あおむけになった女が足をかかげて服をたくしあげているうえに、山羊に化けた悪魔はすっかりご満悦の様子で飛び去っていくではないか」と書いているが（『悪魔の事典』）、左が女上位の性交図なら、右は性交直後を描いた絵といえる。

ウォーカーも牡山羊は「牡牛・牡鹿とともに男根神を具象化した『角のある』動物たちの仲間」と書く（『神話・伝承事典』）。G・ハインツ・モアは、ギリシア神話では「すべての箇所で牡山羊は旺盛な繁殖力を具現している」と書き、キリスト教では牡山羊の「否定的な面が強調されて、ただ性本能の満足だけを求める不純な鼻もちならぬ動物とされた。そのため最後の審判における犯罪者、呪われた者たちのシンボルになった（マタイ25：31以下）。中世には悪魔は牡山羊の姿で現わされ、オセールの大聖堂の有名なコンソールは、官能の悦楽を一匹の牡山羊で示している」と書いている（『西洋シンボル事典』）。

72は、悪魔をもっとも象徴的に描いた一九世紀のオカルティストのエリファス・レヴィの『高等

72　19世紀に描かれた悪魔

魔術の教理と祭儀』（一八五四年）に載る絵である。72の絵の悪魔（魔王）は後世に多大な影響を与えたが、悪魔は牡山羊の角・頭・あごひげ・脚をもって牡山羊人間である。70の一五世紀の悪魔にも牡山羊の角とあごひげと脚と尻尾がある。このような悪魔像のモデルは、ギリシア神話のパーンである。パーンが牡山羊の角・あごひげ・脚をもつのは、ギリシアのアルカディアの王ドリュオプスの羊群の世話をしていたヘルメスが、ドリュオプス王の娘に牡山羊の姿で近づいて生ませた子だからといわれている。この半人半獣の子を生んだ母は逃げだしてしまったので、パーンはニンフたちに育てられたが、成長すると好色なパーンはいつもニンフたちを追いまわした。

73は、ニンフを追うパーンである（二世紀の土器破片）。パーンの男根はいつも勃起している。パーンは尖った耳、あご髭、山羊の尾、割れた蹄などをもつサテュロスと混同されているのは、フェリックス・ギランが、『ギリシア神話』で書くように、サテュロスの身体的特徴が「主に牡山羊に由来している」からである。サテュロスもニンフをいつも追いまわしている好色な森・山・野の精霊だが、74のように（紀元前四八〇年頃の壺の黒絵）男根を勃起させている。

このように牡山羊的パーンやサテュロスが男根を勃起しているのは、牡山羊＝勃起した男根だからである。パーンは牡山羊に化身したヘルメスが生ませた子といわれているから、75の紀元前五世紀の壺に描かれたヘルメス標柱も、男根を勃起させている。側面にヘルメス（メルクリウス）の象徴のカドゥケウス（蛇杖）が描かれているが、76はカドゥケウスを持つヘルメスである（『十二の鍵』一六七八年より）。このカドゥケウスは72の牡山羊人間の悪魔（魔王）の男根になっているが、カドゥケウスは魔女がまたがる箒・熊手の柄や木の棒と重なる。

魔女が牡山羊に乗っているのも、悪魔＝男根に乗っているのであり、牡山羊も箒・熊手や木の棒と同じイメージであった。

73　ニンフを追うパーン。2世紀の土器破片

74　紀元前四八〇年頃に描かれたサテュロス

75　紀元前5世紀の壷に描かれたヘルメス標柱

76　カドゥケウスを持つヘルメス

牡山羊=男根を喰う女たち

エウリピデス（紀元前四八〇年～四〇六年頃のアテーナイの詩人）の『バッコスの信女たち』には、

山懐の奥深く
信者の群《ティアリス》の馳せゆく中に
聖なる子鹿皮《ネブリス》をまといて大地にぞ伏し
牡山羊の血をば追いもとめて
生身《いきみ》を喰らうこの楽しさよ

とあり、マイナデス（「バッコスの信女たち」）が牡山羊の血をのみ、「生身」の肉を喰ったことをうたっている。喰うのは女であり、喰われるのは男根=牡山羊としての男である。中世の魔女は男の悪魔に求められて性交をしたといわれているが、本来は逆である。牡山羊の悪魔は魔女に喰われるのであって、悪魔が魔女を喰うのではない。したがって「中世ヨーロッパではたいていの場合、魔女と関連があった」（ウォーカー『神話・伝承事典』）。なぜなら性交後クモのメスはオスをむさぼり喰うからである（三七四頁参照）。

ディオニューソスは牡の仔山羊であった。ジャメールは「ヘーシュキオスによる引用を信ずべきとすれば、ラケダイモーンの人々は『仔山羊』のディオニューソスに祈願をささげていた。ホメーロス風讃歌に収められたある讃歌［『ディオニューソス讃歌』］の二つの短い断片では、セメレーの息子たるディオニューソスと『女たちを錯乱させる』ディオニューソスとがエイラピオーテースの名のもとに称えられているが、この名は時折り（確実ではないにせよ）仔山羊の意として説明されている。ヘーラーの嫉妬の裏をかくため、ゼウスがヘルメースに委ねたのは、仔山羊の姿をしたディオニューソスであった。メタンポンティオン［イタリア南部の海港都市］では『仔山羊』のディオニューソスが崇拝を受けていた」と書いている（『ディオニューソス』）。

ケレーニイも「神ディオニューソスを儀礼的に殺して切り分ける行為は、実際は神の代わりに牡の仔山羊を殺して切り分ける行為であった」と書き、この山羊の血は葡萄の木の成育のためにささげられたと書く。そして、「仔山羊は葡萄の木が大地からまた生えるために死なねばならなかった。……生贄の動物と葡萄の木の共感関係、そしてディオニューソスに捧げる供犠で神を殺すことが、本質的な事柄であった。葡萄の木は、生贄の動物に劣らないディオニューソスの顕現形態なのであった。……牡山羊と葡萄の木に共通するものは溢れ出る生であった。……牡山羊と葡萄の木という、儀式で最も秘密にされた二つの要素は、ギリシア人が秘黙しつづけた神話の核心を指し示す指標なのである」と書いている（『ディオニューソス』）。

またケレーニイは、「牡山羊は自分の血をあたえた葡萄の木に変身して生き延びたにちがいない」と書き、仔山羊が母山羊のミルクで煮られる儀式について、「この儀式は母親と一緒になった子供が至福であるというイメージを呼び起こした。神になった仔山羊が母親ともう一度一体化することは、ディオニューソスが母親と一体化したのに似ている」と書くが、母乳で煮られる子とは母セメレに喰われたディオニューソスである。ディオニューソス神話では、冥界の母セメレのもとへ行って再生する神話があるが、この神話は母に喰われて再生する話と根は同じである。胎内は墓であり子宮である。牡山羊の流した血が葡萄の木・蔓となって生育するのも、死と再生を示している。葡萄酒が血といわれるように、人間や動物の死によって流した血は、新しい血に生まれ変わる。

ケレーニイは、セメレの喰ったディオニューソスの心臓は男根でもあったから、「神秘の匱《キスタ・ミュスティカ》」に入れられて運ばれたといわれるディオニューソスの心臓は男根になっていると書き、生贄としてささげられた牡山羊の男根は切りとられて、箱（または篭）に入れられ、翌年の再生儀礼のとき、取り出されたという。その再生儀礼には干からびた男根以外に、無花果の木で作った男根棒が用いられたとも書くが、この牡山羊の男根や無花果の木で作られた男根棒は、魔女の乗る牡山羊や箒の柄などの木の棒と重なる。

歯のある膣に喰われるのは男根であり、男根は小さな男として、子供のイメージである。直立する男根、つまり勃起した男根は、生命力・成長力を凝集させた種・卵のイメージだから、ディオニューソスは牡の仔山羊とみなされている。この牡の仔山羊＝ディオニューソスは、喰われる男の子であり、喰うのは母、女性である。

「直立《オルトス》する者」としてのディオニューソス

77　ディオニューソス祭の男根担ぎを描いた紀元前5世紀の皿絵

牡山羊は箒の柄と同じ男根イメージだから、牡の仔山羊と見られているディオニューソスのシンボルも男根である。ケレーニイは、ディオニューソスの「最も古い偶像は、ディオニューソスの巫女たちの聖域に建てられた男根像であった」と書き、ディオニューソスの「異名の〈直立《オルトス》する者〉」と男根像は同一だと書く。そして紀元前三世紀末のギリシアの詩人セーモスの次の詩、

どいたりどいたり　神さまに道を
空けるんだ！　なにしろ神さまは
隆々と棹だち　はちきれんばかりになって
通り抜けようと　望まれるのだから

を引用して、「時々、このような姿で現前して、誇らしげに国中を漫遊するのがディオニューソスである」と書く（『ディオニューソス』）。77はディオニューソス祭の男根担ぎを喜劇風に描いた紀元前五世紀の台付き深皿だが、こうした巨大な男根像が「誇らしげ

78　紀元前2世紀の
ディオニューソス像

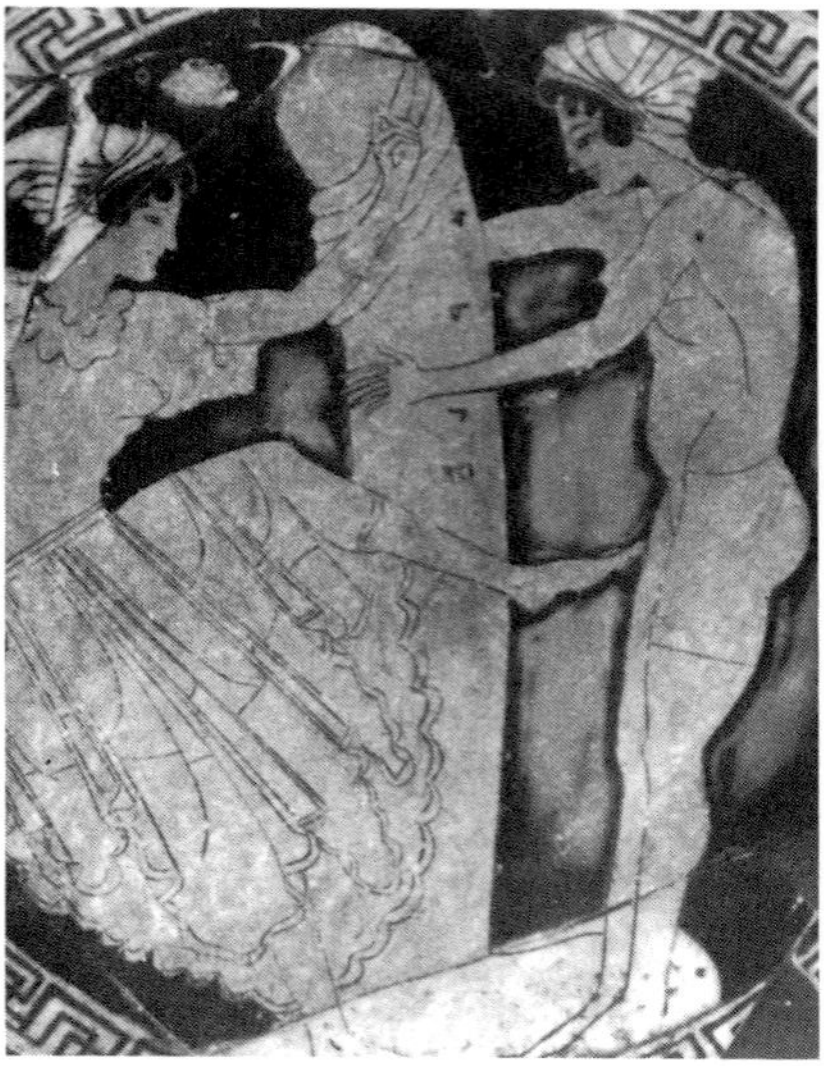

79　紀元前5世紀の壺絵に
描かれたオルトスと二人の女

に国中を漫遊」したのである。

ヘルメスはディオニューソスの母セメレが死んだとき、ゼウスから頼まれて生まれたばかりのディオニューソスの養育を、セメレの姉妹たち（マイナデスの祖たち）に依頼している。このようにヘルメスはディオニューソスとかかわるから、75のヘルメス標柱のようにヘルメスは男根を勃起させている。73のパーンや74のサテュロスも男根を勃起させているのは、彼らはディオニューソスの従者だからである（初めはサテュロスだったが、パーンとサテュロスが混同され、後にパーンも従者に加えられた）。

78の紀元前二世紀のディオニューソス像のような、ヘルメス像と似た像があるのは、ディオニューソスが、

「直立する者《オルトス》」といわれているからである。ケレーニイは、「アテーナイで最初にこの神に奉仕したのは女たちであった。当時のディオニューソスにはまだ祭祀像がなかった。ただホーラーたち（季節の女神たち、二人・三人・四人説があるが、タロ〈「春」または「芽生え」〉、アウクソ〈「夏」または「生長」〉、カルポ〈「秋」または「収穫」〉の三人の名が知られていた。――引用者注）の聖域に、直立した男根像のかたちで祭祀の標柱が立っているだけだった」と書いて、この「直立した男根像」がオルトスだと書く（『ディオニューソス』）。78のディオニューソスの標柱もオルトスだが、女性（マイナス）がオルトスを愛撫しており、オルトスは牡の仔山羊のイメージである。

79の紀元前五世紀の壺絵も巨大なオルトスを愛撫する女性が描かれており、78の女性と同じイメージである。80の絵も79と同じ時期の壺絵だが、マイナスの持つテュルソス（松かさを先端につけた棒〈杖〉）でサテュロスの睾丸を愛撫し、サテュロスのペニスを勃起させている。クーパーは、「テュルソスとは、ブドウの樹や蔦のからまった杖、あるいはリボン結びのついた杖の頭に松かさをのっけたもの。テュルソスは男根象徴で生命力をあらわし、主として神ディオニュソス（バッカス）と結びつけられる」（『世界シンボル辞典』）と書くが、古代ローマでは男根の婉曲表現であった。したがってテュルソスはディオニューソスであり、マイナスは魔女、テュルソス＝ディオニューソスは箒の柄と重なり、80のサテュロスは牡山羊＝悪魔と見ることもでき、魔女（マイナス）の持つ男根棒（テュルソス）で、悪魔（サテュロス）の男根が勃起しているといえる。

ディオニューソスの祭にマイナデスに凌辱される若い男たち（三七一頁参照）は、歯のある膣に喰い

82　牡山羊の上のリリト。
紀元前3世紀

80　マイナスとサテュロス。
紀元前5世紀

83　牡山羊を抱くアプロディテ。
紀元前6世紀

81　マイナスとサテュロス。
紀元前6世紀

ちぎられる男根である。この男たちは「神人《ヘロス》」といわれディオニューソスの分身だから、男根象徴のディオニューソスが喰われるのが、祭の夜のヘロスたちとマイナデスの乱交である。主導権は女たちにあることは、前述（三七一頁）したローマのバッカス祭の祭儀からもいえるが、そうした事実を78〜80の表現は示している。

81はマイナスとサテュロスが女上位で交わろうとしている紀元前六世紀の壺絵である。マイナスは自分の手で陰唇をひろげており、下の口で男根を喰おうとしているから、女上位である。

魔女の性交体位の女上位

魔女の悪行に「食人」と「乱交」があるのは、古代の太母信仰の秘儀の反映だが、歯のある膣に喰われる男根は、『バッコスの信女たち』の歌にあるように牡山羊になっている。したがって夢魔となって修道僧と女上位で交わるといわれていたリリトは、82（紀元前二三〇〇年〜二〇〇〇年頃のシュメールのパネル）のように二頭の牡山羊の上に乗っている。

83の紀元前五〇〇年頃の造形は、牡山羊を抱くアプロディテ（ヴィーナス）だが、アプロディテは「アプロディテ・エピトラギア（牡山羊に乗ったアプロディテ）」といわれている。このいい方は牡山羊の上のリリトと同じイメージであり、82・83の表現は、パレドロス（男根）としての牡山羊と女上位で交わる太母を暗示しており、82の牡山羊に乗るリリト、83の牡山羊を抱くアプロディテは、牡山羊に

84　ヘラクレスとニンフ。紀元前1世紀

乗る魔女とダブルイメージだから、リリトは聖書で魔女といわれ、ヴィーナス（アプロディテ）も中世では魔女イメージでみられたのである。

ギリシア神話の魔女セイレンは歯のある膣をもつ女たちがいる女人国にいて、男を喰うが（乱交で死なす）、67（三八二頁）のように夢魔となって性交する。この体位は女上位であり、81の牡山羊を喰い、男たちと乱交するマイナスの性交体位と同じである。

84は紀元前一世紀のローマの大理石彫刻だが、カタリネ・ジョーンズの『セックスシンボル』はこの造形をヘラクレスとニンフと書く。女上位のニンフは、花嫁、あるいは結婚適齢期の若い女性を意味する。同じ語が、ハスの花、ヒツジ草、あるいは貝殻のような女性生殖器のシンボルにも適用された。ニンフたちは女神の古代神殿において、とくに性的儀式のとき、巫女として仕えた。儀式では彼女たちは花咲ける豊饒の神聖なる原理を表わし、ときには『神の花嫁』として知られた。中世になるとニンフという語は、魔女や妖精に対して用いられたのは、ともに前キリスト教時代の巫女の系統を引いているからだが、中東では蓮は百合といわれた。

ウォーカーは「ユリ lily（すなわち lilu〈ハス〉）は、太母の『女陰を表わす花』であり、リルという花の呼称からリリト（リリス）の名が生まれた」と書き、リル（蓮・百合）は「リリト女神の生殖魔力を表わす」と書くが（前掲書）、リリトは女上位で交わるのだから、ハスの花の意味をもつニンフが英雄ヘラクレスの上に乗っているのは当然である。

ロベルト・ザッペーリは、ギリシアの女上位は、「遊女の専有物らしく思われる。ギリシア人にとっては、快楽を求めて馬乗りになる女性は決まって売春婦だった。男性的な価値に基礎を置く社会も、売春婦にだけは、例外なく性的な主導権を与えてきた」と書き、ユウェナリス（紀元六〇年〜一二八年頃の古代ローマ最高の風刺詩人）が、既婚婦人が女上位の性交体位をとって、売春婦と競っている破廉恥な行為を非難しているから、ザッペーリはローマの既婚婦人が女上位であったのは、快楽を求めて売春婦の真似をしたのだと書いている。しかし一方では、「古代ギリシア・ローマ時代には、女が上になるのはごく自然なことと思われており、まったく普通に行なわれる体位だった」と書き（『妊娠した男——男・女・権力——』）、主張に一貫性がない。

85の紀元前二世紀のモザイク壁画についてジョーンズは前掲書で、マイナスとサテュロスと書いており、86の紀元前一世紀の指輪の造形をオムパレ（リュディアの女王）とヘラクレスとみているが、こうした表現からみても、ギリシアの女上位が「遊女の専有」とはいえない。

当時女上位の体位は売春婦だけではなかったことは、ネロの助言者であった哲学者セネカが、ル

85 マイナスとサテュロス。紀元前二世紀

86 オンパレとヘラクレス。紀元前1世紀

キリウス（紀元前一八〇年頃〜前一〇二年頃の古代ローマの詩人）に宛てた書簡で、本来は受動的な存在として作られたはずの女性が、あえて能動的な態度を示して男性の上に乗ろうとするのは、許すまじき思い上がりだと書き、既婚婦人が女上位の体位をとるのを嘆き、身分や社会的地位を越えて、すべての女性に見られるこうした振る舞いに、憤っていることからもいえる。

そのことは前述した（三七一頁）女だけの祭のローマのバッカス（ディオニューソス）祭の秘儀からもうかがえる。この秘儀では選ばれた若者が女たちに「凌辱」されたが、セネカ時代（紀元前二世紀）の元老院がセネカと同じ男女観に立って、この秘儀を禁止したのは、この秘儀が女上位的発想に立っていたからである。しかしこうした祭儀がおこなわれていた事実からみても、ザッペーリの書くような売春婦だけの体位とはいえない。こうした女上位的発想は、はるか太古にまでさかのぼる。

デュルは『再生の女神セドナ』で、エジプトの紀元前四〇〇〇年紀のナカダ期文化のナグ・マルサーブの岩絵に、「仰向けに男が横たわり、男の上に女がまたがり、左手で男性性器を握ってヴァギナに導いている」絵があることをあげ、「古代エジプトの女性がしばしばセックスのイニシアティヴをとったのは明らかである。あるエジプト学者などは『エロスのイニシアティブをとる女に対して男が』しょっちゅう覚える『不安』について語っている。それゆえ性器を女の中へ押し込むのも、たいてい男ではなく、むしろ女が男性性器をつかみ、ヴァギナに導き入れる」と書き、こうした女上位の行為は、快楽のためというより、性交を太母とパレドロス（息子＝愛人）の聖婚《ヒエロス・ガモス》の儀礼とみる考え方によっていると解す。したがってデュルは、「アトゥムの神の射精は女が寄り添ってくれるこ

87　テングラーの描いた「魔女の生活情景」の一部。1511年

とが不可欠であり、かれの男根を女神のムートやイシス、なかんずくハトホルに擦ってもらうから、このような行為をする女神たちや、ハトホルの近親であるネベト（ヘテペト）は、別名『陰唇の女王』・『アトゥムの手』という異名をもっており、『神の女』としてアメンの奥方となったテーバイの貴族の夫人方も、その異名を受け継いだ」と書いている。

ピラミッド・テキストの「オシリス讃歌」には、

あなたの妹イシスはあなたのもとへ現われ、あなたへの愛にあえいでいる。あなたは彼女をあなたの性器の上にすわらせ（別の翻訳では、彼女はあなたのためにあなたの性器を膣へ導き入れ）、あなたの精液は彼女の中に流れ込む

とある。「あなた」はオシリスのことだが、イシスとオシリスは双生児で夫婦だが、別伝では母子にもなっている。このエジプトのピラミッド・テキストでも女上位である。この女上位は中世ヨーロッパでは「魔女の体位」といわれている。87は一五一一年にウルリヒ・テングラーの描いた「魔女の生活情景」の一部だが、向かって右下の絵では魔女は

牡山羊に乗り女上位で悪魔と性交している。

能動的な力を与える太母

ノイマンは『意識の起源史』で、太母のパレドロス（愛人＝息子）は「母に授精する豊饒神の性格をもつが、実際には彼らは太母に連れ添う男根」であり、「男根の所有者にすぎない男性的なもの」を太母は求めているにすぎないから、「男根の授精力の祭りや、男根に関係した性的な無礼講の祭りは、どこでも太母につきものである」と書く。男根を太母が求めるのであって、主導権は女性にあった。そのことを巨大な男根を愛撫し、男根の周囲を踊っている79の絵（三九八頁）が表現しているが、四〇九頁の88の巨大な男根をかかえる紀元前五世紀のギリシアの壺絵も、太母が求めるのは勃起した男根にみられる生命力、成長力であることを示している。「求める」は喰うこと、交わることだから、この行為が魔女の食人と乱交の話になっているのである。性交は下の口（歯のある膣）で男根を喰うことだから、喰う側に主導権のある体位が女上位である。

キリスト教のヨーロッパでは、この体位を「魔女の体位」といい教会は禁止していたが、禁止のききめがないので、アルベルトゥス・マグヌス（一二〇〇年頃～一二八〇年・中世のスコラ神学者）は『生ある物について』で、もし女性が上になれば子宮が逆さまになり、容易に中身がこぼれてしまうと書き、スペインのイエズス会士で神学者のトマス・サンチェス（一五五〇年～一六一〇年）は、『聖なる結婚の誓約について』で、「女性下位、男性上位」の体位こそ唯一自然な体位で、これに反する体位は大罪だと書き、「そのようなやり方は、自然の秩序に完全に背くものだ。男性の射精に由来する種が、女性の壺の中に受け入れられ、引き止められる、という摂理に反することになるからである。その場合、体位だけではなく、身分までが逆転することになる。男性が働きかけ、女性が従ってこそ、物事の自然に適《かな》うというものだ。男性は下に身を置くことによって受動的になり、一方女性は、上に身を置くことで能動的になる。自然がこうした転倒を嫌うことを理解しない者があろうか」と書いて、「魔女の体位」をやめるよう説いている。

しかしエジプトのピラミッド・テキストに描かれているように、オシリスの精液は下から上のイシスの子宮に射精される。勃起した男根は上に向かって立つのであって、下ではない。キリスト教徒たちは精液は水が落ちるように下に落ち、子宮としての壺は上から落ちる精液を受け入れるもののように考えているが、精液は上に向かって飛ぶのであって、自然の摂理は、ローマの哲学者セネカからキリスト教の神学者たちに至るまでが力説する「自然」と、まったく逆である。女上位が自然の性交体位だから、男根は直立し上昇するのである。パレドロスとしてのディオニューソスは「直立する者《オルトス》」といわれているが、紀元前一世紀の古代ローマでも、89・90のような直立し上昇しようとしている男根像が作られている。

性交で能動的なのは男であり、それが「自然」だというが、男は子供を生めない。自然の摂理は出産を女としている。性交・出産にあたって、男は女王蜂のためのオス蜂であり、性交後喰われる

88 紀元前五世紀のギリシアの壷絵

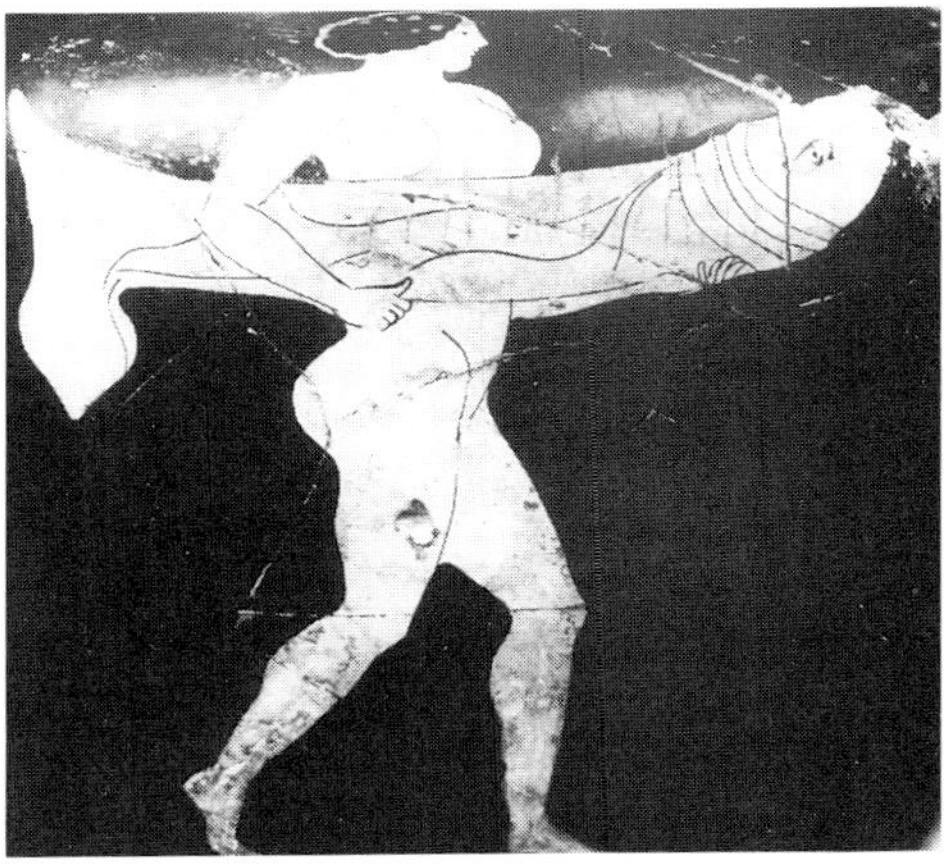

89・90 紀元前一世紀のローマの「オルトス」

90

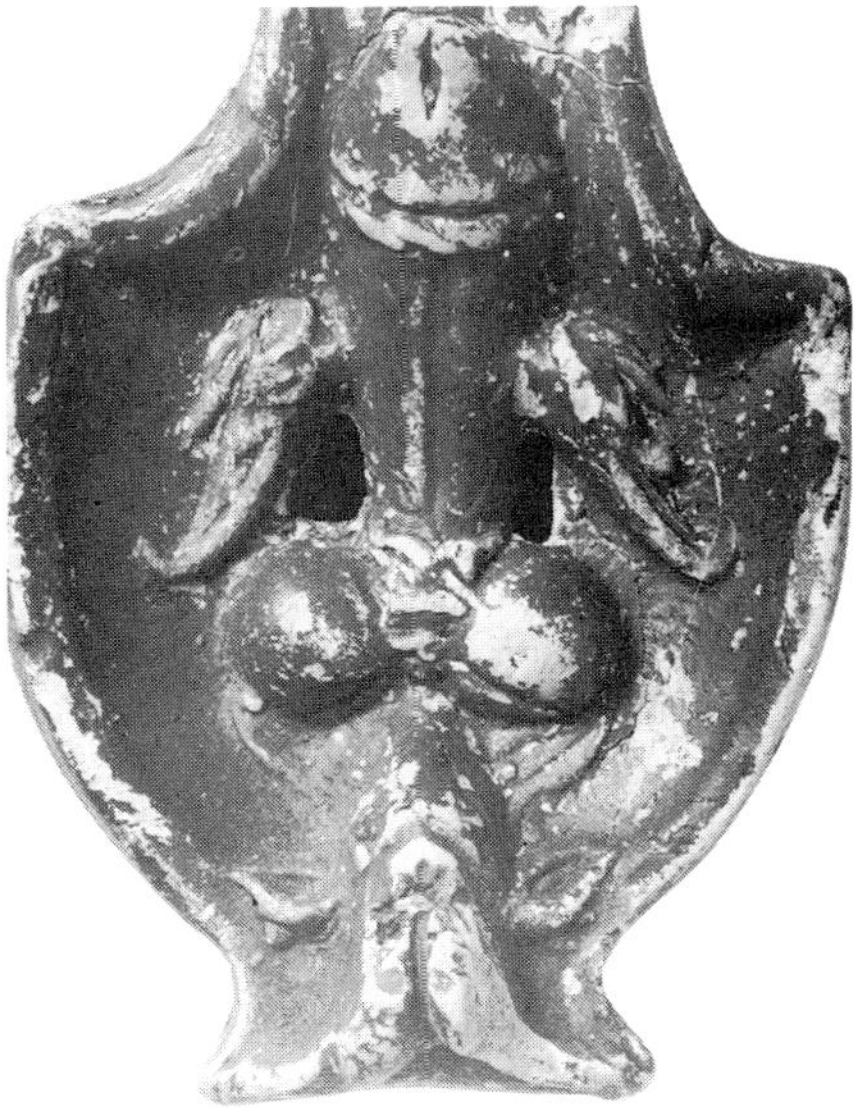

89

カマキリやクモのオスである。しかし子孫を残すための出産は女だとしても、毎日の食糧確保は男の仕事ではないかといい、古代人の狩猟活動を男の能動性としてあげる向もあるだろうが、この能動性も働き蜂としてであり、太母（女王蜂）のために捧げる能動性であり、活動のエネルギーは太母によって与えられている。

91の旧石器時代の岩絵についてノイマンは『グレート・マザー』で、「アルジェリアのサハラの岩窟に描かれた旧石器時代の絵は、狩りをしている男性が、腕を挙げた女性と、性器と性器をつなぐような線で結ばれている。これは大いなる女性の呪術的機能の明快な表現である」から、「たぶん狩猟の呪術を現しているのだろう。ここでも女性像は臀部が幅広くなっていて、そこが強調されており、彼女たちは男性よりずっと大きく描かれている」と書き、91の絵の女性は「太母《グレート・マザー》であることをみごとに証明している」と書く。太母の性器からひかれた線は男性の性器だけでない。男性の腕から弓・矢に結びつけられている。このように男根を勃起させるだけでなく、矢を飛ばす力にもなっている。たぶん、精液を放つのも、矢を放つのも、太母の性器から出るエネルギーとみていたからであろう。

矢を射られようとしているのは、鶴か鷺だが、鶴も鷺も「水辺に立ち最初に暁を迎える鳥」であり（フリーズ『イメージ・シンボル事典』）、エジプトの象形文字の「朝」は鷺の意味がある。92はエジプトの第一九王朝（紀元前一三二〇〜一二〇〇年）のイリネフェルの墓の壁画である。死者を載せた舟を漕いでいるのは青鷺のベンヌ鳥である。ベンヌ鳥は「太陽の化身」といわれているから、太陽を頭に載せている。生の象徴の太陽の化身が死者の舟を漕いでいるのは、ベンヌ鳥が生と死・この世とあの世を行き来する渡り鳥だからである。また古代ギリシアでは鶴が移動するときの鳴き声は、収穫の時と種播きの時を告げるといわれているが、鶴も渡り鳥である。渡り鳥で「最初に暁を迎える鳥」を射るとは、死と再生を示しており、射られる鶴は太母と重なる。つまり太母の求めるのは男根(矢)

91　アルジェリアのサハラの旧石器時代の岩絵

92　紀元前2000年紀前半の基地の壁画

なのである。ノイマンの書く受精力であり、91の絵は太母とパレドロスの死と性交と再生（出産）を示している。

太母に捧げられる切られた男根

男根を太母が求めるのだから、ときには男根は切られて捧げられる。太母キュベレとパレドロスのアッティスの母子を祭るローマの「血の日（三月二十四日）」について、フレイザーは『金枝篇』第三十四章で、「祭司たちは宗教的興奮の最高潮に達したとき、わが身から切り取った部分を、かの残忍な女神の像に投げつけるのであった」と書くが、「残忍な女神の像」はキュベレの像である。「血の日」（二七一頁参照）にあたってアッティスに代った祭司が、男根を切ってキュベレに捧げるのである。

フレイザーはつづいて、この切られた男根は、「ていねいに包まれて土中かキュベレにささげられた地下室に納められた」と書き、母キュベレに子アッティスの男根供献は、「アッティスを甦らせ、春の陽光をうけて葉や花となって現われようとしている自然界の復活を促進すると信じられた」と書く。切られた男根とは、歯のある膣との性交を意味し、キュベレの像に男根を投げつけるのは母胎回帰を意味する。男根を包んで土中やキュベレの胎内といわれる地下室へ納められるのは、大地母神である太母キュベレの子宮へ戻った男根が、再生するためである。復活のための男根の死が、この祭儀の去勢である。

ギリシア神話では、両性具有のキュベレの切られた男根が、アーモンドの木として再生し、アーモンドの落ちた実をキュベレが食べてアッティスが生まれたという。切られた男根が母胎回帰し再生したのがアッティスであり、喰うことが再生のためであることを、この神話は示している。またキュベレはアッティスを愛するあまり、結婚しようとするわが子の男根を切ったため、アッティスは死んで救世主《メシア》として再生したという神話もある。いずれも男根＝アッティスの死は再生と結びついている。

ヤハウエもディオニューソスも救世主といわれたが、救世主は生贄を求めるが、自らも生贄になる。救世主としてのアッティスは自分から生贄になったから、キュベレに男根を切られたという話以外に、自ら男根を切ったという話もあり、「血の日」の司祭と同じである。

フレイザーは『金枝篇』で、エペソスの大アルテミス、ヒエラポリスにあったシリアの大アスタルテなどの神殿は、「去勢された祭司によって奉仕されており」、太母神に奉仕する「男根なき祭司は、キュベレに奉仕する祭司が去勢するのと極めてよく似ていて、両者は同じもの」だと書き、ヒエラポリスでおこなわれるアスタルテの春の祭りに集まった人たちの中には、宗教的興奮のあまり「自ら去勢」し、「血にまみれた男根を握りしめて町じゅうを駆けまわり、男根を家へ投げこむが、投げこまれた家は名誉ある家となる」とも書く。

アスタルテについてウォーカーは、「インド・ヨーロッパ文化圏全域にわたって崇拝された『創造し、維持し、破壊する女神』そのもので、『世界の真の統治者』で、飽くことなく創造しては破壊し、古きを滅しては新しきを生んだ」と書くように、アスタルテは、創造と破壊の二面性をもつ典型的太母である。

また「シュメールのラガシュから出土した紀元前二三〇〇年頃の円筒印章を見ると、アスタルテは夫シヴァの体の上にしゃがみこんでいるカーリーと同じ姿勢をとっているが、それは愛と死の聖なる姿勢である」ともウォーカーは書くが、カーリーの「愛と死の聖なる姿勢」は、性交と食人の「女上位」の姿勢である。

アスタルテの秘密をよく理解している学者たちは、アスタルテこそ聖母マリアの太古の原型の一つであると見ているが、シリアとエジプトでは、十二月二十五日になると、毎年、アスタルテの聖なる劇を演じることによって、天界の乙女（アスタルテ）が太陽神を生む（再生する）ことを祝った。その日に生まれた選ばれた子供を見て、人々は「天界の乙女が子を生みたもうた」と叫んだが、アッティスやディオニューソスの生まれた日も、イエス・キリストの誕生日も、十二月二十五日である。

イエスの誕生日が十二月二十五日ときめられたのは、紀元前三世紀末から四世紀初頭ころだが、フレイザーは『金枝篇』で、「ユリアヌス暦では十二月二十五日が冬至と定められ、一年のこの転機から日が次第に延びて太陽の力が強まって来るところから、その日は『太陽の誕生日』であるとみなされていた。エジプト人は嬰児の像によって新しく生まれた太陽を表わし、それを誕生日すなわち冬至に運び出して礼拝者に見せた」と書く。

アッティスやディオニューソス、そしてイエスは救世主といわれているが、救世主は「日の御子」である。わが国の「日の御子」の天皇の祖神は「アマテラス」という日神だが、この日神も太母であり、太陽神を生むアスタルテ、アッティスの母キュベレ、ディオニューソスの母セメレ、イエスの母マリアと通じる。日の御子の象徴が男根である。シヴァはカーリーの夫になっているが、カーリーとシヴァの関係は太母とパレドロス（愛人＝息子）の関係である（アッティスもキュベレの夫という神話もあり、パレドロスは息子で夫になっている）。アスタルテやアルテミスまたキュベレに男根が捧げられるのも、これらの女神が太母だからである。

日の御子としての男根は、毎夕太母に喰われ、毎朝再生する。この一日が一年になると、冬至の前夜が死で、冬至の朝が再生となる。したがってアッティスもディオニューソスもイエスも、救世主は冬至の十二月二十五日が誕生日になっており、アスタルテの生んだ太陽神の誕生もこの日なのである。わが国の日の御子天皇の即位式も、中国の天子（「天子」も「日の御子」と同義）の即位式も冬至である。あえていえば、イエスも天皇も天子も、ディオニューソス、アッティス、シヴァと同じ男根象徴といっていいだろう。

93はフレイザーが「エペソスの大アルテミス」と書くアルテミス（ディアナ）神殿遺跡から出土した像だが、この像は乳房をつけた豊饒神とみられているが、ドアン・ギュムッシュは『エフェソス』（「エフェソス」は「エペソス」のこと）で、「胸に連なる卵状のものは最初は乳房と考えられていたが、最近の研究では牡牛の睾丸、神への生贄のシンボルとされている」と書いており、デュルも『再生の神セドナ』で、多数の乳房でなく睾丸とみて、太母キュベレに仕える司祭が、春祭りに自分の睾丸を切り落してキュベレにささげたように、「春祭りのとき、人々はエーゲ海の太母神アルテミスに睾丸をくっつけて、太母を孕ませた」と書く。アルテミスに仕える司祭メガビソスは必ず去勢されなければならなかったことからみても、これらの説も一理ある。死と性交・出産が結びついていることは、くりかえし述べた。アルテミスは生贄を求める恐しい太母であるが、一方では多産・安産と新生児を保護する女神である。

ローマではアルテミスはディアナといわれ、後には魔女たちの女王はディアナで、ディアナが魔

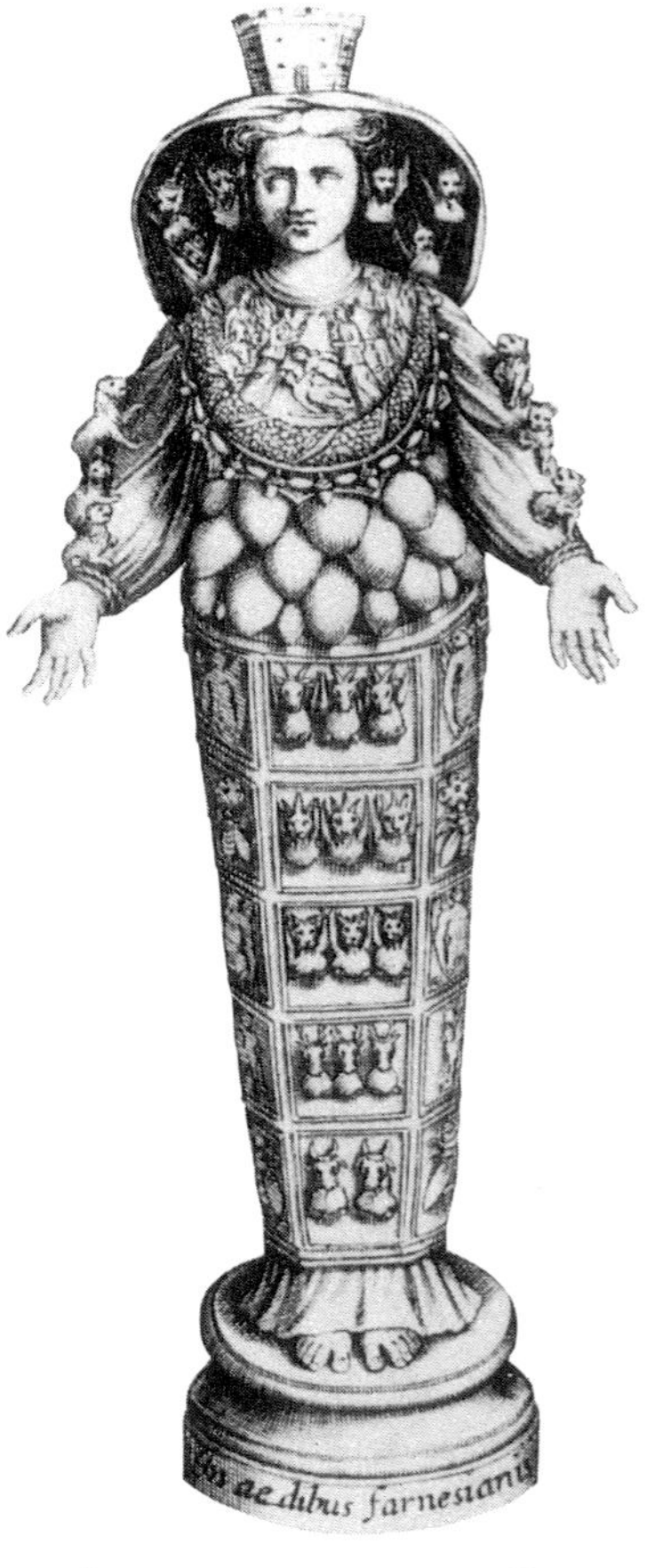

93 「エペソスのアルテミス」像

女たちを率いてヨーロッパの森や山を駆け巡っているといわれているのも、魔女に男根を求める太母及び太母の使女《つかいめ》のイメージがあったから、ディアナ(アルテミス)にむすびつけられたのである。男根象徴のディオニューソスやアッティスには去勢神話があり、シヴァにも同じ神話があるが、魔女は男たちを去勢するといわれていた。

パレドロス、カームテフとしての男根

エジプト神話では、天空神ヌートの胎内でオシリスとイシスの双生児の兄妹は結婚したという。オシリスとイシスの母のヌートは、94の紀元前二〇〇〇年紀末のパピルスでは、男根を勃起させたゲブと女上位で交わろうとしている。太母は大地母神として神話に多く登場するが、エジプトでは天空神になっているのは、日の光と雨が大地から生まれた植物を育てるからであり、太母は天と地にある生命力である。魔女の女王といわれたディアナと同一視されているヘカテが、天と地と地下を支配する女神であったのも、ヘカテが太母だったからである。しかし男性優位のギリシアの都市国家では、次第に地下の女神になってしまったが、本来は天空神であり大地母神であった。

太母ヌートは、毎夕太陽を呑み込み、毎朝「昨日より若返った太陽」を生むといわれており、暁の空の色は太陽を生むときヌートが流した血の色といわれている。デンデラのハトホル神殿には95のような94と同じ姿勢のヌートが描かれているが、ヌートの上の口と下の口に太陽がある。上の口

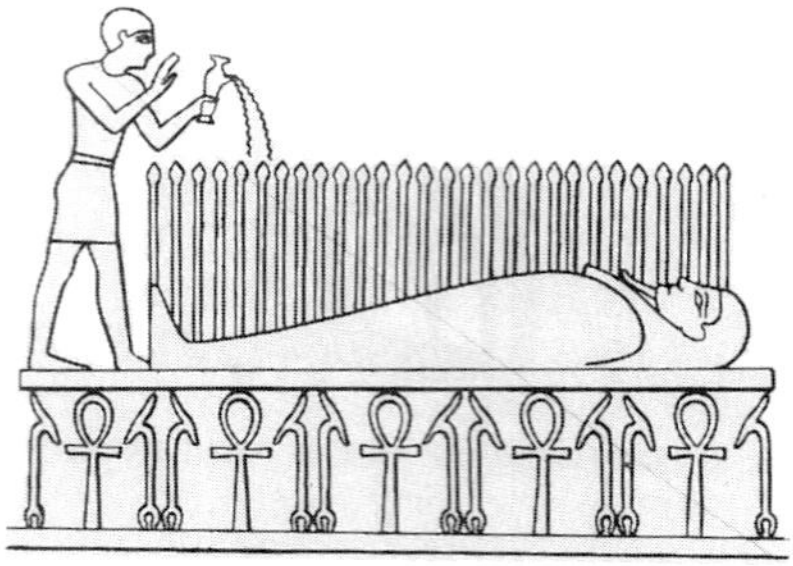

96　94と同時代に描かれた
「死せるオシリス」

94　紀元前2000年紀末のパピルスに描かれたヌートとゲブ

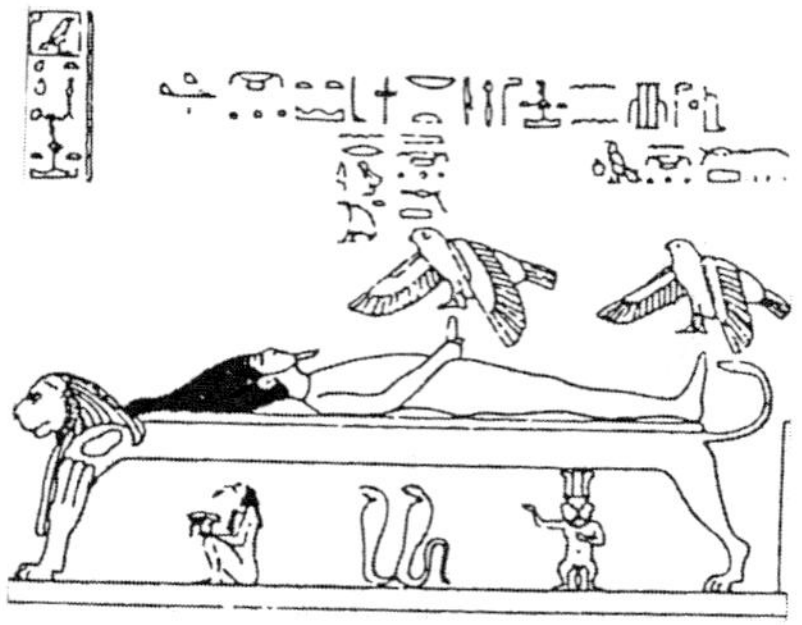

97　紀元前2000年紀の壁画の
「死せるオシリス」

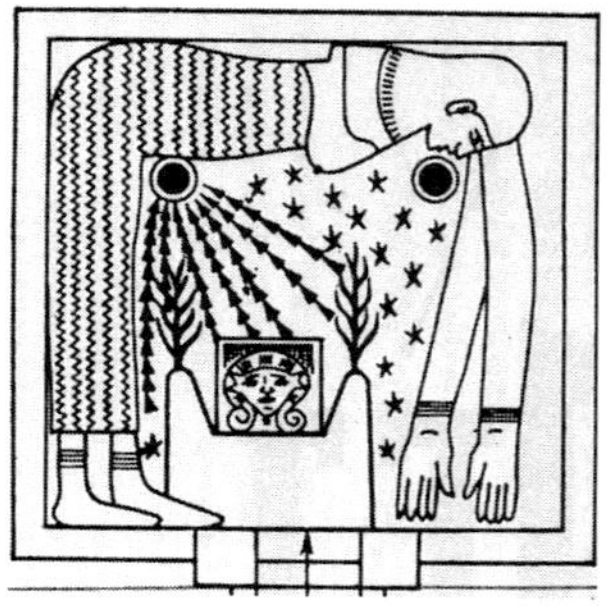

95　デンデラのハトホル
神殿の壁画のヌート

の太陽のまわりには星が描かれており、夕陽がヌートの口に入るところである。夜中に太陽はヌートの体を移動し、下の口から朝日となって再生する。そのことをもう一つの太陽が示している。その陽光は棺の中のオシリスを再生させ、小麦を芽生えさせている。

95の棺からオシリスが再生し小麦が芽生えているのは、96のオシリスのミイラから小麦が芽生えているのと同じである。95のふりそそぐ日の光は、96では生命の水になっているが、直立して伸びていく小麦はピラミッド・テキストの上に向かって射精するオシリスの男根イメージである。

オシリスとイシスは双生児といわれているがイシスは母のヌートと同一視され、オシリスの母で妻になっているのは、太母（ヌート・イシス）のパレドロスがオシリスだからである。オシリスはセトによって八つ裂きにされるが、八つ裂きにされた死体を集めて元の体にし、再生させようとしたのはイシスと妹のネフテュスである。その時、男根だけはナイルの蟹または魚に喰われて見つからなかったので、粘土で作った男根に香油を塗り、生命を吹き込み、イシスは女上位で交わったという。その神話を97のエジプトの紀元前二千年紀の浅浮彫の壁画が表現している。イシスとネフテュスはハゲワシに化身しているが、ハゲワシは死体をむさぼり喰う恐しい太母であり、オシリスと女上位で性交するイシスがハゲワシなのは、イシスは「歯のある膣」の持主であることを示しているが、この場合も喰うのは女（太母）であり、喰われるのは男（パレドロス）である。97は性交図だが、ハゲワシが死体を喰おうとしている絵ともいえる。

横たわっているオシリスは、25・26の死体として横たわっているシヴァと同じであり、オシリス神話のイシスとネフテュスの姉妹は、インド神話のカーリーやドゥルガー、ギリシア神話のディオニューソスの母セメレーや乳母イーノの姉妹と同じである。彼女たちも、人を喰う恐しい面と子供を生み育てるやさしい面の二面性をもつ太母である。

オシリス神話で男根のみが見つからなかったというのは、切られた男根は太母にささげられたからである。男根（パレドロス）は母胎に回帰して再生するのである。だからオシリスの棺やミイラから芽生えた小麦は、勃起した男根とダブルイメージなのである。

91の太母は両手をあげているが、98のエジプトの紀元前四〇〇〇年紀後半の壺絵の女性も、やはり両手をあげている。この女性のそばにちいさく描かれている男性は、左の舟では男根を勃起させている。デュルは男根を勃起させている男性を、エジプトの神ミン（99）と同じ「カームテフ」とみる（『再生の女神セドナ』）。「カー」は生命力・活力の源としての霊魂をいい、「ムテフ」は母である。だからミンは「幸いなれ、母とまじわう者よ」、「母に種付けする者よ」と呼ばれており、カーが男根を勃起させるから、「ミンの美しきもの――勃起した男根」という。したがって99のようにミンは表現されているのである。

99の「カームテフ」のミンにとって、臀部が豊満に描かれている女性は「ムテフ」である。デュルはこの女性を太母とみるが（前掲書）、太母（ムテフ）と交わろうとする男性（カームテフ）は、パレドロスである。パレドロスは太母の息子・愛人をいうが、ノイマンは『意識の起源史』でパレドロスの象徴を男根と書く（四〇七頁参照）。

98　紀元前4000年紀後半のエジプトの壷絵

99　エジプトの神ミン

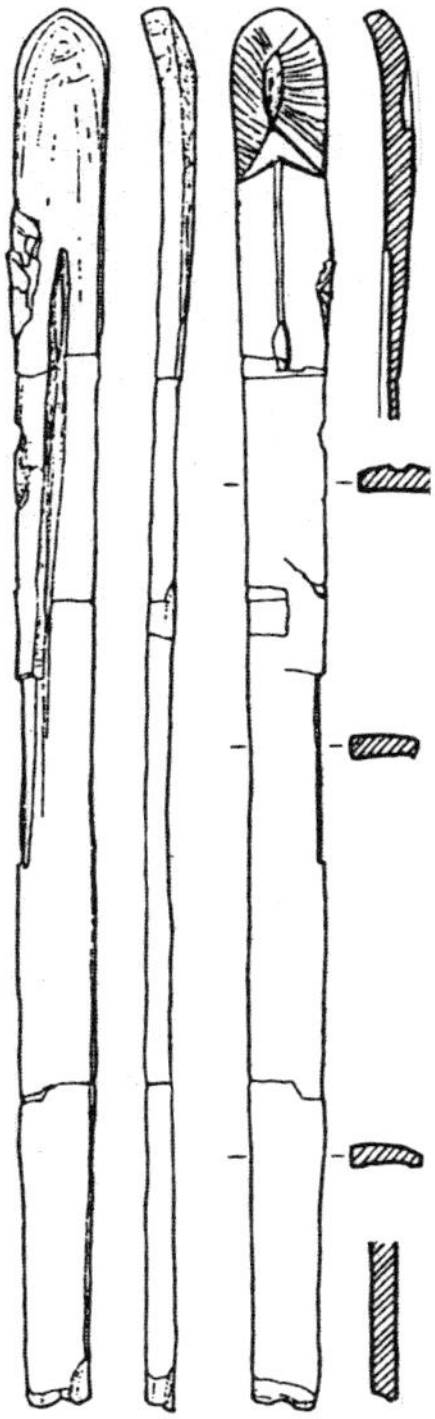

100　福岡市ツイジ遺跡出土の板状木製品。奈良時代

カームテフ・パレドロスとしての男性は、98の絵のように太母にくらべてちいさく描かれている。デュルは91（四一一頁）の絵を性交表現とみるが（前掲書）、弓矢を持つ男性はカームテフ・パレドロスであり、矢は男根である。飛ぶ精液と同じに矢も飛ぶ。

魔女がまたがる箒・熊手の柄や木の棒、牡山羊は、男根象徴でカームテフ・パレドロスだから、矢と同じに飛ぶ。したがって魔女はこれらにまたがって空を飛ぶのである。

飛翔力の根源としての太母の「カー」

矢が男根と同じに見られていたことは、日本の神話にもみられる。『古事記』や『風土記』によれば、男神が「丹塗矢（赤く塗られた矢）」に化身して川上から流れて来て、川辺の便所や川遊びをしていた女性の性器を突いて、神の子を生ませたとあり、丹塗矢は男根と見られている。100は福岡市のツイジ遺跡出土の奈良時代か平安時代初頭の板状木製品だが、女性の陰部に矢が突き刺さる絵が描かれており、矢は男根表現である。飛ぶ矢は89・90の飛ぶ男根と同じだが、飛ぶ力は太母から与えられるとみられていたから、カーは胞衣《えな》に宿っている霊魂といわれていた。したがってカーを得るためには母胎（子宮）回帰が必要だった。

性交は母胎回帰であり、死も同じだから、墓は子宮に見立てられているのであり、古代エジプト人がミイラを作って墓（大地の子宮）に葬ったのは、カーを再び入れるためには、体をそのまま残しておく必要があったからである。喰う女と喰われる男の関係も、カーを得るための母胎回帰であり、喰われる男のイメージは性交に象徴されているから、「歯のある膣」の伝承がある。喰われる男は太母のパレドロスでありカームテフだから、カームテフは男根を勃起させて母と交わる男である。カームテフといわれる太陽神のアメン・ラーは、夕方母の胎内に戻り、毎朝再生するが、母胎回帰は母との性交であり、性交は死だから、カーリーとシヴァの関係ではカーリーに喰われる表現と性交表現は、共に女上位で描かれている。

ヴェロニカ・イオンスは『エジプト神話』で、「毎朝ラー（太陽）は、仔牛として生れ、真昼まで牡牛に生長し、カームテフ（母の牡牛）としておのが母に受精させ、夕方死ぬが、翌朝再び自分自身の息子として生れる」と書く。「母に種付けする者」であるカームテフは、「勃起した男根」だから、角をもつ牡牛や牡山羊も、「勃起した男根」と見られていた（特に角が男根表象であった）。したがって、牡山羊に乗るアプロディテやリリトや魔女は、太母（ムテフ）とパレドロス・カームテフの関係と同じである。

初期キリスト教徒が食人と乱交の儀礼をおこなうといわれて非難されたことは前述したが、乱交は近親相姦で特に母と子が交わるといわれたのは、太母とパレドロス、母と交わるカームテフの伝承にもとづいている。石田英一郎は「桃太郎の母——母子神信仰の比較民俗学的研究序説——」（『石田英一郎全集6』所収）で、「歯のある膣《ヴァギナ・デンタータ》」や「箱舟漂着」の伝承と共に「母子相姦」を母子神信仰の問題としてとりあげている。石田は歯のある膣の伝承や、箱舟漂着譚のある地域や南米大陸に、母子相姦によって人類の始祖が誕生した神話があると書いているが、母子神信仰の「母子」は太母とパレドロスであるから、母子相姦伝承が歯のある膣や箱舟漂着譚の流布している地域にあり、太母信仰は汎世界的だから、初期キリスト教の儀礼にも母子相姦があるといわれたのである。母子神信仰はキリスト教ではマリアとイエスの信仰だが、わが国でも記・紀神話や民間伝承に色濃く見られる。この信仰の根も太母崇拝にある。

101は長野県富士見町の曽利遺跡出土の縄文時代中期の深鉢である。武藤雄六は『曽利遺跡発掘報告書』でこの造形を女上位の性交図と見ているが、男根は矢の形である。この女上位の女性（「半人半蛙」といわれている）も、91・98と同じに両手を高くあげているから太母である。エジプトではカーを102のように表示しており、勃起した男根もカー表象だが、両手を高くあげたカー表現は太母がおこなっているのは、ムテフ（母）がカーの活動源だからである。

奈良県最大の弥生時代の集落遺跡である唐古・鍵遺跡（田原本町）出土の土器絵画には、103のような絵が描かれている。両手を高くあげているのは、91・98・102のエジプトのカー表現や、101の縄文中期の女上位の性交表現と同じである。103の陰唇露出は、91の女性性器の呪力を誇示している表現や、第四章で例示したケルトの「シーラ・ナ・ギグ」の像（56・57）やミラノの陰唇露出の像（58）を連想させる。

このように洋の東西を問わず共通した表現があるのも、その根が太母崇拝だからである。103の女性は巫女といわれているが、古代の巫女は太母的性格をもつ。巫女の女陰露出は三五七頁に例示し

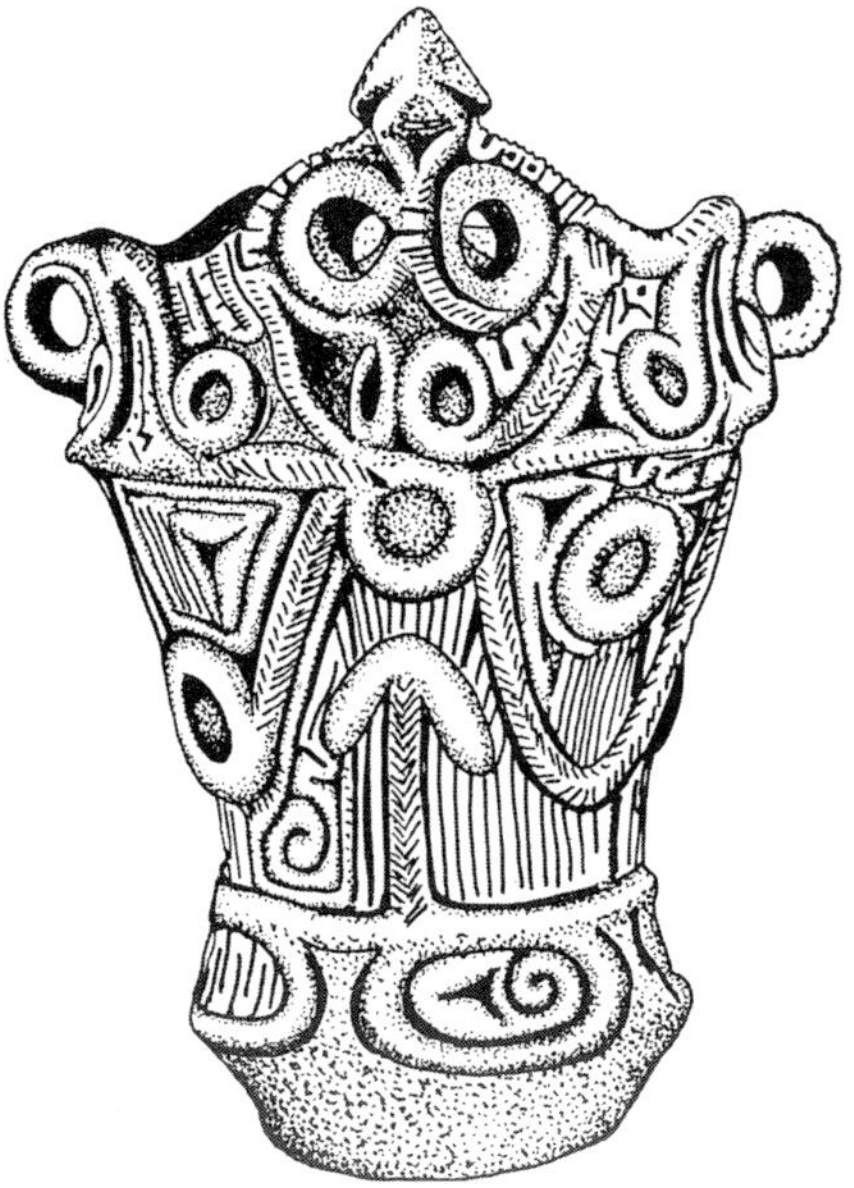

101 縄文中期の女上位の性交図といわれる深鉢

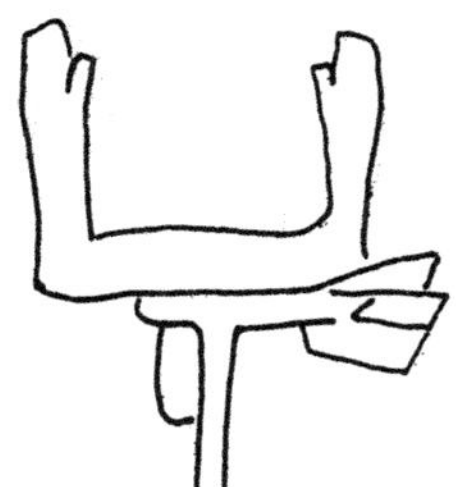

102 エジプトの「カー」表現

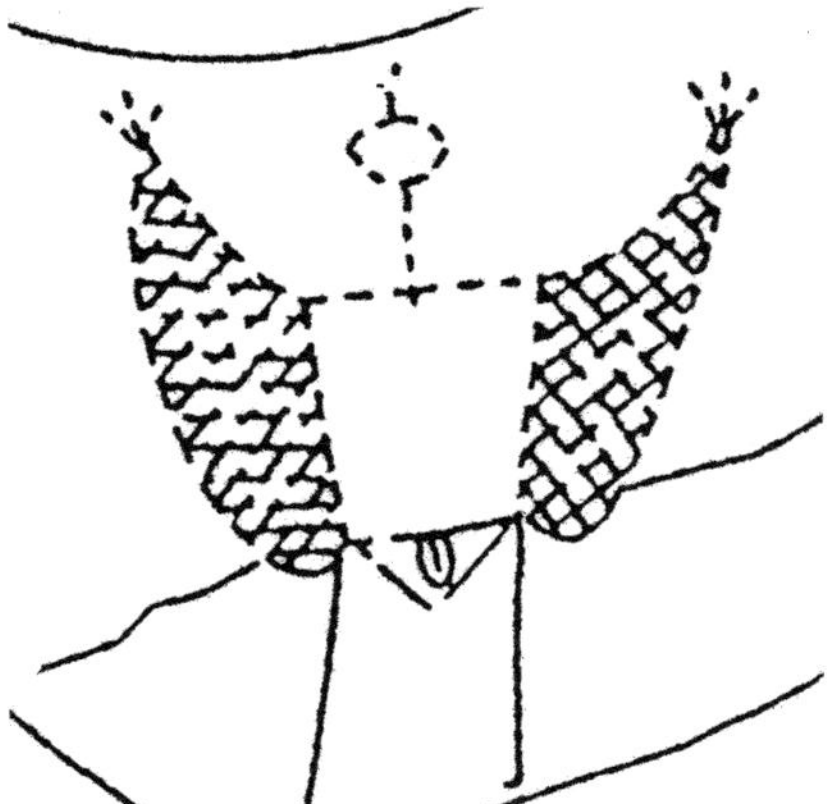

103 弥生時代の土器絵画の巫女

た古墳時代の埴輪（60～62）にも見られるが、103の女性のカー姿勢の両手には羽毛が描かれており、カー表現は翼表示である。ところが104のエジプトの紀元前四〇〇〇年紀前半の女性像も、カー表現だが鳥頭であり「鳥女神」といわれているから、103は「鳥女」といってもいい。魔女と同じに人を喰う山姥も空を飛ぶことは、30・36の絵で示したが、大分県直入郡直入町戸の口の105の山の神像は、鳥の羽の衣裳をつけている女神であり、103の発想と同じである。両手はあげていないが羽根をもつことで手をあげるカー表現、飛翔をあらわしている。

男根象徴の矢の飛翔は弓によって与えられるが、91の弓を引く腕には太母の女陰から線が引かれており、飛翔力は太母のカーによっており、カームテフのカーもまたムテフ（母）に回帰する。それが母に喰われること、母と交わることなのである。

女上位と魔女と「太母の祭祀」

オシリスと交わろうとしているイシスも、97（四一八頁）では鳥であり、女上位の67（三八二頁）の魔女セイレンも三本足で翼をもった鳥女である（103の弥生土器に描かれている「鳥女」も両手の指は三本である）。女上位で性交するといわれているリリト（リリス）も82（四〇〇頁）のように翼をもち足の指は三本である。『旧約聖書』（『イザヤ書』三四：一四）には、リリトは「魔女」と書かれているが、ラビの伝承の『創世記』では、神はアダムに最初の妻としてリリトを作って与えたとある。ユダヤの民間伝

104 「鳥女神」といわれるエジプトの紀元前4000年紀前半の女性像

105 鳥の羽の衣裳を着た山姥像

承として重要な意味をもつベン・シラの『創世記』一章では、リリトとアダムは土から一緒に創《つく》られたとあり、ラビ伝承が男の後で最初の女リリトが創造されたというより、平等性は高い。しかし本来の『創世記』は女が先でその後に男が生まれたという神話であったのだろう。そのことは、ラビヤベン・シラの『創世記』が、最初の女性がリリトからイヴに代った理由を、リリトが女上位でアダムと交わろうとしたので、アダムが怒り、その怒りにおどろいてリリトが空の彼方へ飛び去ったからだと書くことが証している。リリトがキリスト教の聖書で「魔女」になっているのも、この女上位にあり、したがって女上位は「魔女の体位」といわれたのである。

女上位は太母とパレドロス・カームテフの関係を示すが、母子相姦の人類の始祖伝説では、まず女が作られ、性交せずに出産した息子と交わって子孫をふやす話である。最初の男の子は、陰唇を東風または南風にさらしたり、陰唇に日の光や雨のしずくを受けたりして妊娠している。石田は、「太平洋一円に分布する母子相姦の始祖神話は、古代オリエント―インドにおける『未だ生れることなくしてまず生む』原初の存在たる原始大母神の信仰に相つらなる」と書くが(前掲書)、「原始大母神」が本来のリリトであり、アダムはパレドロス・カームテフであったから、女上位なのである。こうした神話を男性優位社会になると作りかえ、まずベン・シラの『創世記』のように平等になり、次にラビの『創世記』のようにアダムが先になっている。しかし太母リリトは残っていたが、キリスト教の『創世記』ではリリトは登場せず、聖書では「魔女」の烙印をおされてしまった。

ウォーカーはリリトをカーリーと同じ性格とみるが(前掲書)、吸血鬼や食人鬼は女上位の体位と重なっており、「歯のある膣」のイメージである。キリスト教の聖書ではリリトは魔女とされ太母信仰は否定されたが、民間祭儀の中には古い太母信仰は残っていた。その例としてマケドニアの乳母・産婆の祭りの女たちの性交強要をあげたが（三七一〜三七三頁）、この女だけの祭の夜の性交体位も女上位であった。そのことはデュルが『夢の時』でマケドニアの祭儀を紹介し、さらに「オーバーケルンテンの風すさぶガイルタールのプレチラーの女たちは、男たちの恐怖の的であった。彼女らは下働きの男たちや百姓の息子を捕まえると、しっかり押さえつけ、麻くずをまぶして、倒木の幹の上で『鉋をかける（犯す＝hobeln）』のである。フェルトキル辺りでは男は地面に横たえられて、プレチラーの女たちはそれに馬乗った」と書いていることからも推測できる（傍点は引用者）。

「鉋をかける」という表現は女上位（騎乗位）をあらわすだけでなく、男根を切ることを意味していることは、「鉋をかける」女たちの祭りに関連して、デュルが「キュレネのテスモポリア祭での女たちの振る舞いを覗き見た男たちは、その性器が切り取られた」と書き、「ザルツブルク近くのグロースアール谷でのこと、糸紡ぎ部屋の女たちは、住民にはずばり『魔の集団』と思われている組織を作っていて、男を捕まえることが許される特定の期間には、男のズボンを脱がせ、去勢するといって脅すのであった」と書いていることからもいえる。

男根を切るといって脅す行為は、「歯のある膣」の発想であり、女上位の性交（鉋をかける）は、男を喰うイメージである。だからデュルは、こうした女たちの祭りについて、「『太母の祭祀』はとだえたにもかかわらず、男のものにならない女の根本特徴のいくつかは、弱められた形にせよ、生きながらえていったのだった」と書いている（前掲書）。

前述（三七三頁）したチロルの女たちだけの祭りに、牧童を押さえつけ下半身を裸にし、女たちが牧童の性器をさすって勃起させるのも、女上位の発想と同じで、能動的なのは女性である。こうした女だけの祭りは乳母・産婆祭であったから、男たちは除外されたのである。デュルは「デンマークの女性ギルドに関して伝わる話によると、このギルドのメンバーたちは出産があるとさんざんに暴れ回り、家々に侵入し、肉・卵・パンを掠奪し、男どもを好き放題に凌辱し、通りすがりの女の頭からは男に従属するしるしである頭巾をはたき落したという（注、同様の記憶がドイツにもあったにちがいない。一〇〇年前にはまだ農民は五月一日の前夜には農具を大事にしまっていた。というのもそれが魔女に壊されたり、藁屋根のてっぺんに放っておかれたりしないようにである）。謝肉祭の木曜日にケルンの『女の謝肉祭』で行なわれることも、これと同じであった」と書く（前掲書）。

男に従属するしるしである頭巾をたたき落したのも、「『太母の祭祀』はとだえた」としても、乳母・産婆の祭りとして残っていたことを証しており、「女上位」はその象徴である。

魔女狩りにヨーロッパの産婆の多くは犠牲になったが（三三三〜三三四頁参照）、女たちの祭りの夜と同じに五月一日の前夜に魔女たちが好き勝手なことをし、男たちを凌辱したのは、この夜はサバトに魔女たちが集まる「ヴァルプルギスの夜」だからである。「ヴァルプルギス」は「母なる大地《ヴァルブルグ》」という名の女神にちなんで名づけられた有名な修道女の名前だが、ヴァルブルグといわれる太母信仰がキリスト教化して修道女の名前に代ったのであり、魔女たちの年に一回の集会（サバト）は、「太母の祭祀」にかかわっている。したがって「女上位」は「魔女の体位」なのである。

ザッペーリは、『ブルターニュ海岸地方では、性交中に女性が男性の上に乗ると、生まれてくる子供は司祭になると言われている』と、一八八四年出版の『グルトン語隠語辞典』の司祭の項に書かれている。著者の民俗学者が匿名を用いて身元を隠さねばならなかったのと同様、ラテン語を用いている点が、この書物の出版された時代を象徴している」と書き、こうした民間伝承は「性の序列をくつがえした女性は、その当然の報いとして、性の序列の擁護者を産む責めを負わねばならない」と説明している（前掲書）。

ザッペーリは前述（四〇三頁）したように、女上位は「自然」ではなく「性の序列をくつがえ」している体位と見ているから、このように説明するが、もしザッペーリの説明のような意味の伝承なら、著者が匿名でラテン語を用いる必要はなかったろう。この民間伝承はザッペーリのように逆転した解釈でなくストレートに解釈すべきであろう。ブルターニュ海岸地方はフランスでもキリスト教以前の風習（ケルト文化）を残している辺地である。女上位は太母の体位だから、尊い人を生むといわれていたのが、「母なる大地《ヴァルブルグ》」が修道女の名になったように、「司祭」を生むとなったのだろう。もし女上位が「自然」でないと見ていたら、素朴なブルターニュの人たちは、女上位の性交は「悪魔」を生むといったであろう。デュルの紹介する女だけの祭の事例や、魔女のサバトの夜を「ヴァルプルギスの夜」ということからも、そのことは推測できるし、魔女が特に箒の柄や牡山羊に乗って空を飛ぶといわれていることからも、太母伝承が根強くキリスト文化の基底にあることがわかる。

男根を求める山の神・山姥

山姥にも太母イメージがあり、山姥・山の神・鬼女の食人も、喰われるのは男または男の嬰児・胎児であることを、第三章で書いたが、男を喰う山姥・山の神も、オリエントやインドの太母と同じに男根を求めている。

堀田吉雄は『山の神信仰の研究』で、美作や備中の北部では、男根を出して見せると、山の神はよろこんでかくしていたものを返してくれる話や、男根を見せたり、精液を神木にかけたりすると、山の神や山姥の御機嫌がよいという話など、多くの例を紹介している。大護八郎も『山の神の像と祭り』で、「私も群馬県沼田市屋形原町で、山の神様は好淫な女神であるから、山の中でナタやカマなどをなくした時は、山の神祠の前に行って自分の性器を見せて、なくし物のことをお願いすると、そのある場所を教えてくれるといった古老の話を聴いたことがある。山の神が男根を好まれるという話は数多く報告されている」と書き、106の岩手県遠野市程洞の金鳥神社（金鳥神は山の神で女神）に奉納されている男根像の写真を示す。

山形県米沢市上郷町谷ノ口の山の神神社には、107のように樹齢二〇〇年以上の橅《ぶな》の神木の前に石祠を安置し、その前に木製男根、左右に石製男根を置いており、島根県松江市大庭町の八重垣神社境内の山の神神社にも108のように、木または石の男根が奉納されている。

106　遠野市の金鳥神社の男根像

108　松江市の山の神神社

107　米沢市の山の神神社

大護はこのような木製・石製の男根より、「人間の男根が、より山の神によろこばれた」と書き、「各地で古老から耳にするところは、若者がはじめて猟師の仲間入りをするときには、山中で仲間の前で全裸となり男根を露出しそれを摩擦して勃起させ、木の燃えさしを勃起した男根に麻紐で結びつけ、左右に振る。本人は熱いのと煙いので大いに苦しむ。そしてもうよしという頃に、頭目の発声で猟師一同は手を打って『オホホ』と笑う。そうすれば山の神が喜ぶという。また先輩の猟師がいろいろと男根による芸を命じたりするという」とも書く(前掲書)。

千葉徳爾は「女房と山の神――わが妻を山の神と崇める由来――」(「季刊人類学」六巻四号)で、山の神は女性であり、女房が「山の神」といわれていることと、山に入る男性は男根を山の神に捧げ、山中の儀礼では男根が用いられることとは、深い関係があると書く。「山に入る成年の男子が、そのシンボルを山の神に捧げること」と題する章では、裸になって男根を出したり、男根を露出して踊ったり、性交の演技をしたり、木で作った男根を奉納したりする、各地の例を紹介しているが、「男根はつねに勃起していることを誇示するもののようである」とも書いている。

千葉は勃起した男根を山の神に示す儀礼は猟師《マタギ》がおこなうことから、「男根の勃起力が獲物をひきつける力があると信じられたのではないか。……岩手県には男根をヤと呼ぶ地方がある。おそらく矢と同じように力が放射されるように感じられるからであろう。九州や奥羽の山の神の祠に三叉の鉾を供えて祈る風習も、あるいはヤ・ホコなどと男根の突き刺す力をシンボル化したものであるかもしれない」と書く。

千葉は「陰茎のもっとも古い日本名は破前《ハセ》であるが、これは、動詞としてハゼルとなる。つまり、内部から膨張して皮が裂ける意味である。これは陰茎が勃起すると包皮が開いて、内側から膨張した亀頭があらわれる点に注目した命名ではなかろうか。これを狩猟・漁撈時代以来の無意識の伝承といわないで、どのように説明できるのであろうか」と書き、狩猟・漁撈時代の風習を猟師《マタギ》が「無意識」に伝承しているところへ、「大陸的諸思想として儒・仏その他の高級と考えられる思想が伝来し、水稲農耕によって女子の生産力が女陰を中心的象徴として強調されるようになった」から、「狩猟における男根露呈の意味が忘れられ、行為だけが残った」とみる。したがって山の神が女性といわれるようになったのは、男根露呈の行為が「性交の要求」と解釈されて、「対象としての山の神は女性であろうという初期農耕社会的認識が生まれた」からだと、結論している。

しかし千葉が「高級と考えられ」と書く「大陸的諸思想」は、女性（女陰）を重視する思想でなく、その逆であるから、狩猟時代の男根崇拝が農耕時代になって女陰崇拝となり、山の神が女性とみられたのではない。山の神・山姥伝承は狩猟時代からの太母崇拝による。したがって男根を山の神や山姥がよろこぶといわれているのは、男根が太母のパレドロスでありカームテフだからである。したがって千葉も書くように勃起した男根でなければならないのである。千葉は男根は「矢」と呼ばれていたと書くが、101の縄文時代中期の深鉢では矢印は勃起した男根と見られており、91のサハラの旧石器時代の岩絵でも、男根と矢は同じにみられており、矢＝男根は太母の性器に結びつけられているから、女陰崇拝が農耕時代からとはいえない。

千葉は109のフランスのラ・マグドレーヌ洞窟の旧石器時代の骨片の亀頭を熊がなめている絵を、「男根に生殖力とともに、それと別個の放射する活力作用が認められていた」と書き、古代人は「男根に性行為を離れて」、「活力・生気の根源」を「原始的な感覚」として認めていたと書くが、向かって左側の男根は性交表現である。デュルはこの絵を「一対のファロスが、右の方は熊の鼻面、または口へと勃起しており、左の方はヴァギナへ侵入している」と書いている（『再生の女神セドナ』）。未開人は喰うことと性交を同じに解しているが（デュルは「『セックスすること』と『食べること』は、ヤノマメ族では同じ言葉が用いられており、タペラペ族〈ブラジル、マトグロッソ州北部の民族〉では、『共食する〈amuchino〉という言葉は、彼らのときどき行なう輪姦をも表わしている』と書いている〈前掲書〉）、109の絵の右はファロスを喰おうとしている表現であり、左は喰われる表現ともいえる。

有名な旧石器時代後期の太母像である110の「ローセルのヴィーナス」は、洞窟へ入った人の目線にまず陰部が見えるように造形されている。デュルは109の骨片の出土したラ・マグドレーヌの洞窟の入口の岩壁に描かれた111の造形について、「洞窟に入った者の眼前に、とりわけ入念に仕上げられたデルタが差し出される。後に体をそうした二人の女性像が表現しているのは、入って来る者を洞窟が喜んで自分の中へ受け入れることであるように思われる。これと似たような彫り物はフランスのドルドーニュ地方ガビュ洞窟にもある」と書き、112を例示し、「どう見ても『レントゲンふう』にヴァギナ、および子宮までもが描かれている。これまた描かれているのは妊婦ではないので、この線刻は、おそらく受胎を待ち受ける女性と見てよいだろう」と書いている（前掲書）。

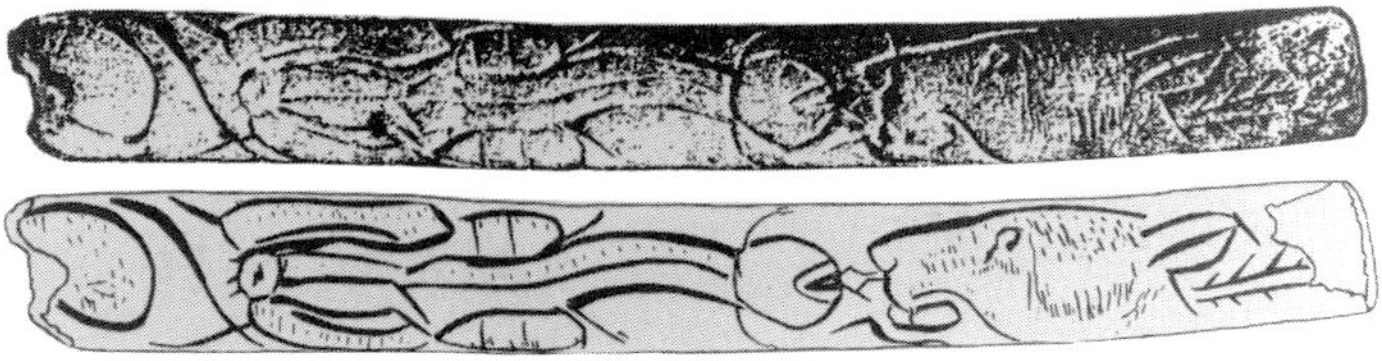

109　旧石器時代の骨片に描かれた絵

110　旧石器時代の「ローセルのヴィーナス」

このように女陰表現は千葉の書く農耕時代からでなく、旧石器時代からである。旧石器時代後期(オーリャック期)の112と同じドルドーニュ地方からは、113のような石灰岩に彫られた外陰部を逆三角形で表現した造形が見られる。また「モンパジィエルのヴィーナス」といわれる114のような造形も

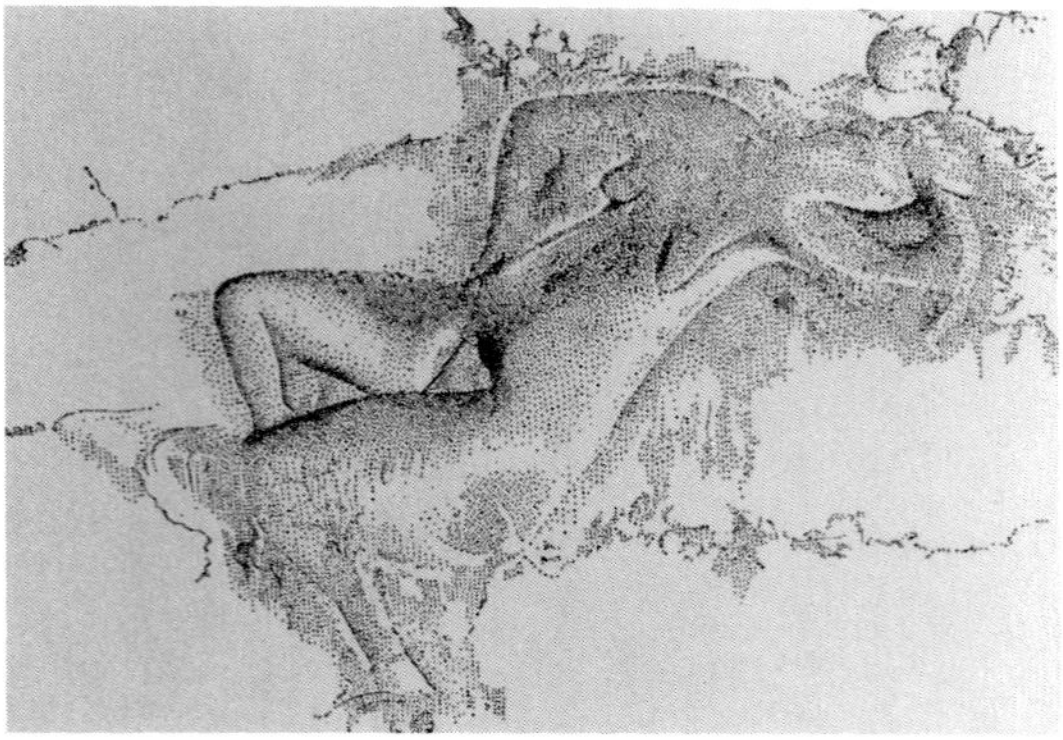

111

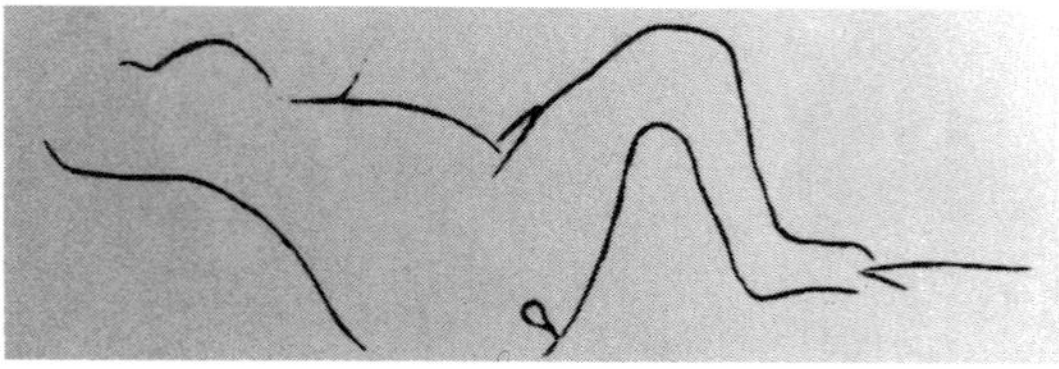

112

111,112　旧石器時代の洞窟の入口に描かれた女性

113の2

113の1

113の1,2　旧石器時代の石炭岩に彫られた女陰

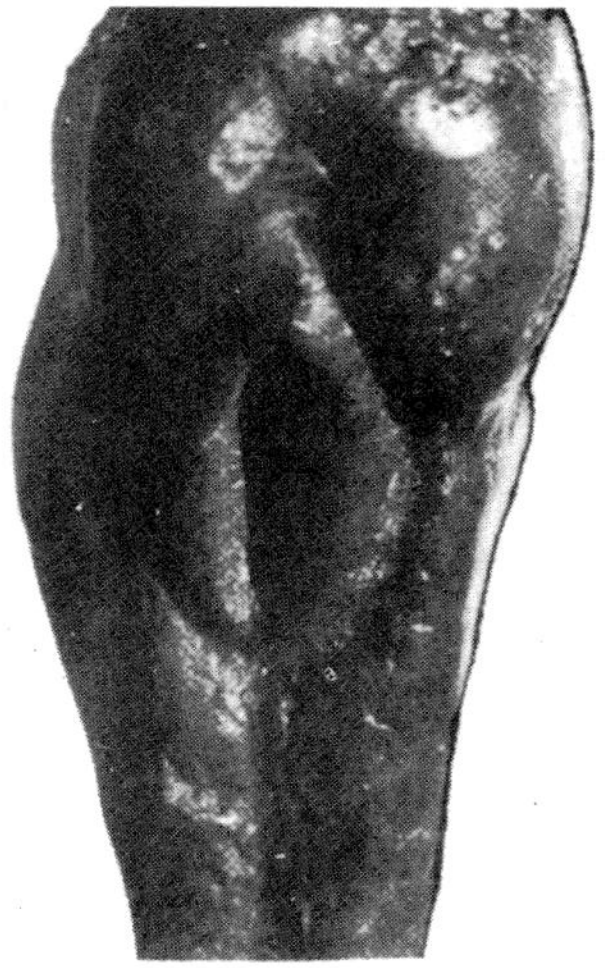

114の2

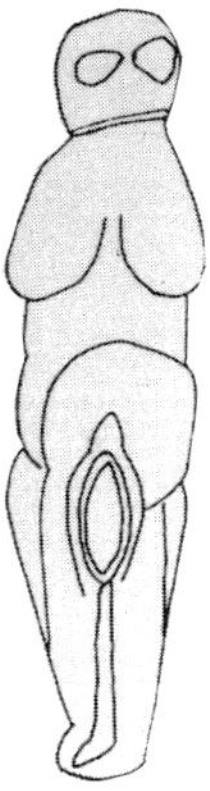

114の1

114の1・2　旧石器時代の「モンパジィエルのヴィーナス」の全体像(1)と一部拡大図(2)

116　新石器時代の女陰造形

115　新石器時代の女性像

117　縄文時代の女陰造形

118の1,2　旧石器時代の性交図。
2は1を図にして細部を示した

118の1

118の2

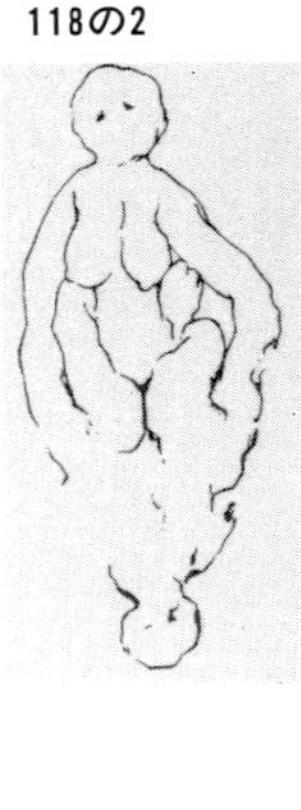

119　旧石器時代の「ドルニ・ヴィスエストニッツのヴィーナス」

ある(向かって右の114の1が全体像、左の114の2が女陰部分。ドルドーニュ地方出土)。女陰を強大に強調し、陰唇を開いて表現しており、アイルランドのシーラ・ナ・ギグ像(56・57)と通じる。109〜114の旧石器時代の造形からみても、千葉説は無理である。

新石器時代に入ると初期農耕がおこなわれるが、男の仕事は狩猟が主であった。新石器時代の造形も115(紀元前五〇〇〇年頃、ユーゴスラヴィア、ヴァイチャン出土)のように、旧石器時代と同じように外陰部は逆三角形であらわしており、この表現は紀元前二〇〇〇年頃までの東ヨーロッパ、オリエント、ギリシア、エーゲ海地域の太母像、女神像によく見られる。こうした表現だけでなく116(紀元前六〇〇〇年頃、ユーゴスラヴィア、レベンスキ・ヴィル出土)のような女陰部分のみの造形もある。こうした造形は117のように、わが国の縄文時代の石造物にも見られる(縄文晩期、秋田県東由利町三井刈遺跡出土)。このような事例からみても、女陰崇拝は農耕時代に入ってからとはいえない。

118の写真と図(118の1の写真の造形をわかり易く絵にしたのが118の2の図)は旧石器時代後期のローセルの岸壁に彫られていた性交図である。ジョルジュ・バタイユは、「男は女の下になっているので見えない」と書くが(『エロスの涙』)、この性交図も太母信仰によっているから女上位である。この太母の女陰・子宮に捧げられるのが男根であり、わが国の山の神に捧げられる男根も、太母信仰に原点がある。

両性具有の太母像と魔女

旧石器時代の後期の岩絵の人物画はリアルだが、絵とちがって土や石で作られた旧石器時代の人物像は、ある部分を強調しており、リアルではないし、岩絵のような男性像ではない。ほとんどが太母像だが、太母像といっても両性具有造形が多い。デュルは119のチェコのモラビア出土の「ドルニ・ヴィスエストニッツのヴィーナス」を「明らかに乳房が睾丸、頭部がペニス」と書くが（前掲書）、120のオーストラリアの「ヴィレンドルフのヴィーナス」は乳房がペニス（といっても亀頭）、頭部が睾丸に見える。

119のドルニ・ヴィスエストニッツからは、マンモスの牙で作った男根棒に乳房をつけた121のような造形もあるが、こうした造形は新石器時代にみられる。122はユーゴスラヴィア、ツルノカルチカ・バラ出土の男根形に乳房のついた人物像である。わが国の縄文時代にも、後期（今から約四〇〇〇年〜三〇〇〇年前）には123のような乳房のある男根形土偶（群馬県前橋市上川久保遺跡出土）、124の乳房と女陰表現のある男根形土偶（埼玉県飯能市中橋場遺跡出土）が出土している。また晩期（約三〇〇〇年〜二〇〇〇年前）には125のような男根状遮光器土偶（出土地不明）がある。この土偶には乳房らしきものがあり、底部には開いた陰唇と膣口表現がみられるが、フランスのドルドーニュ地方のシルイユからも、126の1のような男根の形をした女性像が出土しているが、亀頭の部分を俯瞰すると、126の2のように亀

120 旧石器時代の「ヴィレンドルフのヴィーナス」

121 マンモスの牙で作った乳房のある男根棒。旧石器時代

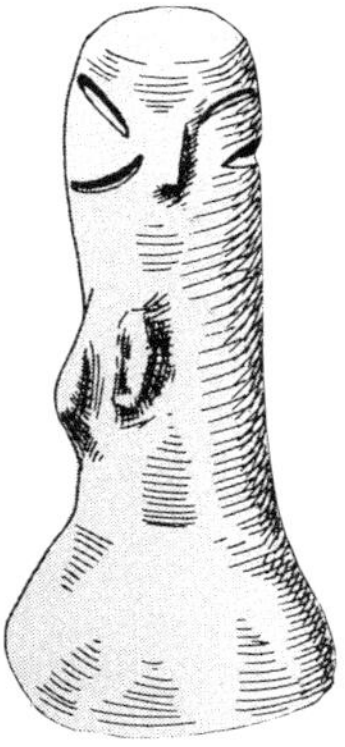

122 乳房のある男根形人物像。新石器時代

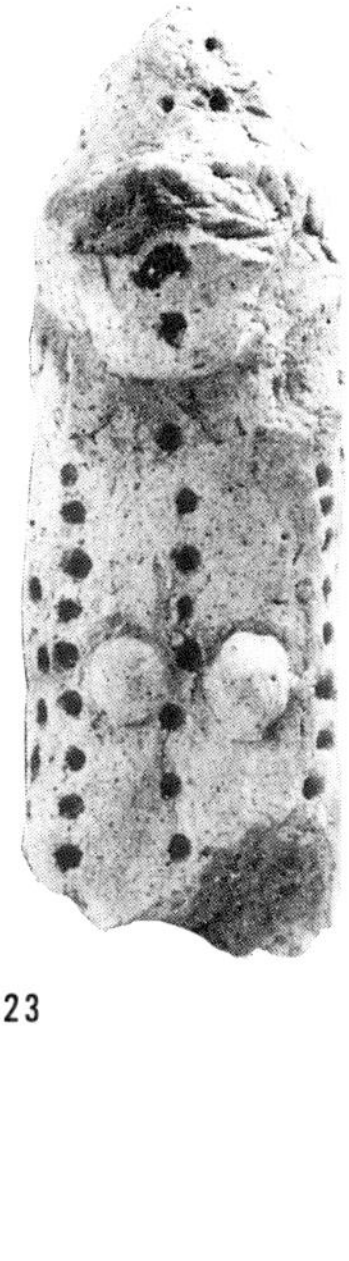

123

124

123・124 縄文時代の乳房と女陰のある男根像

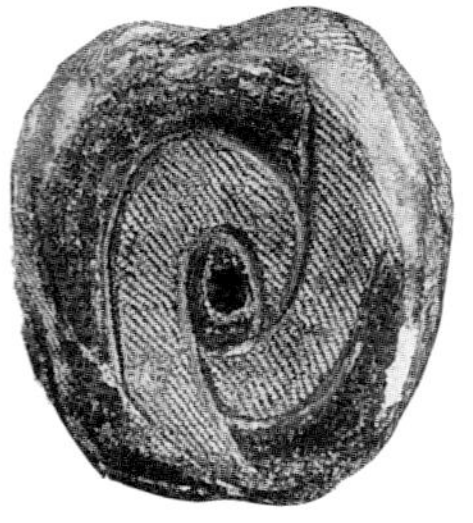

125の2

125の1,2　縄文時代の男根状
遮光器土偶(1)。2は土偶底部

125の1

126の1・2
旧石器時代の男根形女性像(1)と底部(2)

126の1

126の2

頭の尿道口または陰唇のような表現がある。このように旧・新石器時代を通じて、洋の東西を問わず、両性具有表現が見られる。

ウォーカーは両性具有について、「多くの神話に登場する最初の人間は、両性具有の形に造られている。ペルシアの神話ではヘデン(エデン)の園に住む最初の男女は身体は一つであったが、アフラマズダが二つに分けた。ユダヤ人はこのペルシア神話を模倣して、アダムとイヴも身体は一つで両性具有であるとした。ラビのある資料によると、イヴはアダムから取り出されたものではなく、嫉妬深い神が二人が性的至福にあるのを不愉快に思い、二つに分けたのだという。性的至福とは人間にとってまさに神になったような気持ちになるものであった。それは神々だけのものでなければならないものであった。男性を『園』から追放するということは、女性の身体から引き離すことを意味したから、女性の身体はヘブライ語のPardes(園)によって象徴されることが多い」と書く。

またウォーカーは「人類はプロメテウスによって両性具有者として造られ、その身体は土で造られた。そしてアテナが人類に生命を与えたので、父なるゼウスは怒って両性具有の人類を男女に分けた。そのとき、女性の部分から一片の土が裂けて、男性の部分に突き刺さった。このために女性には今でも血を流す孔がある。そして男性はぶら下がっているものがあって、それは己れのものとも思われず、つねに、己れが現われ出た女性の身体へ帰りたいと熱く望んでいるのである。残酷なゼウスは、それでもときに、男根を女陰という人間の生まれたところへ帰すことを許した。そのため人間は、ごく瞬間であるが、昔両性具有者としてあったときの至福を経験することができるのである」と書く（前掲書）。

フリーズは「両性具有になろうとして、魔女は男根シンボル（箒の柄）にうちまたがる」と書くが（前掲書）、両性具有の「至福を経験すること」は、「歯のある膣《ヴァギナ・デンタータ》」に喰われることであり、オーガズムの死が「至福」の「瞬間」である。ジョルジュ・バタイユは、性交のときの悦楽は破滅的な濫費によく似ているから、男のオーガズムの瞬間は「小さな死」だと書き（『エロティシズム』）、エリアーデは、オーガズムは魂が一時的に肉体を離れ去ることで、一時的な死だと書く（『死と再生』）。ウォーカーも、「教育あるローマ人は死の瞬間というのは、性結合の絶頂であり、ヴィーナス信仰によって約束された聖婚の最期の行為である、と想像した。秘伝を授けられたオウィディウスは、『ヴィーナスに達する行為の最中に死なせてくれ』といっている。何世紀もの後のシェイクスピアの時代でも、『死ぬ』という言葉は、オーガズムをあらわすありふれた隠喩であった」と書く（前掲書）。わが国でもオーガズムを「死ぬ」といい、死と性交の絶頂を同じにみている。

デュルは、北アフリカのベルベル人は、射精直前に「私はあなたの上で死ぬ」というと書き、インドの「シヴァは愛の抱擁のうちにオーガズムに達する瞬間、相手女性の中へと死に、その胎内からふたたび生まれる」と書いている（『再生の女神セドナ』）。

ウォーカーは、「オーガズムはすべて小さな死、『小さな男』すなわちペニスの死である」と書くが、オーガズムは、膣がしまり男根がくいちぎられるような瞬間であり、その瞬間の膣は、まさに「歯のある膣」であり、男根《ペニス》が下の口に喰われるのが性交である。したがってオーガズムは「小さな男」（98の絵では太母のそばに男根を勃起した小さな男が描かれている）の死であり、この瞬間は「昔両性具有者としてあったときの至福の経験」である。旧石器・新石器時代の両性具有造形がそのことを証している。

いままで述べてきた太母・魔女・山姥（鬼女）の食人は、主に子供を喰う話なのも、「『小さな男』すなわちペニスの死」とかかわっており、切られた男根を女神や山姥に奉納する神話・伝承とも重なっている。したがって食人＝性交であり、魔女の「悪行」の食人と乱交も、はるか旧石器・新石器時代の両性具有の太母表現にかかわっているといえるのである。

オーガズムの至福の経験・瞬間は飛翔感覚をともなうから、魔女は箒の柄や牡山羊にまたがって飛ぶ。特に箒や熊手の柄、木の棒にまたがって飛ぶ魔女のイメージは、新石器時代の両性具有の太母像の鳥表現とダブルイメージである。

マリア・ギンブタスは『古ヨーロッパの神々』で、「紀元前七千〜六千年紀のエーゲ海地方やバルカン各地では、男根を想わせる鳥女神像が盛んにつくられた。なかにはまるで勃起した本物の男根をもち、小さな羽と女性の臀部をつけ、横から眺めると鳥の胴体と尾をそっくり写し取ったような像もある。明らかに男根を表現したものとわかる長く太い首をもつ裸婦小像もある」と書いて、新石器時代の127のギリシアのアッテイカ出土の小像を例示し、「長い男根状の首部と突き出た女性の臀部が特徴、鳥を思わせる姿勢」と書く。「長い男根状の首部」は箒の柄に重なる。

128は大分県直入郡直入町長野の鳥形の山の神（女神）像だが、発想としては127と同じである。

127 男根状頭部と女性臀部と鳥を思わせる

128 鳥形の山の神(女性像)

129 新石器時代の男根状頭部をもつ女性像

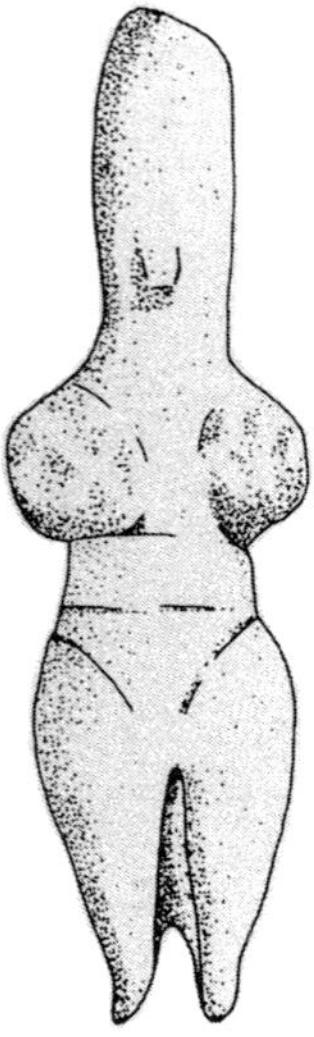

130 新石器時代のキュクラデスの男根状頭部をもつ女性像

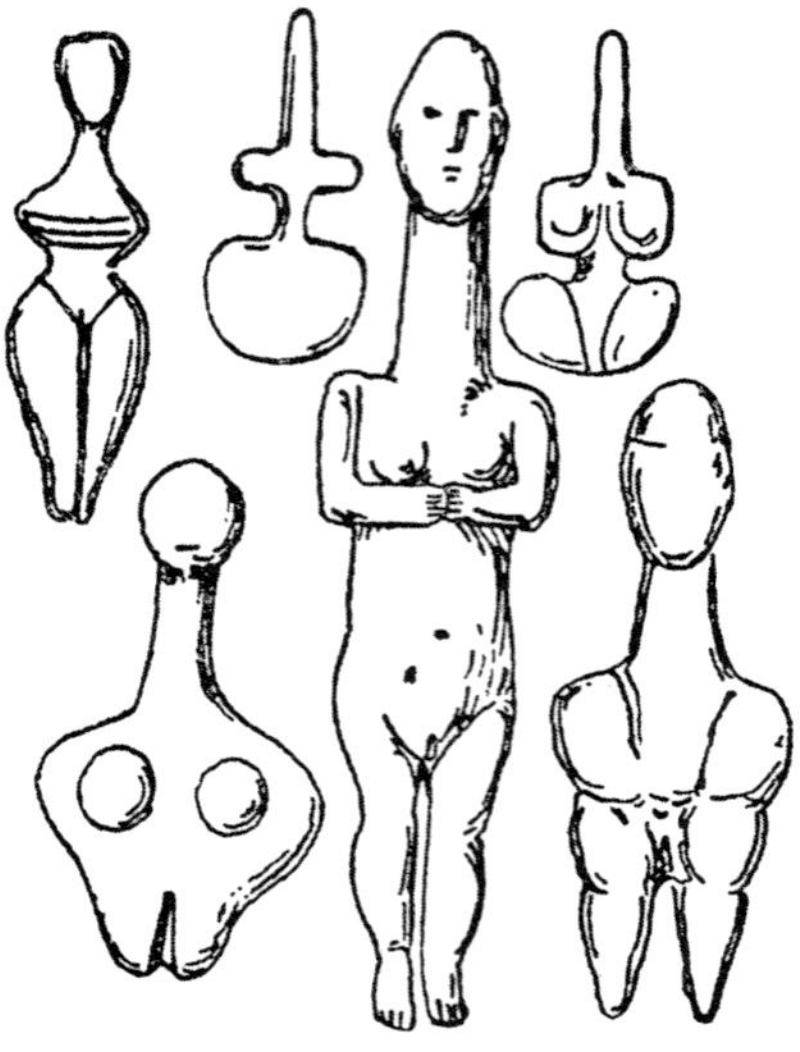

131 金属併用時代のキュクラデスの男根状頭部をもつ女性像

男根＝生首と「男を喰う」こと

ギンブタスは、129（ギリシア、ネア、ネコメディア出土）、130（ギリシア、キュクラデス群島出土）などいくつかの像を例示して、「女神の頭部は新石器時代を通じて男根状にかたどられているが、まさにこれは女神が両性具有の性格をもつということを示し、この表現が旧石器時代から受け継がれたものであることを暗示している」と書くが、金属併用期時代の131の前ミケーネ時代の小像も頭部・首部は男根状である（129・130は今から約八〇〇〇年～七〇〇〇年前、131は今から四八〇〇年～四〇〇〇年前）。

このように両性具有像は女体の太母像の頭部が男性表現だが、男は男根でのみ表現されているのに対し、女は全体像で表現されていることは、太母を大きく、男を小さく表現している98（二二三頁）のエジプトの新石器時代の壺絵と同じである。98に描かれている「小さな男」も男根を勃起させているが、両性具有の太母像からみると、頭部＝男根である。

角も男根に見られているが、カームテフは「母の夫」「母の牡牛」といわれている。牡牛の角が男根に見立てられているが、一角獣をユングが男根象徴とみているのも（『心理学と錬金術』）、角を男根と見ているからである。牡山羊＝男根と見られているのも、牡牛と同じに角を突き立てる牡山羊は、男根を突き立てるのとダブルイメージだからである。女上位の陰唇（下の口）へ下から突き立てるように、牡山羊の角も下から突き上げる。このような角イメージからみても、頭部＝男根とみられた

132の2

132の1

132の1,2　「ムカ・リンガ(顔をもった男根)」といわれるシヴァ像

133　一八世紀に描かれたシヴァの生首の上に坐すカーリー

のである。

シヴァのシンボルは男根だが、シヴァの顔は132の1・2のように男根として表現されており、こうした造形を「ムカ・リンガ（顔をもった男根）」という。133の一八世紀に描かれた絵ではシヴァの生首（ムカ・リンガ）とカーリーが、女上位で交わっている。カーリーの下の口は豹の口で「歯のある膣」をあらわしており、喰われることが性交であることを、133の絵は示している。

柳田国男は、「うつぼ舟の話」（『定本柳田国男集9』）の中で、切られた生首が「うつぼ舟」とともも漂着した話を書いている。常陸国の海岸にうつぼ舟に乗って漂着した異国の王女が、「二尺四方の一箇の箱を、寸刻も放さず抱《かか》へ持ち、人の手を触れしめなかった」が、その木の箱には「愛する男の首」が入っていたと書き、この沿岸に以前に漂着したうつぼ舟にも、「俎板の如きものに一箇の生首をすえて、舟の中に入れてあったと云ふ口碑があったさうである」と書いている。また桜田勝徳が蒐集した愛媛県の日振島の民話では、伏帛《ふくさ》包みの男の生首を入れた箱をかかえた十五、六歳の美女が、うつぼ舟で漂着したとある（『桜田勝徳著作集・第三巻』）。第三章で述べたようにうつぼ舟に乗っているのは、歯のある膣をもった若い美女であるから、「愛する男の首」とは歯のある膣で切られた男根とみることができる。

第四章で述べたように、うつぼ舟漂流譚のあるディオニューソス神話でも、箱の中に切られたディオニューソスの心臓または男根が入っていたという話があるが、その箱をもっていたのはマイナデスだから、男根を愛撫する79（三九八頁）の壺絵のマイナデスと重なる。ディオニューソスのシン

134　女性上位のカーリーとシヴァの性交

ボルもシヴァと同じに男根だから、箱舟漂着譚の生首＝男根と同じに、箱に男根が入れられていたのであり、男根は「愛する男の首」なのである。したがって生首も太母のパレドロス（愛人）であり、生首＝男根だから、132の1・2のように、男根にシヴァの顔（生首）が造形されているのである。したがって133と134のカーリーとシヴァの性交図はダブルイメージである。

133・134は左手に生首を持っているが、16（二五九頁）では二本の左手の上の手で生首を持ち、下の髑髏杯でしたたる血を受けている。首輪の輪も生首だが、いずれも男の首である。18（二六三頁）では生首を皿の上に載せ、皿の方へ長い舌を出している。この表現は、生首を喰おうとしていることを示している。

27・28（二八〇・二八一頁）のヨハネの生首とサロメを描いた絵の生首も、「愛する男の首」であり、28の絵は生首に接吻しようしているサロメを描いている。愛の表現としてのキスは「喰う」であり、下の口のキスが133の絵である。したがって133のカーリーの体位と、17（二六二頁）のシヴァを「むさぼり喰う」カーリーの体位と同じである。この女上位は134のカーリーとシヴァの性交図の体位でもある。134の絵でも生首を持っており、性交と食人をあらわしているが、性交と食人がいずれも女上位なのは、繰返し述べてきたように、喰うことと性交《セックス》はダブルイメージだからであり、太母がパレドロスを喰うことが性交であり、一体になることはパレドロスの母胎回帰であった。始源の「両性具有」に戻ることだから、シヴァには135のような両性具有像もある。この造形はシヴァの象徴が男根＝頭部であることからも、男根状頭部をもつ旧・新石器時代の両性具有像と重なる。カーリーとの性交（133・134）と、カーリーに喰われる（17）、二つのシヴァ表現は、太母と一体になる二つの方法を表示しているが、太母の二面性は性交の場合は色でいえば色または赤、食人の場は黒であらわされている。

135　両性具有のシヴァ像

断首と性交とカニバリズム

ノイマンは、カーリーは「自分が生んだ子をむさぼり喰い、その屍によってわが身を肥やす『恐しい母親』である。『女性』のイメージではなく、『母親』のイメージなのは、誕生と生は、つねに深いところで、死と破壊につながっているからである。カーリーは、誕生と死をもたらす母親の根源的な元型イメージであり、子宮であると同時に子供らをむさぼり喰う者だった」と書くが（『グレート・マザー』）、性交は誕生、食人は死をもたらす。カーリーだけでなく、山姥の昔話にも性交と食人、つまり誕生と死の話があり、ディオニューソス神話のマイナデス（バッコスの信女たち）にもそれがある。したがってマイナデス神話の反映の魔女の行動にも、乱交と食人がある。嬰児の生と死にかかわる産婆が魔女として処刑されているが、彼女たちは「誕生と死をもたらす母親の根源的な元型イメージ」である。

そのことをカーリーのシヴァを喰う表現とシヴァと性交する表現で示しているが、生と死を一つの絵の中に表現したのが、26（二七八頁）の「断頭女《チンナマスター》」の絵である。一八世紀末に描かれ136の絵もチンナマスターを描いている。チンナマスターの下の女上位の性交図は、上はラーダー（クリシュナが牛飼いの間で暮らしていたときの妻、ラクシュミーの化身）、下はクリシュナ（ヴィシュヌの化身）といわれている。ラーダー（ラクシュミー）は26（二七八頁）の「偉大な女神《マハーヴィディヤー》」としての断頭女と同性格であり、クリ

136　18世紀に描かれたチンナマスター

シュナ(ヴィシュヌ)はシヴァと同じにみられていたから、断頭女《チンナマスター》の絵の性交図には、マハーヴィディヤーとシヴァ以外に、ラーダーとクリシュナの性交も描かれている。136の絵はノイマンの書く「誕生と死をもたらす母親の根源的な元型イメージ」を描いているが、断頭と性交表現で死と再生(誕生)を示している。

断頭女は「女」であることを乳房で表現しているが、136の女神の切られた頭部の顔の表情は男であり、クリシュナ(ヴィシュヌ)と同じ冠をしており、男性イメージなのは、両性具有の太母イメージを断頭女にみているからであり、切られた生首は男根イメージである。26や136の絵は「シャクテイ(性力・根源的な女性的創造力・女性原理)」の一〇のはたらきの一つを女神の姿であらわした絵といわれているが、シャクテイはサンスクリット語で「エネルギー」であり、エジプトの「カー」と同じだが、「性力」といっても「女の力」を「シャクテイ」というのは、このエネルギーは「偉大な女神《マハーヴィディヤー》」つまり太母によっていると考えられていたからである。

デュルは26のマハーヴィデイヤーとシヴァの性交図を、シヴァの「子宮への回帰《レグレックス・アド・ウテルム》」と書き、「子宮への回帰としての死が、性行為と見なされる理由は、ある意味で人間が別の人間に『入っていく』ということの唯一の例は、まさに性交しかないからである」と書いているが(前掲書)、性交以外にも人を喰うことは、「人間が別の人間に『入っていく』ということ」である。

佐川一政は、ガール・フレンドを喰ったことを、私の中に入ったと書き、自分も彼女に喰われて、彼女の中へ入りたかった、と書く。喰われる幻想を『カニバリズム幻想』で、「彼女は、やさしくもそんなボクを食してくれた。その甘い唾液の中で溶けていくボクは何度も射精しながら息絶えた。彼女の丸い歯はボクのペニスをシコシコとしごきながら嚙み砕いていった。ボクは生きながらに極楽の法悦の中に泳いだ」と書く。しかし現実は逆で、彼は彼女を屍姦し、そのあと彼女のクリトリスを切りとって喰っている。そのことを佐川は、「彼女のゴムのように伸びるクリトリスを、陰毛ごと飲み込んだ時は、彼女自身が体の中に入っていくようで、文字どうり体が熱くなった」と書いているが、性的興奮としては同じである。だから佐川は「その時ぼくは、完璧に勃起していた」と書く(「フェティシズムとしてのカニバリズム」『喰べられたい』所収)。佐川はクリトリスを喰ったが、実は自分の勃起した男根を彼女に食べてもらいたかったから、「本当は今も、若くてきれいな女性に食べられたい。もちろんぼくなんかまずいだろうから、誰も見向きもしてくれぬだろうが、たとえ挽肉になってもいい。美しい外人女性に食べてもらいたい」とも書くのである(「フェティシズムとしてのカニバリズム」)。また佐川は「食と性とは、エロティシズムの原形という形で、その深い所で、確かに重なり合っている」とも書く(「食と性に見るホラー映画の系譜」前掲書所収)。このように、カニバリズムを実行した佐川自身が、喰うことと性交は重なっていると述べている。

デュルも佐川とは別の視点から、「『動物を殺すこと』も『女と寝ること』も、西セピクのウメダ族ではtadvという同じ言葉で表わされる」と書き、未開人は喰うことと性交をダブルイメージで見ていることを述べている(『再生の女神セドナ』)。但し、佐川もデュルも述べていないが、神話・伝承では汎世界的に喰うのは女、喰われるのは男である。このことを無視しては、なぜ喰うことと性交が同じに見られているかの原義は、見えてこない。

喰う女と喰われる男

平安時代末の『地獄草子』には137のような、女性にさそわれて喰われる男亡者の絵があり、『病草子』には138のような、狂女が往来に捨てられた死骸にかぶりついている絵もある。『日本紀略』の天徳二(九五八)年閏十月九日条には、狂女がある家の門前で死人の頭を喰っていたが、彼女はまだ生きている病人を喰い殺してしまうので、人々は「女鬼」といっていた、とあり、「女鬼」「鬼女」が主に人を喰うのである。この「女鬼」「鬼女」が山姥の人喰い伝承になっているのだが、この女の鬼は江戸時代になっても人を喰っている。

西村白鳥の『煙霞綺談』には、元文三(一七三八)年に西三河の山中に「女鬼」が出たとある。「女鬼」といわれたのは、葬式をすませた子供の死骸を、死者の伯母がむさぼり喰っていたからである。彼女は子供を喰ったあと「人の上を飛び越え、山へ入り行方しれず」だと書かれているが、西三河の山中は信濃と接する南アルプスの山岳地帯で、36(三〇三頁)の丸木位里が空を飛ぶ山姥の絵を描いた山姥伝承地とも関連しているから、人を喰う山姥伝承がこのような話になったのだろう。「山へ入り行方しれず」とあるのがそのことを証している。江戸時代の『諸国里人談』には、享保(一七一六～一七三五)のはじめに、三河国宝飯郡舞木村の新七の「いわ」という二十五歳の女房が狂っ

137 『地獄草子』の女性に喰われる男亡者

138 『病草子』の屍人を喰う狂女

て、隣家の葬儀のあと「半焼《なかば》たる死人を引出し、腹を裂き臓腑をつかみ出し、素麺《そうめん》などを喰《くらう》ごとく喰い居る所」を、施主が見て棒を持って追いたてると、「女大《おおい》に怒り、かほど味よきもの、汝等もくらうべしと、躍り狂ひて、蝶《ちょうちょう》鳥の如く翔《と》翔《び》て、行方なくなりぬ」とある。これも三河の話であり、話の内容も前の話と似ているから、人を喰い、空を飛ぶ山姥譚に根があると考えられる。

松浦静山の『甲子夜話』巻五十一にも、文政四（一八二一）年頃の話として、房州の農夫の妻が、「ふと夫を喰殺して出奔し、相州に渡り、……墓地にゆき、墓を発《あば》き死者を三人まで喰う」とある。この話についていては「大山参詣の者、彼辺に廻りて聞たるとぞ、珍説なり」と付記している。大山詣りの人が聞いた話であるから、やはり三河の話と同じに「狂婦」と書かれているが、山姥伝承にかかわるであろう。しかし、「山」とかかわりのなくなった人喰い記事もある。大田南畝の『半日閑話』巻十五には、江戸の紀州屋敷の出来事になっているが、文化十三（一八一六）年七月下旬頃、紀州屋敷の門番が、いづこよりか来た女に喰いつかれて死に、門番の悲鳴でかけつけた仲間の二人も喰い殺された。また長屋に寝ていた子供がいなくなったので、夫婦が探したところ、隣家の縁の下に死骸があったと、隣家の者から聞いた秋田源八郎が筆者に語ったと書いている。

これらの話はすべて喰うのは女であり、喰われたのは男か子供である。ヨーロッパの童話でも、グリムの「白雪姫」では姫の内臓を喰いたいと継母がいっている。本当に継母が食べたのは猪だが、本人は人間と思って食べていた。「柏《びゃくしん》槇の話」では継母が男の子の首を切り、身体を細かくきざんでスープにし、男の子の父親に喰わせようとしているが、子を殺したのは継母である。「ヘンゼルとグレーテル」でも子供たちを喰おうとするのは魔女であり、いずれも女である。ペローの「眠りの森の美女」の第二部では、王子の継母が二人の子供（王子）を喰おうとする「人喰い鬼」になっている。またペローの「野ばら姫」には、グリムの「野ばら姫」にない後半部があり、姫と王子の母親つまり嫁と姑の確執が書かれているが、王子の母親は姫と王子の間に生まれた子供二人と姫を喰おうとしており、「白雪姫」の話と同じである。料理長は仔羊や仔山羊の肉を子供の肉、牡鹿の肉を若い姫の肉と言って出しているが、王子の母親は本当の人肉だと思っておいしそうに食べた。

このようにペローやグリムが書くヨーロッパの代表的童話でも、喰うのは女であり、母（継母になっているが原話は実母）である。

『半日閑話』巻十六には、文政六年におきた「下谷小児喰殺」のことが書かれている。下谷の武家屋敷で、四歳の子供と隣家の赤子が、「腹を喰破られ、臓腑をたべられ候由《そうろうよし》」とあるが、子供と赤子を喰ったのは、「取揚《とりあげ》ばば」といわれていた。ところが青山の与力瀧與一郎の妻が出産したとき、トリアゲババが嬰児を奪って逃げたので捕えたが、このトリアゲババは子供を喰ったトリアゲババでなく、下谷で四歳の子供と生まれたばかりの赤子を喰い殺したトリアゲババで、どこかへ逃げうせたという。このようにトリアゲババが子供を喰う鬼女になっているのは、謡曲黒塚の乳母や山姥伝承の母の人喰いと同じ発想であり、ヨーロッパの童話と共通している。

子供を喰うのはディオニューソス神話にもあり、実母・乳母がディオニューソスを八つ裂きにして喰っている。八つ裂き神話はエジプトのオシリス神話にもあるが、「喰う」は、パレドロス、カームテフとしてのディオニューソスやオシリスとの性交譚とセットになっているのは、性交は瞬間の死であり、死は再生と結びついているからである。そのことをより具体的に示しているのが、カーリーがシヴァを喰い、シヴァと性交する表現だが、喰うときも交わるときも、カーリーは同じ女上位なのは、始源の女と男の関係を示している。

エジプトのヘリモポリスの創世神話では、始源の神は八柱で、男神の四柱は蛙の頭、女神の四柱は蛇の頭をもつといわれている。蛇は蛙を呑み込む。呑み込む蛇が女神なのは、パレドロス（愛人・息子・男根）が蛙で太母が蛇だからである。母に種付けする者としてのカームテフの蛙は、「歯のある膣」の蛇に呑み込まれる男根イメージだが、蛙は胎児イメージでもある。

フリーズは「身体を回転させながら子宮の中を泳ぐ胎児は蛙のイメージで表わされる」と書き（前掲書）、ギンブタスも「ヒキガエルが女性を孕ませるという考え方は新石器時代以前に生まれていた」と書き例証を示す（前掲書）。蛙（特にヒキガエル）は子宮とも見られ、両性具有象徴であることは、『魔女はなぜ空を飛ぶか』で書いたが、蛇も呑み込む女性イメージだけではなく、蛇頭は男根イメージにも見られ、蛙と同じに両性具有的である。しかしエジプトの創世神話では、男神は女神（蛇）に呑み込まれる蛙であり、始源の男女は喰う女と喰われる男の関係であり、女は母、男は子、の母子関係である。魔女が蛙（特にヒキガエル）を喰うというのも、理由があってのことであり、魔女が人（特に子供）を喰う話は、汎世界的な太母信仰によっており、いままで述べてきた食人・吸血譚は、始源の神話を解く重要なキーである。

あとがき

一九九五年十二月に、『魔女はなぜ空を飛ぶか』を刊行し、一九九六年五月に、『魔女はなぜ人を喰うか』を刊行した。六ヵ月間に二冊の著書を刊行したのは、『魔女はなぜ空を飛ぶか』の「あとがき」で、「あらためて、『魔女はなぜ人を喰うか』を書くことにした。二部作で本書で述べた私の魔女論を完成させたい」と書いたように、両書をもって私見『魔女論』となるから、両書を合本にして『魔女論』として刊行することにした。

拙著には『遊女と天皇』（白水社刊）と題する著書がある。「魔女論」は外国、「遊女論」は日本の女性について論じたが、視点を「魔女」「遊女」に置いたのは、古代から現代に至るまで、「魔」「遊」と冠されるのは「女性」であって、「男性」ではない。理由は西洋の「魔」、日本の「遊」は、いずれも男の視点からの女性表現だからである。一方、聖母信仰はあっても、聖父信仰はない。この事実に立ち、西洋の魔女、日本の遊女を通して、私は逆説的に女性・母性の聖性を照射した。その照射した「空を飛び」「人を喰う」魔女の実像から、真の女性像を見定めようとした、著者の意を読み取っていただければ幸せである。

二〇一一年九月　　大和岩雄

引用図版・写真出典一覧（魔女はなぜ空を飛ぶか）

上山安敏『魔女とキリスト教』一九九三年　人文書院。1・2・3・37・44・87・89・95

高橋義人『魔女とヨーロッパ』一九九五年　岩波書店。4・32・59・88・90

Cathrine Johns : Sex or Symbol, 1982, British Museum Press. 5・6・7・25・48・50・51・52・55・56・57・62・63・64・65・126・127

ジャン＝ポール・クレベール『動物シンボル事典』一九八九年　大修館書店。8

『芸術新潮』一九九五年　六月号　新潮社。9

フレッド・ゲティングス『オカルトの図像学』一九九四年　青土社。10・83・115

ジャン＝ミシェル・サルマン『魔女狩り』一九九一年　創元社。11・34・38・80・81

ヒルデ・シュメルツァー『魔女現象』一九九三年　白水社。12・91・92

マリア・ギンブタス『古ヨーロッパの神々』一九八九年　言叢社。16・17・18・19・23・24・45・46・58・99・104・105

アデル・ゲティ『女神』一九九五年　平凡社。15

縄文造形研究会『縄文図像学・II』一八八九年　言叢社。21・97

『日本原始美術大系3　土偶・埴輪』一九七七年　講談社。20

「緑青」六号　一九九二年　マリア書房。22

浜林正夫『魔女の社会史』一九七八年　未来社。26・36・98

ジェフリー・グリグスン『愛の女神』一九九一年　書肆風の薔薇。27・29・53・72

ANNE BARING AND JULES CASHFORD : THE MYTH OF THE GODDESS, ARKANA. 28・67・69・71・75・95・154

ハンス・ペーター・デュル『夢の時』一九九三年　法政大学出版局。13・14・33・39・76・82
ロジャー・クック『生命の樹』一九八二年　平凡社。35
フィリップ・ローソン『タントラ』一九七八年　平凡社。41
アレクサンダ・エリオット『神話』一九八一年　講談社。42・43・47・49・61・84・130
P・L・ウィルソン『天使』一九九五年　平凡社。40
マイケル・グラント『ギリシア・ローマ神話事典』一九八八年　大修館書店。54・86・118・121
ジョセフ・キャンベル『神話のイメージ』一九九一年　大修館書店。60・129
リュン・ラミ『エジプトの神秘』一九九二年　平凡社。66
エリッヒ・ノイマン『意識の起源史・上』一九八四年　紀伊国屋書店。68
ハンス・ペーター・デュル『再生の女神セドナ』一九九二年　法政大学出版局。73・74・93・94・96・119
ユルギス・バルトシャイティス『イシス探求』一九九二年　国書刊行会。77
サビーヌ・マコーマック『図説金枝篇』一九九四年　東京書籍。78・79
井戸尻考古館『八ケ岳縄文世界再現』一九八八年　新潮社。100・103・106・112・113
武居幸重『縄文のデザイン』一九八六年　堺屋図書。101・102・107・108・110・111
エリッヒ・ノイマン『グレート・マザー』一九八二年　ナツメ社。70・109・120・128
スタニスラフ・グロフ『死者の書』一九九五年　平凡社。114・122
J・C・クーパー『世界シンボル辞典』一九九二年　三省堂。116
池上俊一『魔女と聖女』一九九二年　講談社。117
アンリ・ジャンメール『ディオニューソス』一九九一年　言叢社。123・124
カール・ケレーニイ『ディオニューソス』一九九三年　白水社。125

引用図版・写真出典一覧（魔女はなぜ人を喰うか）

ジョセフ・キャンベル『神話のイメージ』一九九一年　大修館書店。2・3・96
フランシス・ハックスリ『龍とドラゴン』一九八二年　平凡社。4
竹内清『象徴の造形』一九八一年　南窓社。5・6・7
ジャン＝ミシェル・サルマン『魔女狩り』一九九一年　創元社。8・11・15・38・39・68
浜林正夫『魔女の社会史』一九七八年　未来社。9・71
グリヨ・ド・ジヴリ『妖術師・秘術師・錬金術師の博物館』一九八六年　法政大学出版局。10・69
高橋義人『魔女とヨーロッパ』一九九五年　岩波書店。12・31・44・45・46・47
笹間良彦『ダキニ信仰とその俗信』一九八八年　雄山閣。32
レイモンド・T・マクナリー、ラドウ・フロレスク『ドラキュラ伝説』一九七八年　角川書店　13・14
立川武蔵『女神たちのインド』一九九〇年　せりか書房。16・19・21・22・23・135
エリッヒ・ノイマン『グレート・マザー』一九八二年　ナツメ社。17・35・53・91・92・98・102・104・131
村山智順『朝鮮の風水』一九七九年　国書刊行会。63
フィリップ・ローソン『タントラ』一九七八年　平凡社。18・64・133・134・136
『ヒンドゥー教の本』一九九五年　学習研究社。20・26
M・J・フェルマースレン『キュベレとアッティス』一九八六年　新地書房。24
田中於莵彌『インド・色好みの構造』一九九一年　春秋社。25
笹間良彦『鬼女伝承とその民俗』一九九四年　雄山閣。43・137・138
大護八郎『山の神の像と祭り』一九八四年　国書刊行会。36・37・38・105・106・128
ハンス・ペーター・デュル『夢の時』一九九三年　法政大学出版局。48・119
アレクサンダ・エリオット『神話』一九八一年　講談社。52・82
ロベルト・ザッペーリ『妊娠した男』一九九五年　青山社。87
佐伯俊男『痴虫』一九九五年　トレヴィル。55

ジョン・シャーキー『ミステリアス・ケルト』一九九二年　平凡社。57
ジャクリーン・シンプソン『ヨーロッパの神話伝説』一九九二年　青土社。56・58
C・G・ユング『心理学と錬金術・I・II』一九七六年　人文書院。59・75・76
『大場磐雄著作集・第三巻』一九七七年　雄山閣。66・61
辰巳和弘『高殿の古代学』一九九〇年　白水社。62
Cathrine Johns : Sex or Symbol, 1982, British Museum Press。65・67・73・74・78・79・80・81・84・85・86・88・89・90
カール・ケレーニイ『ディオニューソス』一九九三年　白水社。66・77
フレッド・ゲティングス『オカルトの図像学』一九九四年　青土社。70・72
ジェフリー・グリングスン『愛の女神』一九九一年　書肆風の薔薇。83
上山安敏『魔女とキリスト教』一九九三年　人文書院。94
アンドレ・ポシャン『ピラミッドの謎はとけた』一九八二年　大陸書房。95
リュシ・ラミ『エジプトの神秘』一九九二年　平凡社。96・99
武居幸重『縄文のデザイン』一九八六年　堺屋図書。101
辰巳和弘『埴輪と絵画の古代学』一九九二年　白水社。103
九重京司『にっぽんの性神』一九八一年　けいせい出版。107・108
ジョルジュ・バタイユ『エロスの涙』一九九五年　トレヴィル。113・118・126
ハンス・ペーター・デュル『再生の女神セドナ』一九九二年　法政大学出版局。109・110・111・112・114・120
マリア・ギンブタス『古ヨーロッパの神々』一九八九年　言叢社。115・116・122・127・129・130
岩手県立博物館『じょうもん通信』一九九三年　岩手県立博物館。117
アディ・ゲティ『女神』一九九五年　平凡社。121
『日本原始美術大系・3、土偶・埴輪』一九七七年　講談社。123
縄文造形研究会『縄文図像学・II』一八八五年　言叢社。124
「緑青」六号　一九九二年　マリア書房。125

魔《ま》女《じょ》論《ろん》——なぜ空を飛び、人を喰うか

二〇一一年一〇月二〇日　第一刷発行

著　者　大《おお》和《わ》岩《いわ》雄《お》
発行者　佐藤　靖
発行所　大《だい》和《わ》書房
東京都文京区関口一-三三-四　〒一一二-〇〇一四
電話番号　〇三-三二〇三-四五一一
郵便振替　〇〇一六〇-九-六四二二七

装　丁　代田　奨
本文印刷　厚徳社
カバー印刷　歩プロセス
製　本　小泉製本

ISBN978-4-479-75047-5

http://www.daiwashobo.co.jp